古代歷史文化研究輯刊

十九編

王 明 蓀 主編

第29冊

明清即墨藍氏家族文化研究（下）

張 華 清 著

國家圖書館出版品預行編目資料

明清即墨藍氏家族文化研究（下）／張華清 著 — 初版 — 新
北市：花木蘭文化事業有限公司，2018〔民 107〕

目 4+214 面；19×26 公分

（古代歷史文化研究輯刊 十九編；第 29 冊）

ISBN 978-986-485-425-7（精裝）

1. 藍氏 2. 家族史 3. 明代 4. 清代

618　　　　　　　　　　　　　　　　　　107002323

ISBN- 978-986-485-425-7

9 789864 854257

古代歷史文化研究輯刊
十九編　第二九冊　　　　　　　ISBN：978-986-485-425-7

明清即墨藍氏家族文化研究（下）

作　　者　張華清
主　　編　王明蓀
總 編 輯　杜潔祥
副總編輯　楊嘉樂
編　　輯　許郁翎、王筑　美術編輯　陳逸婷
出　　版　花木蘭文化事業有限公司
發 行 人　高小娟
聯絡地址　235 新北市中和區中安街七二號十三樓
　　　　　電話：02-2923-1455／傳眞：02-2923-1452
網　　址　http://www.huamulan.tw 信箱 hml810518@gmail.com
印　　刷　普羅文化出版廣告事業
初　　版　2018 年 3 月
全書字數　356124 字
定　　價　十九編 39 冊（精裝）台幣 100,000 元

明清即墨藍氏家族文化研究（下）

張華清 著

目次

第五章　即墨藍氏家族的文化成就(下)

第一節　即墨藍氏家族的教育成就

百年大計，教育爲本，家族教育是一個家族興盛以及長期發展的重要保障。明清即墨藍氏家族自明代初年起家至清代末年衰落，歷經數百年發展，創造了底蘊深厚的家族文化。在這過程中，家族教育發揮了重要作用。在長期的家族教育過程中，即墨藍氏家族在教育理論和教育實踐兩個方面都取得了豐碩成果。

一、家族教育實踐成果

即墨藍氏家族的教育實踐成果，主要表現爲藍氏家族在科舉、仕宦、文學等方面所取得的驕人成績。

（一）創造了家族科舉仕宦文學的輝煌

作爲明清即墨地區五大家族之一，藍氏家族秉承「詩書繼世　忠孝持家」的家訓，注重家族倫理教育，始終把崇孝悌、睦宗族、重仁愛、尊禮法、濟危困等作爲家族的行爲標準和教育子女的訓條，並形成了優良的家風門規；藍氏家族堅持耕讀持家、科舉興族，共考取進士 5 人（含武進士 1 名），舉人12 人（含武舉人 1 名），貢生、廩生、增生、庠生、武生等二百餘人。其中以藍章、藍田父子和藍潤、藍啓延父子相繼進士蟬聯，最爲著名；藍氏家族通過科舉、祖蔭等形式，共培養出大小官吏 100 餘人。藍氏家族的官員忠君愛民，勤於政事，清廉耿正，剛直不阿。尤其是藍章、藍田父子，在明朝正德、

嘉靖年間，俱以直節見稱，其氣節文章，卓然爲一世表。除藍章、藍田父子外，還有藍再茂、藍深、藍潤、藍啓延、藍用和、藍順方等也都政績卓著。因此有民謠稱讚藍氏家族曰：「九水九曲九道彎，九個御史下河南」；藍氏族人喜好結社吟詠、著書立說，家族文人隊伍龐大，作品豐富，文學水平高。據《即墨藍氏族譜》記載，藍氏族人中有作品問世者約有 50 餘人，學術著作和文學作品共計 130 餘卷。其中藍章、藍田、藍因、藍因、藍潤、藍啓肅等文學成就斐然，而藍田文學成就尤爲突出。其中藍章的《八陣合變圖說》、藍田的《北泉集》被收錄於《四庫全書》，藍潤的《聿修堂集》、藍啓肅的《清貽居集》被收入《四庫存目叢書》。另外《即墨縣志》、《山左明詩鈔》、《即墨詩乘》、《國朝山左詩鈔續鈔》等也收錄了藍氏族人大量詩文作品。

（二）形成了厚重的家學與優良的門風

作爲一個文化世家，即墨藍氏家族教育的又一個重要成果，是營造了厚重的家學和優良的門風。國學大師錢穆先生曾經對文化世家的家學門風作過精到的概括，他說：「（其）所希望於門第中人，上自賢父兄，下至佳子弟，不外兩大要目：一則希望能有孝友之內行，一則希望其能有經史文史學業之修養。此兩則希望，合併成當時共同之家教。其前一項表現，則成爲家風；後一項表現，則成爲家學。」〔註1〕

家學門風既是家族發展的產物，又是家族長久存在、繁榮昌盛的重要基礎和保障。即墨藍氏家族，始終堅持以儒家思想作爲安身立命和教育後人之本。他們注重家族倫理教育，通過對後輩的言傳身教，並立下各種家規、家訓來教育、鞭策子弟，逐步形成清肅家風和優良的傳統；他們建設書院，延請塾師，大力開展文化、科宦教育，實現科甲蟬聯，推進家族持續發展。家族倫理教育形成了優良的家風，家族文化科舉教育形成了厚重的家學。家風和家學這兩個方面相輔相成，互相推進，在家族的發展過程中起到至關重要的作用。

1、即墨藍氏家學

家學，就是家族世代相傳的學問。很多精湛的手藝靠家庭代代相傳，很多思想和學問在家族的傳承中發揚光大。即墨藍氏家族在長期發展中，也形

〔註1〕錢穆：《略論魏晉南北朝學術文化與當時門第之關係》，《新亞學報》，1963 年第 5 期。

成了自己獨特的家學。即墨藍氏家學，不同於一般家族以某個領域或某部典籍研究爲對象的學術傳承。而是對家族讀書科舉、仕宦從政、修身立德及詩文創作的方法和經驗的總結。

（1）讀書治學方面

即墨藍氏家族在讀書治學方面，有著自己的方法和傳統。藍潤在《訓子姪》、《乙巳訓子姪》、《乙亥都門寄子啓亮》中進行了總結，並作爲教導子弟的規條。

《訓子姪》：「化氣質，求放心，此爲學之要領。若舉動鹵莽，則中之躁妄可知。亮素犯此病，連日讀書如何？年已長而無寸益，是吾憂也。速加細心爲望。」

《訓子姪》：「胸中空疏而語多纏擾，不細心之過也。讀文須會其意，究其理，方爲有得。若無理解，徒事剽竊，是題自題，文自文，何年是上進之日。」

《訓子姪》：「靜坐讀書，自是不同。晃姪亮兒之義，非從前荒疏矣。須當精心努力，與日俱進，方不虛度光陰也。勉之勉之，我窮愁臥病二日，今已得愈，無慮也。」

《乙巳訓子姪》：「德行文章，聖門並重。博古通今名之曰士，士志於道，使非淺見寡聞所可比擬。中乏實學，徒冒虛聲，剽竊時藝，不規理路，問以典故茫如也。殊爲可恥，其何以爲士哉。今奉新令策論設科，蓋求博學宏詞，經濟大猷翼我國運，浮套陳言，屏去弗錄，則學古有獲。向日之訓，信爲不爽。」

《乙亥都門寄子啓亮》：「儒者拘守一隅，不知世界之寬且大也。讀太史公書，僅聞其地與名，宇內名山大川，躬行實踐，方愜人意。不然則屋漏之妾婦耳。畏首畏尾，心竊笑之。百粵爲嶺外奧區，仰止有素。今得乘興以往，涉江干，歷湖口，至於南海。上問民疾苦，建功異域亦學人所有事也。四海爲家，何必介介於懷，衰殘之質性與世違。內外交困，匪伊朝夕。蛟涉萬里將吸風飲露，子其何術以濟之也。幸託諸親爲我謀之。」

總結以上的規條，我們能清晰地看到，即墨藍氏家族在讀書治學方面的傳統：首先，堅持德行與文章並重，重實學，要求博學宏通，反對剽竊，反對陳言浮套。其次，讀萬卷書，行萬里路，要躬行實踐，建功立業，不做腐儒。再次，要靜心讀書，細心讀書，讀書要會其意，究其理，避免胸中空疏，

不學無術。最後，做學問要化其氣，求放心，切記魯莽與躁妄。由此，我們就不難理解，為何即墨藍氏族人儘管受到科舉束縛，為八股文體羈絆，依然能培養出大批博學通達的文人，創作出大量優秀的文學作品。

（2）仕宦從政方面

藍氏家族作為仕宦家族，共培養出一百餘名忠君愛民、清正廉潔的大小官吏，也形成了自己鮮明的仕宦從政的傳統。作為明清即墨藍氏家族第一位官員，藍章一直嚴格自律，注重涵養為政之德。他常將朱熹的《政訓》至於案側，以此自律自警，並躬行其道。順治戊戌年（1658），藍潤就曾手抄《政訓》，並撰寫序文，稱：

> 先司寇公遺書有《政訓》一冊，乃朱父子垂戒之語與？真西山先生諭屬之文。余對閱數過，詞正而理備，旨遠而法嚴。凡有關於利病周不危言曲喻，磊磊明明，詳而有體。可謂群黎徧德矣。而大要在乎修己治人，一念惻怛則福澤及人，一念殘忍則怨仇並作。理欲之交，貴不肖之分也可不慎與。余賦性粗執，動違時宜。數年間，衰病侵尋，……遭家多難，髮齒日闊，聰明日耗。惟與俗浮沉而已。省咎責躬，何暇論政史之叢脞也。但以此奉几案，不忍釋手。於上冬之初旬，摘錄數段。雖茫無所得，而感時尤民，亦何能去諸懷，推是心而廣之，用人行政，尚以俟學道之君子。順治戊戌上冬八日
> 海重潤序〔註2〕

從中可見，在藍章的影響和教育下，《政訓》成了藍氏家族的仕宦教科書，藍氏官員常置於案側。而藍潤對《政訓》的總結和解讀，如「大要在修己治人」、「要心存善念」、「慎分理欲、賢與不肖」等從政觀念，都對藍氏家族後人為官者產生深遠的影響。

（3）修德立身方面

藍潤的《白齋箴言》、《戊戌十二月歷山道中寄諸子姪》等，對修德立身方面的經驗作了總結：

《戊戌十二月歷山道中寄諸子姪》：「人情險而惡，立身涉世，其難其慎，切忌妄言招尤。賦稅緊急，續為辦納。馭家人宜嚴，有犯必懲。待佃戶宜寬，勿令騷擾。得便即讀書，若俟清閒然後讀書，何日是清閒乎？內外門戶守禦

〔註2〕即墨市史志辦公室編：《即墨藍氏》，中國文史出版社，2017年，正文前第19頁附圖。

莫疏，每夜當查驗共處一里之中，或往來，或飲食，既不能絕人逃世，自不敢不同流合污也。益者三友，尚其念哉！此皆我昔年經驗之方，已試之，毒其聽之勿忽。」

《白齋箴言》：「人品邪正謹於所習，多言亂聽，理欲交乘，確有主持者幾何？人不孝，苦塊餘生，未達時務。親朋在座，藥言苦口，是所冀也。其告我以古今得失之林，某宜法，某宜戒者，即當北面豐教。此友道所以居三益之首也，可不勉諸？」

總結以上訓條，我們可以看到，即墨藍氏家族修德立身的傳統：首先，認為人情險惡，為人處世一定要謹慎，防止言辭不當招來禍患。其次，做事要有原則，有立場，既不能自我孤立，不與人往來；也不能不分善惡，與人同流合污。再次，要謹言慎聽，防止形成惡習；慎重交友，多聽勸諫，要見賢思齊，見不賢而內自省。

（4）科舉仕宦方面

科舉考試對科宦家族來說，是一項事關家族發展的大事。十年苦讀，一朝科考，成功與否，結果迥異。所以，即墨藍氏家族在科舉考試方面也有自己的經驗，主要體現在藍潤的《丁酉四月寄訓子姪》、《乙亥都門寄子弟姪輩》：

《丁酉四月寄訓子姪》：「士子臨場讀書曰溫習舉業，為宿學言之也。養氣練詞，□機醇熟，名山大川之藏故府，典則之規發無餘蘊，斯為必中之技。疏淺者流用力於一旦，意味亦覺索然。若潛心做去，往往有得手處，正不必多求也。」

《乙亥都門寄子弟姪輩》：「一代之興有一代之文運，而好尚攸繫焉。天資聰明睿智，學術治道，無古無今，好之不倦於詞賦之類，尤加意焉。今覆試江南舉子，頭場一賦一論一頌。二場四書藝也。三場序說解判。判依律斷去，不用格套，則所中可知矣。士子窗下只習八股文套，不知古學，亦為可恥。願吾弟吾子吾姪輩速讀古書。凡各種類求名公每選數篇，熟誦而理會之，庶為有用之學，可以應制得心。以後即下筆作時，文亦自古勁雄博，出經入史，既無弱氣，並免俗腐之病矣。古之大儒夫聞以八股卒業者也。其勉之不怠。」

總結以上條規，我們可以看到：首先，應對科考不僅要平時用功苦讀，胸藏錦繡，而且臨考之際要認真溫習，並養氣練詞，使自己進入狀態，力求

在考場上發揮得淋漓暢達，達到最好狀態，發揮出最好水平。其次，注重學習詞賦，博通古今，不拘於八股束縛。只有平時對名家名篇熟讀背誦，出筆時方能揮灑自如，落筆成章。

（5）詩文創作方面

即墨藍氏家族文學，從思想內容到藝術形式，再到作家的創作標準與審美取向，都受到儒家文化的深刻影響。詩以言志，文以載道，是儒家思想在文學領域的集中體現。即墨藍氏族人在文學創作時，較爲嚴格地遵循這一原則。在詩歌創作方面，著眼於言志。由於明清文化高壓制度，尤其是受清初黃培詩案的影響，即墨藍氏族人在詩歌創作中，「致君堯舜上，再使風俗淳」的雄心壯志和濟世抱負、關心民瘼、針砭時弊的詩歌，較少呈現在筆端。即墨藍氏族人的詩歌，多以描繪田園生活、地方風景名勝，描寫師友交遊唱和等爲內容。而即墨藍氏族人的文章，內容豐富，題材多樣，包括奏疏、制草、傳記、行述、墓誌銘、書信等，文章有的放矢，直陳其事，文風平和，語言精練，均遵循著「文以載道」的原則。

正是因爲即墨藍氏家族，在讀書治學、修德立身、科舉應試、詩文創作等方面，都形成了自己特有家學，並以此教導子弟，才取得了多方面的突出成就，推動了家族的健康發展。

2、即墨藍氏門風

門風，是一個家族世代相傳的道德規範和處世原則。優良的門風，既是家族教育的產物，又是家族健康發展的保障。即墨藍氏家族傳承發展數百年，尊儒重道，注重家族教育，逐步形成了族內父慈子孝、兄友弟恭，家族成員之間密切協作、團結互助；爲官忠君愛國、清正廉潔、敢於直言、體恤百姓；爲人寬厚、講義氣、重誠信、仗義疏財、濟危扶困，熱心地方事業的良好家風。藍潤在《名節》中追溯了藍氏家族的發展歷史，對藍氏家族門風作了概括，稱：「吾家自元明迄本朝，以武功開基，承之以農事，繼之以詩書，歷五百年間，爲義士，爲忠臣，爲孝子，爲節婦，代不乏人，是皆秉乾坤之正氣，發海嶽之光，而挺生於宇宙間者。載家乘，光國史，炳炳磷磷，先人之明德遠矣。」〔註3〕邑人黃植《十三世祖母孺人周氏傳》稱：「藍氏自侍郎公、御史公後，世以秉禮稱，太學公承先緒，尤重禮教。孺人以淑德佐助之，由是

〔註3〕〔清〕藍潤：《名節》，康熙壬午，藍啟延手抄本，第36頁。

一家中彬彬有禮，墨邑中稱德門者首推外家焉。」〔註4〕即墨藍氏門風涉及到家族生活的方方面面，總結起來，主要由以下幾個方面：

（1）尊儒重教，科宦興族，耕讀持家

一方面，即墨藍氏家族尊崇儒學，學習儒家經典，以儒家仁義禮智信思想修身治家，逐步營造了父慈子孝、兄友弟恭、宗族和睦的良好風氣。《婺源縣紳民共祭贈侍郎文》盛讚即墨藍氏家族：「家教之有素兮，詩禮馨香。賢郎高登於黃榜兮，快風雲之翱翔。暫出宰於山邑兮，實朱子之故鄉。抑強扶弱兮，政善才良。崇儒重道兮，禮樂文章」；〔註5〕另一方面，即墨藍氏家族以耕讀持家，以科宦興族。在長期的發展中，藍氏家族充分認識到耕讀與科宦的重要性，堅持以耕立家，以讀繼世，以科宦推動家族發展的策略，確保了家族的持續健康發展。

（2）慷慨好義，忠誠守信，待人寬厚

即墨藍氏家族以忠厚傳家，族人仗義疏財、誠實守信、慷慨好義。明人劉健《明故義官藍君墓誌銘》稱藍銅：「嘗出遊，遇一人僵臥風雪中垂死，即脫狐裘衣之，扶至近民家，與湯飲至蘇乃去。邑嘗大祲，鄉鄰稱貸者千餘石，明年稍熟，昆仲輩將持券責其償，君慨然曰：「人甫回生，寧忍為是耶！」悉取其券焚之，鄉鄰德之，至今不已。」〔註6〕藍田為人厚道忠義，誠實守信。好友劉英將大量行李寄存於藍家，到寧州赴職途中不幸全家沉沒江中。藍田立即把劉英胞弟從千里之外找來，將行李原封不動地交還。傅以漸也記載藍再茂慷慨好義行為，稱：「有招遠縣庠生王賜佩、劉見龍二俠士，因條陳利弊，為衙蠹中傷，聳知縣申文革黜，將加極刑。公義憤不平，立糾十學諸生，謁學憲項公夢原，代為申雪，賜佩復學，給廬舍居之即墨。其濟人之急，拯人之難，慷慨周摯，大率若此。」〔註7〕藍再茂不僅自己身體力行，還教導子弟要寬以待人，勿開刻薄之風，嘗曰：「宜效范文正公，多行好事，勿開刻薄寡恩之漸也。」〔註8〕

〔註4〕〔清〕黃植：《十三世祖母孺人周氏傳》，藍氏家藏鈔本，第101頁。

〔註5〕〔明〕婺源縣紳民：《共祭贈侍郎文》，藍氏家藏清手抄本，第35頁。

〔註6〕〔明〕劉健：《明故義官藍君墓誌銘》，藍潤《餘澤錄》，藍氏家刻本，順治十六年，卷一，第12頁。

〔註7〕〔清〕傅以漸：《藍公暨元配孫氏繼配崔氏墓誌銘》，藍潤《餘澤錄》，藍氏家刻本，順治十六年（1659），卷四，第53頁。

〔註8〕〔清〕傅以漸：《藍公暨元配孫氏繼配崔氏墓誌銘》，藍潤《餘澤錄》，藍氏家

（3）居官清廉，勤政愛民，剛直不阿

即墨藍氏家族自五世祖藍章始，便開創了良好的仕宦傳統，爲官清正、勤政愛民、亢直有節、剛直不阿。即墨藍氏家族一百餘位大小官吏，均能秉承家族傳統，敢于堅持真理，敢於與惡勢力作鬥爭，雖丟官被貶也在所不惜。藍章、藍田父子均以直節著稱，雖屢受貶斥，但仍毫不動搖。張謙宜《勞山遺稿序》盛贊曰：「即墨藍司寇，功名表見於臺省，其直道孤行，嘗得罪劉瑾，下獄謫罰矣。又嘗諫武宗，崇儉節用，忤閹人蕭敬、瘳堂，戰功不得盡錄，委置於留都卿貳，乃怨尤俱泯，完節以歸。其子伯玉甫繼武臺班，廷諍大禮，下獄受杖，爲嘉靖直臣。自世俗以觀，兩世甲科，蟬連清要，莫大之榮也。俱忤權奸，剝床以膚，凶危顛沛之極也。然鋼不百鍊，豈成利器，假令循資累級，庸庸取卿相，喬梓與庶草同腐，今誰知其姓名哉。」〔註9〕楊還吉《勞山遺稿序》稱讚曰：「當有明正嘉之際，公父子俱以直節顯，其氣節文章，卓然爲一世表。」〔註10〕清乾隆版《即墨縣志·勳績》載藍深：「有大盜未獲，監司掠治他小盜，令誣服，屬縣速斃之以滅口。深曰：『吾不忍以人命悅上官。』遂投劾歸。」〔註11〕清同治版《即墨縣志·懿行》載藍用和：「後官廣東龍門知縣，清廉愛民，嘗平民冤獄，罰俸六月。自言全活一人，雖得重譴不顧，況罰俸乎？」〔註12〕清同治版《即墨縣志·孝義》稱藍順方：「所至有治聲，捐廉建修寧遠育嬰院，募金置田贍養，俸餘悉以賙民之老疾及同寅之貧厄者。」〔註13〕

（4）扶危濟貧，樂善好施，澤被鄉里

即墨藍氏家族作爲地方大族，自三世祖藍福盛始，便開啓了周貧濟困、樂善好施的傳統，即墨鄉鄰多受藍氏家族恩澤。王鴻儒《大明贈通議大夫南京刑部右侍郎藍公神道碑銘》稱三世祖福盛：「斥其贏餘周貧恤孤，負者不計

刻本，順治十六年（1659），卷四，第53頁。
〔註9〕 〔清〕張謙宜：《勞山遺稿》序，藍氏家刻本，清雍正元年，第1頁。
〔註10〕 〔明〕藍章：《勞山遺稿》，藍氏家刻本，康熙二十九年，第1頁。
〔註11〕 〔清〕尤淑孝：乾隆版《即墨縣志》，中國和平出版社，2005年點校本，卷九，第164頁。
〔註12〕 〔清〕林溥：同治版《即墨縣志》，中國和平出版社，2005年點校本，卷九，第264頁。
〔註13〕 〔清〕林溥：同治版《即墨縣志》，中國和平出版社，2005年點校本，卷九，第239頁。

也。」〔註14〕楊愼在《壽少司寇兼御史中丞藍公七十一序》中稱：「藍氏實世
其居，自其先義齋處士（藍銅）以上，皆以仁厚稱於鄉里。」〔註15〕藍田
《先叔父宣義郎藍公墓誌銘》記載：「後每祲，（藍竟）隨廩食多寡以貸鄉
鄰，貸而不能償者，輒焚其券。」〔註16〕藍田辭官後，熱心地方事務，曾捐
金修擴縣中儒學；大災之年，出糧出銀賑濟鄉鄰；又曾罄囊捐金資助即墨的
城堞維修，鄉人敬之。明萬曆版《即墨縣志・節義傳》記載：「嘉靖戊戌年
（1538）瘟疫大作，貧死甚多，（藍田）捐棺林瘞之，又捐城南地十畝葬埋，
有《義冢碑記》。」王鐸《賀藍老年翁初度序》稱藍再茂：「歲凶，出粟賦饑
民，活千餘人，捐地捐木以惠貧不能自給者。」〔註17〕謝永貞《司訓藍公傳》
稱藍啓晃：「遇人有婚喪之請，未嘗以無爲解，每至典衣稱貸以助之。戚黨慶
弔，必躬必親，盛夏隆冬不憚勞也。他如分人以地，周人以財，捨義冢而澤
及枯骨，施廟地而惠及僧道，藥餌飲食以救生，棺槨灰石以恤死，種種善行
未可枚舉。而要之皆仁心爲質愷悌，君子之行也。」〔註18〕諸如此類，不勝
枚舉。

　　在家風的營造過程中，家訓起到了重要作用。即墨藍氏家族的家訓，既
有專門的家訓篇章，也有散見於藍氏族人書信、文學作品、族譜等文獻中隻
言片語。據即墨藍氏家族文獻記載，藍再茂著有《家訓》一卷，藍深著有《家
訓》一卷，均已散佚。目前，僅可從零散的藍氏家族文獻中窺見即墨藍氏家
訓的概貌。其中重要的文獻有藍田的《重修東厓書屋上樑文》、《世鳶堂上梁
文》，藍潤的《白齋箴言》、《丁酉四月寄訓子姪》、《訓子姪》、《戊戌十二月曆
山道中寄諸子姪》、《乙亥都門寄子啓亮》等，藍溥的《重建家廟記事》，藍中
瑋的《讀先君訓士十條賦此誌感》等。

　　藍田在《重修東厓書屋上樑文》、《世鳶堂上梁文》中，明確提出了藍氏

〔註14〕　〔明〕王鴻儒：《大明贈通議大夫南京刑部右侍郎藍公神道碑銘》，藍潤《餘
　　　　　澤錄》，藍氏家刻本，順治十六年（1659），卷一，第2頁。
〔註15〕　〔明〕楊愼：《壽少司寇兼御史中丞藍公七十一序》，藍章《大嶗山人集》，藍
　　　　　氏家印本，1996年，第151頁。
〔註16〕　〔明〕藍田：《宣義郎藍公墓誌銘》，藍氏家藏刊本，光緒丙戌增修《即墨藍
　　　　　氏族譜》，卷五，第16頁。
〔註17〕　〔清〕王鐸：《賀藍老年翁初度序》，藍潤《餘澤錄》，藍氏家刻本，順治十六
　　　　　年（1659），卷四，第18頁。
〔註18〕　〔清〕謝永貞：《司訓藍公傳》，《藍氏族譜》不分卷，河北大學圖書館藏清鈔
　　　　　本，第66頁。

家族的訓條。《重修東厓書屋上樑文》中稱：「伏願上樑之後，結廬心遠，閱世日長，挈文印以傳家，冀書香之有種，龜疇馬畫，百子九經，深明聖賢之體用，精究述作之淵源。」〔註19〕《世廌堂上梁文》中稱：「伏願上樑之後，詩書繼世，忠孝傳家。」〔註20〕總結起來，主要內涵就是「詩書繼世　忠孝傳家」。藍溥在《重建家廟記事》中諄諄教導藍氏子孫，要求子孫繼承先輩美德，廣大門庭；友愛兄弟，敦睦族眾；孝悌力田，耕讀繼世；戒浮戒傲，不失家風。其文曰：「嗚呼！詩不云乎，無念爾祖聿修厥德，自今以往，凡我後人，果能磨礱砥礪，相須有成，仰體祖宗之志事，而善繼善述之，祖宗之靈也，家門之慶也。即不然，而孝悌力穡，謹飭奉公，亦不失為名臣苗裔。至於骨肉之間，為父兄者，務相期以仁厚，敦睦為心。為子弟者，務相戒以浮薄，長傲為恥。則祖宗家風於茲益振，又不特輪奐之美，丹艧之勤，足以妥神靈而光前烈矣，是為記，並以昭吾家小子。」〔註21〕

此外，藍潤在給子姪兄弟的家信中對藍氏家訓總結的全面系統。這些家訓材料涉及到家訓總論、讀書治學、科舉仕宦、道德修養、家族管理、立身涉世等各個方面。

這些家規家訓既是家族發展的產物，又是形成良好家風、實現家族穩定發展的重要保障，在家族發展過程中起到了重要作用。

（三）為家族贏得了廣泛的社會讚譽

在系統科學的家族教育下，藍氏家族在多方面都取得了重要成就，為家族贏得了廣泛的社會讚譽。

明清兩朝，即墨共有 15 人入祀鄉賢，藍氏家族占 5 人；共建立牌坊 108 座，藍氏家族占 20 座，其中藍章一人占 12 座；藍氏家族事蹟多見載於地方縣志。明清時期，即墨地區共三次撰修縣志，即明萬曆版《即墨縣志》、清乾隆版《即墨縣志》和清同治版《即墨縣志》。各版本《即墨縣志》中，都較為詳細地記載藍氏族人的事蹟，收錄了他們的作品。

據統計，明萬曆版《即墨縣志》載藍氏人物 2 人：藍章（載節義傳）；藍

〔註19〕〔明〕藍田：《重修東厓書屋上樑文》，《北泉集》，藍氏家印本，民國二十七年，第 57 頁。

〔註20〕〔明〕藍田：《世廌堂上梁文》，《北泉集》，藍氏家印本，民國二十七年，第 57 頁。

〔註21〕〔清〕藍溥：《重建家廟記事》，藍氏家藏，康熙壬午，藍啟延手抄本，第 3 頁。

田（載節義傳）。

清乾隆版《即墨縣志》載藍氏人物 15 人：藍福盛（載孝義）；藍銅（載孝義）；藍章（載名臣）祀名宦、鄉賢；藍田（載名臣）祀鄉賢；藍因（載文學）；藍芝（載懿行）；藍思繼（載孝義）；藍再茂（載勳績）祀名宦、鄉賢；藍深（載勳績）祀鄉賢；藍潤（載勳績）祀鄉賢；藍啓晃（載孝義）；藍啓肅（載孝義）；藍啓延（載勳績）；藍昌後、藍昌倫（載孝義）。

清同治版《即墨縣志》載藍氏人物 22 人：藍福盛（載孝義）；藍銅（載孝義）；藍章（載名臣）祀名宦、鄉賢；藍竟（載孝義）；藍田（載名臣）祀鄉賢；藍因（載文學）；藍國（載勳績）；藍芝（載懿行）；藍思繼（載孝義）；藍再茂（載勳績）祀名宦、鄉賢；藍深（載勳績）祀鄉賢；藍潤（載勳績）祀鄉賢；藍啓晃（載孝義）；藍啓肅（載孝義）；藍啓延（載勳績）；藍重蕃（載懿行）；藍昌後、藍昌倫（載孝義）；藍中高（載懿行）；藍仕寀（載孝義）；藍用和（載懿行）；藍順方（載勳績）。藍氏族人共培養出大小官吏一百餘人，不少族人在外地爲官，爲當地名宦，被載入任職地方縣志，如藍章、藍再茂等。

這些輝煌的業績和豐碩的成就，都是藍氏家族教育實踐的重要成果。

二、家族教育理論成果

藍氏家族教育理論成果，主要表現爲探索出一套較爲合理科學的家族教育體系，形成了優良的家學門風。對於即墨藍氏家族教育的實踐成果，第一章中已有論述。在此僅對即墨藍家族教育的理論成果進行總結。

（一）完善的家族教育體系

在長期的家族教育實踐中，即墨藍氏家族逐步摸索出一套合理而又科學的教育模式，形成了完善的家族教育體系。即墨藍氏家族教育體系，包含著三個方面內容：教育內容，教育模式，教育方法。

1、教育內容

清人傅以漸在《皇清敕封文林郎內翰林國史院檢討加一級詔贈中大夫前南皮令青初藍公暨元配孫氏繼配崔氏墓誌銘》中備述世家維繫的艱難，曰:「甚哉，世家之難也。以文章世其家，必本之以德行，以德行世其家，又必兼之以才智。席豐履厚，弈葉昌隆，而事起不虞，或且天造艱難，撐持非尋常可恃，即重遭景運，餘孽耽耽。驅除鎮攝，肯堂肯構，是眞光前裕後，不朽於

聲施者矣。」〔註22〕世家維繫的艱難，給家族教育提出了難題。家族教育的內容是否合理，家族教育的形式是否科學，家族教育的方法是否得當，成爲了一個家族是否能夠興旺並持續發展的關鍵所在。

即墨藍氏家族作爲科宦文化世家，在發展中，充分認識到家族無德不立、無文教不興的道理。在長期的教育實踐中，一直以儒家思想爲指導，尊儒重道，愛老敬賢，堅持德才兼備的教育原則。所以，即墨藍氏家族始終把倫理道德教育、科舉文化教育作爲家族教育的重要內容，堅持常抓不懈，不遺餘力。同時，爲營造和維護良好門風，教育子弟以先人爲榜樣，推進家族繼續發展，即墨藍氏家族還在子弟中積極開展家族榮譽教育。總結起來，即墨藍氏家族教育，主要包含三個方面內容：倫理道德教育、科舉文化教育、家族榮譽教育。首先，倫理道德教育是家族教育的根本。國無法不行，家無德不立。家族倫理道德教育內容廣泛，它不僅關係到每個族人的個人道德修養，個人世界觀、人生觀樹立，以及處理與家人族人乃至鄰里之間關係的原則，而且關係到一個家族道德的傳承、門風的營造和整個家族的和睦穩定。即墨藍氏家族，正因爲長期注重倫理道德教育，才營造了父慈子孝、兄友弟恭、敦睦宗族的傳統，始終保持著清肅的門風。其次，科舉文化教育是家族持續發展的重要保障。在即墨藍氏家族發展中，科舉教育和文化教育發揮著極其重要的作用。在明清科舉制度的導引下，即墨藍氏家族自三世祖始開始學習文史知識，四世祖便非常重視對子弟的教育，親自教導兒子藍章讀書，並延請塾師進一步教導兒子，終於將藍章培養成爲藍氏家族的第一位進士。此後，即墨藍氏家族始終堅持詩書繼世的發展理念，把科舉文化教育作爲家族教育的重要內容，爲家族培養人才，推動家族持續發展。再次，榮譽教育是家族教育的助力器。家族發展並非一帆風順，時常會出現意想不到的災禍和挫折。爲確保家族能夠克服困難，度過低迷時期，保持家族的持續發展，即墨藍氏家族將家族榮譽教育納入教育體系。藍氏家族通常以家族先人的豐功偉績爲教材，激勵子弟以先人爲榜樣，以光大門庭爲己任，奮發圖強。這一教育，極大地激勵了即墨藍氏族人爲家族榮譽而努力拼搏進取。

由此可見，即墨藍氏家族的三項教育內容，相互作用，相互配合，很好地解決了家族發展所面臨的問題，確保了即墨藍氏家族持續穩定的發展。

〔註22〕〔清〕藍潤：《餘澤錄》，藍氏家刻本，順治十六年，卷四，第53頁。

2、教育模式

教學模式，是指建立在一定的教學理論或教學思想基礎上，為實現特定的教學目的，將教學的諸要素以特定的方式組合成具有相對穩定且簡明的教學結構理論框架，並具有可操作性程序的教學模型。即墨藍氏家族教育採用了家族蒙教、書院教育、官學教育相結合的教育模式。

家族蒙教，是家族早期教育，也叫作童蒙教育。當家族子弟年幼時，由父祖親自進行教導，開展最基礎的倫理道德教育和文化知識教育。徐梓指出：「童蒙是一個特定層次的教育，是特指對兒童所進行的啟蒙教育。」〔註 23〕蒙教包括三個方面的內容：儒家倫理道德、日常行為規範、基礎的知識技能。由於幼兒思想單純，可塑性極強，所以我國自古便非常注重蒙教，強調教育貴早，「以豫為先」。即墨藍氏家族充分認識到蒙教的重要性，對子弟嚴格要求，悉心教導。紮實的蒙學教育，為藍氏家族子弟打好堅實的文化基礎，培養良好的道德品行。

書院教育，是對家族蒙教的延伸，在家族子弟完成家族蒙教的基礎上，藍氏家族建立書院，邀請塾師繼續教育子弟系統學習文史知識，為迎接科考作準備。即墨藍氏家族書院教育系統而嚴格，藍潤在詩歌《省克軒》的引言中記載「甲戌就此肄業，致乙酉科，計十二年，寒窗之苦，不忍言矣。……若嚴訓督責，業師裁成，樸作教刑，更何忍述，賦以紀之，並示我後。」即墨藍氏家族的東厓書院、華陽書院，是明清時期即墨地區著名的家族書院，一直是即墨藍氏家族人才培養的搖籃，為藍氏家族培養出進士、舉人、貢生等二百餘人。由此可見，書院教育在即墨藍氏家族發展中起到了至關重要的作用。

官學教育，是通過考入官辦的太學和各級地方學校進行深造，進而參加科舉考取功名的教育方式。明清兩朝，重視科舉，廣泛開辦官學，這為廣大學子求學提供了平臺。即墨藍氏家族在系統開展蒙教和書院教育的基礎上，鼓勵子弟考入官學深造，憑藉官學考取功名。即墨藍氏家族絕大多數文人都是通過這一途徑考取功名，進而踏上仕途。

由此可見，即墨藍氏家族在長期家族教育實踐中，逐步探索出一條系統而又科學的人才培養模式。

〔註23〕徐梓：《蒙學讀物的歷史透視》，武漢，湖北教育出版社，1996 年，第 2 頁。

3、教育方法

　　在家族教育中，即墨藍氏家族非常注重教育方法。這種教育方法便是：一方面，言傳身教，潛移默化；另一方面，嚴格要求，勤加督促。當然，這種教育方法，最初只是一種自發的本能，逐步被後人沿用，進而形成一種家族教育傳統。

　　藍氏家族父輩在教育子弟時，嚴格自律，身體力行，以自己的實際行動教育感染子弟，繼而在潛移默化中實現父行子效，達到教育目的。即墨藍氏家族的不少優秀傳統，在其先人身上都能找到端倪，在其後人身上能夠得到傳承，優良的傳統在潛移默化中形成並傳播。如即墨藍氏家族以孝治家，躬行孝道。四世祖藍銅身體力行，爲後代作出榜樣。劉健在《明故義官藍君墓誌銘》中記載：「（藍銅）侍母邱氏以孝稱」〔註24〕，清同治版《即墨縣志·孝義》稱他：「事母邱色養備至。」〔註25〕在他的影響和帶動下，藍氏家族後人恪行孝道，孝子輩出。藍啓肅《明少司寇兼御史中丞大勞山翁藍公年譜》稱五世祖藍章：「以母於早世，事父東村，色養備至，兩迎養於官邸。」〔註26〕八世祖藍思繼及其子藍世茂俱以孝見譽。清乾隆版《即墨縣志·孝義》篇記載：「（藍思繼）母死，廬墓三年，飯饘粥，衣冬夏一衰，朝夕掘土覆墳上。臥不設茵覃，隆冬盛寒，手足皸裂，邑侯給棉若干，受而不服。奉旨旌表。思繼歿，其子世茂亦廬墓三年。」〔註27〕藍再茂「色養事父葬母，而奉繼母者，誠慎有加。」〔註28〕藍啓晃色養其父，父死居喪哀感路人，每月必至墓地拜祭，更是難能可貴。謝永貞《司訓藍公傳》記載：「及毓宗（藍深）老先生避嫌而歸也，服勞奉養，凡所以娛其口休而承其心志者，無所不至。迨後居喪，則充充如不欲生，卒哭而葬，哀感路人，迄今猶嘖嘖稱道於不絕。……先人邱墓，月必一至，過必瞻拜，雖淒風苦雨未嘗少間也。」〔註29〕清乾隆

〔註24〕〔明〕劉健：《明故義官藍君墓誌銘》，藍潤《餘澤錄》，藍氏家刻本，順治十六年，卷一，第 11 頁。

〔註25〕〔清〕林溥：同治版《即墨縣志》，中國和平出版社，2005 年點校本，卷九，第 242 頁。

〔註26〕〔清〕藍啓肅：《清貽居集》，藍氏家印本，2012 年，第 107 頁。

〔註27〕〔清〕尤淑孝：乾隆版《即墨縣志·孝義》，中國和平出版社，2005 年點校本，第 168 頁。

〔註28〕〔清〕傅以漸：《前南皮令藍公墓誌銘》，藍潤《餘澤錄》，藍氏家刻本，順治十六年，卷四，第 51～52 頁。

〔註29〕〔清〕謝永貞：《司訓藍公傳》，《藍氏族譜》不分卷，河北大學圖書館藏清鈔

版《即墨縣志‧孝義》記載藍仕宋的孝行，稱：「父得翻胃疾，醫方用牛乳，夜起飯牛，寢不安席者累年。父歿三年，不飲酒食肉，號泣之聲經年不止，鄉黨稱孝無間言」；藍氏家族強調兄友弟恭，注重兄弟親睦互助，三祖藍福盛已經開啟端倪。王鴻儒《大明贈通議大夫南京刑部右侍郎藍公神道碑銘》記載：「兄弟求異居，公（藍福盛）以先業讓之。」〔註30〕此後，兄弟讓產、輕財重義便成了即墨藍氏家族的一種傳統。藍再茂將「公產盡讓幼弟」〔註31〕，甚至其叔伯弟弟破產，「公贍恤其家，撫其諸子，終身如一日」〔註32〕；清乾隆版《即墨縣志‧孝義》稱藍啓肅：「以己產贍諸侄，質麻林以解姊婿之厄，胥慷慨無難色」〔註33〕；藍氏族人濟世重節，淡泊名利。其風肇始於三世祖藍福盛。三祖藍福盛抵抗唐賽兒對即墨進攻，保衛即墨安危，功成弗居，辭卻「巡檢」之封。稱：「吾知安吾邑人而已，功非吾所知也」〔註34〕，表現出高尚品格和風範，對後代家族從政子弟具有深遠影響。五祖藍章爲了堅持正義、解決百姓疾苦，敢於得罪權閹劉瑾，屢上奏疏勸諫武宗，忤逆忤閹人蕭敬、瘳堂。其子藍田逆鱗廷諫，抗言大禮，又彈劾權臣，父子正義凜然、剛直不阿，皆以直節著稱。藍深不忍以人命悅上官，憤然辭職；藍潤面對誣陷，因不願屈膝求全而落職。自稱「豈能屈膝下人喁喁作兒女子態，縻此祿位哉。」〔註35〕藍用和曾經因爲民平冤而被罰俸半年。清同治版《即墨縣志‧懿行》記載藍用和：「清廉愛民，嘗平民冤獄，罰俸六月。自言全活一人，雖得重譴不顧，況罰俸乎？」藍氏家族注重禮法，家教甚嚴。族人持身嚴正，施及婦孺，門風清肅。聞人賢在《少司寇藍老先生勞山記》中描述了藍章的家居言行，高度讚揚了他持身嚴正，稱：「賢見先生之家居也，公以應事，嚴以律身，恭以禮制，敬以義存；語子以孝，語弟以仁，恩及於無告，威示

本，第 66 頁。

〔註30〕 〔明〕王鴻儒：《大明贈通議大夫南京刑部右侍郎藍公神道碑銘》，藍潤《餘澤錄》，藍氏家刻本，順治十六年，卷一，第 2 頁。

〔註31〕 〔清〕傅以漸：《前南皮令藍公墓誌銘》，藍潤《餘澤錄》，藍氏家刻，順治十六年，卷四，第 52 頁。

〔註32〕 〔清〕傅以漸：《前南皮令藍公墓誌銘》，藍潤《餘澤錄》，藍氏家刻，順治十六年，卷四，第 52 頁。

〔註33〕 〔清〕林溥：同治版《即墨縣志》，中國和平出版社，2005 年點校本，卷九，第 264 頁。

〔註34〕 〔明〕王鴻儒：《大明贈通議大夫南京刑部右侍郎藍公神道碑銘》，藍潤《餘澤錄》，藍氏家刻本，順治十六年，卷一，第 2 頁。

〔註35〕 〔清〕周清源：《清湖廣布政使藍潤傳》，藍氏家藏鈔本，第 53 頁。

於憫人，由是見者仰止，聞者顒若，邪者歸其正，枉者從其直，懦弱者起而立志，囂訟者轉而良純，接容止者，靡不歸於整飭峭直之中，然後起拜，先生眞爲天下士，勞人眞爲先生號矣。」藍深、藍潤《封太史公行述》稱藍再茂：「秉上世家法，乘戒子孫，一言一行，持之甚嚴，時夏楚以董之不孝等，兢兢奉訓，未能仰承也。府君雅好潔清，平居衣冠容貌頎然修整，樂善惜福，舉措必以禮。」〔註36〕傅以漸《皇清敕封文林郎內翰林國史院檢討加一級詔贈中大夫前南皮令藍公墓表》也稱藍再茂：「公平居謹衣履端步趨，家法嚴肅，舉措必以禮。諸凡周急濟危，撫植猶子，敦睦族里，過人之行莫可殫述。以不及告者，婚予采喪予具，蓋樂施其天性然。」〔註37〕藍啓肅恪盡孝道，嚴守禮法，馮文炌在《清貽居集序》中稱：「先生純孝之性，禮法提躬，造次弗離。」〔註38〕周毓眞在《中翰藍公傳》中記載：「庚辰，臨淮公以邑紳士請祀鄉賢，先生病不出戶數月矣。檄下例當捧主入廟，弟侄輩請代，弗許，因強起，理巾幘，扶掖成禮，遍拜諸客，皆感歎有泣下者，歸臥床上，顧諸弟侄，恬然曰：「吾瞑目矣。」〔註39〕足見藍啓肅守禮之嚴，即便是重病不起，仍不敢以病廢禮。清乾隆版《即墨縣志‧孝義》也稱：「（藍啓肅）刊家乘，置祭田，朔望會族姓於庭諄諄提命。承其教者多以循謹稱。」〔註40〕諸如此類，即墨藍氏家族諸多優良傳統，皆是父行子孝，在潛移默化中父子相傳，不教而成。

同時，即墨藍氏家族對子弟嚴格要求，勤加督促。人性好逸惡勞，對年輕子弟的管束稍加放鬆，就可能毀掉其一生。因此，即墨藍氏家族認識到嚴格要求的重要性，自四世祖藍銅始，一直以家教嚴明著稱。藍銅對長子藍章要求尤爲嚴苛。藍啓肅在《明少司寇兼御史中丞大勞山翁藍公年譜》中記載：「（藍章）八歲失恃，（藍銅）朝夕教以讀書，恒論究古人忠孝，闡發其聰明。弱冠命學易於鄉先生紹先盧公，祁寒盛暑必籌燈。」〔註41〕藍田在《宣義郎

〔註36〕〔清〕藍深、藍潤：《封太史公行述》，《藍氏族譜》不分卷，河北大學圖書館藏清鈔本，第1頁。

〔註37〕〔清〕傅以漸：《前南皮令藍公墓誌銘》，藍潤《餘澤錄》，順治十六年藍氏家刻，卷四，第54頁。

〔註38〕〔清〕藍啓肅：《清貽居集》，2012年，第4頁。

〔註39〕〔清〕藍啓肅：《清貽居集》，2012年，第12頁。

〔註40〕〔清〕尤淑孝：乾隆版《即墨縣志》，中國和平出版社，2005年點校本，第171頁。

〔註41〕〔清〕藍啓肅：《明少司寇兼御史中丞大勞山翁藍公年譜》，《大嶗山人集》，

藍公墓誌銘》記載了祖父藍銅對叔父藍竟嚴格管教的情形，稱：「我大父侍郎公御家嚴厲，叔父爲之甚謹飾，或遭譴責，跪伏受責不敢少忤，俟其色霽方起。其事我大人資善公，得其歡心，猶事我大父也。」〔註 42〕在父親的影響下，藍竟也嚴於教子，藍田在《宣義郎藍公墓誌銘》中又稱：「叔父嚴於教諸子，而接族黨寬侈於祭享賓客，而自奉儉素。」〔註 43〕藍再茂對子弟管束更是嚴格，對於犯錯的子弟甚至以棍棒相加。宋璉《臨淮令藍公傳》中記載了藍再茂對兒子藍深的教育，其文稱：「先生（藍深）篤於孝，父南皮公教家嚴，小過不假至笞杖，隨其後先生朝笞而暮不得，親之歡心以爲尤也。」〔註 44〕傅以漸在《藍公暨元配孫氏繼配崔氏墓誌銘》中也記載：「（藍再茂）乙亥歸里，教子惟嚴，嘗曰：『宜效范文正公，多行好事，勿開刻薄寡恩之漸也。』」〔註 45〕萊陽宋璉《方伯公傳》也稱：「南皮公教家嚴，有命無敢違，而怵惕日甚。」〔註 46〕藍再茂之子藍深、藍潤、孫藍啓肅俱以教子嚴格著稱。由於藍深本人科舉成就不高，所以對其子藍啓肅抱有厚望。當藍啓肅十五歲時，因其叔藍潤官居三品，依例受蔭入監，藍深甚爲不願，最終勉強接受，但對藍啓肅要求更爲嚴格。藍啓肅自撰年譜稱：「十五歲，父不願冕以蔭結局，改名啓昇，命應童子試，郡縣皆拔前矛。堂叔某謂：『蔭侄乃仲父厚誼，且屬朝廷隆恩，不可負也。』力沮父意，父勉從之，且命冕曰：『由蔭出身，非所望也，自成均發跡，在昔而有然矣，汝其勉之。』然太學終非吾志也，自是不復應督學試。肆力於舉子業。父爲籌燈朝夕不輟。」〔註 47〕萊陽宋璉《封太史公傳》稱藍潤：「而子弟有弗，率小則面叱，大則杖屈於禮，人無敢不受，雖異姓必及之。」藍啓肅對子弟要求也極其嚴格。周毓正《中翰藍公傳》稱：「凡

藍氏家印本，1996 年，第 26 頁。

〔註 42〕〔明〕藍田：《藍侍御集》，齊魯書社，1997 年，《四庫全書存目叢書》，集部第 83 冊，第 244 頁。

〔註 43〕〔明〕藍田：《藍侍御集》，齊魯書社，1997 年，《四庫全書存目叢書》，集部第 83 冊，第 244 頁。

〔註 44〕〔清〕宋璉：《臨淮令藍公傳》，《藍氏族譜》不分卷，河北大學圖書館藏清手鈔本，第 41 頁。

〔註 45〕〔清〕傅以漸：《藍公暨元配孫氏繼配崔氏墓誌銘》，藍潤《餘澤錄》，藍氏家刻本，順治十六年，卷四，第 54 頁。

〔註 46〕〔清〕宋璉：《方伯公傳》，《藍氏族譜》不分卷，河北大學圖書館藏清鈔本，第 26 頁。

〔註 47〕〔清〕藍啓肅：《皇清鄉貢進士考授內閣中書舍人藍公年譜》，《清貽居集》，藍氏家印本，2012 年，第 15 頁。

能任衣冠者，皆拱立悚聽，不敢有惰容。行於途，詢謹而有儀，不問而知其為藍氏子弟也。」〔註48〕

　　正是在家族嚴格的要求和勤加教導下，即墨藍氏族人才能持身嚴謹，恪守禮法，維護家族敦睦，保持良好家風；才能堅持科宦興族，詩書傳家，實現家族持續發展。

　　由此可見，即墨藍氏家族的教育模式科學合理，教育內容豐富全面，教育方法行之有效，其整個教育體系科學、合理，這既是即墨藍氏家族長期家族教育經驗的總結，也是即墨藍氏家族得以持續發展的重要保障。

第二節　即墨藍氏家族文獻方面的主要成就

　　家族文化，通常是以家族文獻的形式保存並傳承下來。即墨藍氏家族在長期發展中，形成了豐富的家族文化。為整理、記載、傳承優秀家族文化，即墨藍氏族人撰寫族譜，積累家乘，刻印家族文獻和先人著作，做了大量的文獻保存和整理工作。隨著時間的推移，藍氏家族不少文物、遺跡遭到不同程度的損壞，有些甚至已經蕩然無存。但是，從中我們可以清晰地窺見藍氏家族曾經的輝煌，瞭解藍氏家族的文化成就。

一、即墨藍氏家族文獻積累與族譜撰寫

（一）家族文獻積累

　　藍氏家族在長期的發展過程中，積累了豐富的家族文獻。主要包括明清兩代朝廷的封賞誥命文書、來往書信、族人年譜、行狀、墓誌銘等等。

1、封賞誥命文書

　　明清兩代，藍氏族人有一百餘人踏上仕途，他們因勤政愛民、廉潔奉公、恪盡職守，屢屢受到朝廷的敕封獎賞。但是，由於保存不善，不少敕封獎賞不僅原件遺失，就連相關文字內容也沒有保留下來。據藍氏家族十八世藍水整理家印的藍章《大嶗山人集》記載並收錄，藍氏家族誥封文書44道〔註49〕，

〔註48〕〔清〕周毓正：《中翰藍公傳》，藍氏家藏刊本，光緒丙戌增修《即墨藍氏族譜》，卷五，第40頁。

〔註49〕明清兩代，藍氏家族封賞誥命文書遠不止44道，如「明嘉靖十七年，敕建藍章祠」、「崇禎六年，敕建太學生藍史孫妻樂氏貞節、太學生盧墓孝子藍思繼母子節孝牌坊」、「順治八年，敕封藍潤、妻王氏，父親藍再茂、母孫氏、繼

主要是關於藍章夫婦及藍章父親藍銅、祖父藍福盛夫婦的封賞誥命文書。留有原件的僅有 6 道，其中三道在藍氏家族某後人手中，另外三道爲即墨市博物館收藏：

第一道：

成化二十三年三月初三日賜同進士出身藍章

第二道：

弘治九年正月二十六日　皇帝敕諭天下朝覲官員（潛山縣知縣藍章領）

第三道：

弘治十一年二月十二日　貴州道監察御史藍章並妻　敕命

第四道：

弘治十二年正月二十五日　貴州道監察御史藍章父母敕命

第五道：

弘治十二年正月二十五日　欽賞巡撫山西監察御史藍章

第六道：

弘治十五年三月一日　賞賜藍章銀兩、對象

第七道：

弘治十八年十二月初　賞賜藍章銀兩、對象

第八道：

正德元年二月初二日

第九道：

正德元年七月初一日　欽賞太僕寺少卿藍章大紅織金紗雲雁胸園領一件

第十道：

正德五年五月初十日　敕命

第十一道：

正德五年八月初一日　敕命

第十二道：

正德五年九月初四日　敕命

第十三道：

正德五年十月十三日　敕命

母沈氏」等均有文書，只是保存不善遺失，或者藏於藍氏後人之手，未曾面世。

第十四道：

正德六年二月二十四日　敕命

第十五道：

正德六年八月初一日　敕命

第十六道：

正德六年八月初一日　欽賞巡撫陝西都察院右副都御史藍章

第十七道：

正德六年八月十八日　敕命

第十八道：

正德六年十月初七日　敕命

第十九道：

正德六年十月初九日　敕命

第二十道：

正德六年十月初九日　敕命

第二十一道：

正德六年十月十三日　敕命

第二十二道：

正德六年十二月初十日　敕命

第二十三道：

正德六年十二月二十三日　敕命

第二十四道：

正德七年二月十七日　敕命

第二十五道：

正德七年二月十九日　敕命

第二十六道：

正德七年三月二十一日　都察院右都御史藍章並妻誥命

第二十七道：

正德七年三月二十日　都察院右僉都御史藍章父母誥命

第二十八道：

正德七年七月二十三日　敕命

第二十九道：

正德七年八月初一　敕命

第三十道：

正德七年九月十一日　敕命

第三十一道：

正德七年十月十三日　敕命

第三十二道：

正德七年十月二十三日　敕命

第三十三道：

正的八年三月十五日　敕命

第三十四道：

正德八年八月初一日　敕命

第三十五道：

正德八年八月二十三日　敕命

第三十六道：

正德八年十二月二十三日　敕命

第三十七道：

正德八年十一月十三日　敕諭

第三十八道：

正德九年三月初十日　賞賜巡撫陝西督察院右副都御史藍章銀兩、對象

第三十九道：

正德九年四月二十一日　敕命

第四十道：

正德十年三月十日　南京刑部右侍郎藍章祖父母誥命

第四十一道：

正德十年三月十一日　南京刑部右侍郎藍章父母誥命

第四十二道：

正德十年三月二十一日　南京刑部右侍郎藍章並妻誥命

第四十三道：

正德十年八月二十日　敕諭

第四十四道：

嘉靖十二年六月二十五日　諭祭文

原件存於藍氏族人之手的 3 道：藍福盛、藍銅夫婦、藍章各 1 道。

原件存於即墨市博物館的 3 道，分別爲：

明正德十年（1515）三月十日，藍福盛夫婦誥命

明正德十年（1515）三月十一日，藍銅夫婦誥命

明正德十年（1515）三月二十一日，藍章夫婦誥命

2、家族其他文獻

　　除藍氏家族誥封文書外，粗略統計，即墨藍氏家族現存單篇家乘文獻 703 篇（首）〔註50〕，其中師友撰寫 678 篇，藍氏族人撰寫、整理的爲 25 篇。即墨藍氏家乘的積累是個從無到有，從少到多逐步完善的過程。在家乘積累過程中，藍章、藍再茂和藍潤貢獻最大。藍章之前，藍氏家族僅僅是即墨地區一個富裕的農耕家族，家族文化建設幾乎是空白。藍章考取進士踏上仕途之後，社會地位提高，交際範圍擴大，當時社會名流應邀爲其父祖撰寫行狀及墓誌銘等，即墨藍氏族人也開始爲藍氏先人撰寫文章，追述藍氏家族的發展歷史，記載藍氏先人的嘉言善舉及所取得的輝煌業績，形成了即墨藍氏家族早期的家族文獻。此後，即墨藍氏族人不斷積累家族文獻。這些重要文獻中：

　　關於盟旺山祖林的 1 篇：元邢世英：《盟旺山祖林碑記》

　　關於三世祖藍福盛，1 篇：王鴻儒《大明贈通議大夫南京刑部右侍郎藍公神道碑銘》。

　　關於四世祖藍銅，文 5 篇，詩歌 29 首：

　　汪舜民《送藍處士還即墨序》；官賢《明故義授七品散官累贈通議大夫南京刑部右侍郎藍公行狀》；劉健《明故義官藍君墓誌銘》；周經《明贈文林郎貴州道監察御史藍君墓表》；毛紀《東村翁挽詩序》1 篇，吳人夏昂等詩 29 首。

　　關於東厓書屋：123 首（篇）

　　錢福：《東厓書屋記》；夏時正《奉題東厓書屋》文 1 篇，吳江趙寬等詩四首；楊循吉：《東厓書屋詩序》，漂陽胡汝礪等詩 13 首；喬宇《題東厓書院並蒂牡丹》、《題並蒂蓮》；趙寬《東厓十二詠》1 篇，范陽鄧璋等詩：100 首。

〔註50〕單篇藍氏家乘，是指藍氏族人或同僚、親友爲藍氏家族或藍氏族人撰寫的行狀、墓誌、年譜、壽詩、挽詩等家族史料，其中不包括藍氏族譜、成卷的《四朝恩命錄》、《餘澤錄》等。其中詩歌不包括藍氏族人及與友人的唱和詩。

關於五世祖藍章，詩文 388 首（篇）：

朱應登：《北泉草堂記》；楊維聰：《祭刑部侍郎勞山藍老先生文》；康海：《巡撫都御史藍公漢中生祠記》、《奉贈刑部侍郎藍公往南京序》；王九思：《都御史藍公生祠記》；段炅：《巡撫藍公平利縣生祠記》；楊一清：《跋都御史藍公生祠記樂歌去思碑卷》；張嘉謨：《少司寇藍公漢中去思碑》；聞人賢：《少司寇藍老先生勞山記》；楊慎：《壽少司寇兼御史中丞藍公七十一序》；趙京仕：《重修撫秦都憲藍公祠碑記》；張弘美：《重修名宦藍公生祠碑記》；鄭遹玄：《重建藍公祠序》、《重建藍公祠堂碑文》；馮文炌：《藍司寇公傳》；張謙宜：《勞山遺稿》序；李昆《八陣合變圖說序》；劉大夏、楊廷和、楊用修等與藍司寇書四十五篇。另有巡撫陝西時同僚彭澤書信 200 封，多已遺失。

關於藍章漢中生祠詩歌 27 首；御史中丞藍公轉少司寇自陝赴留都詩文 23 篇（首）；送巡撫陝西都憲藍公先生平漢南班師詩文 27 篇（首）；《藍公棠愛祠詩集》存詩 47 首。

關於藍田的史料，文 8 篇：

楊武：《送東匡藍玉夫北上序》；張鳳翔：《送即墨鄉進士藍玉甫氏下第東歸序》；潘允端：《藍侍御集》序；張獻翼：《藍侍御集》序；梁招孟：《東歸唱和》序；張謙宜：《藍北泉先生集序》、《藍氏先集合鈔引》；李開先：《文林郎河南道監察御史北泉藍公墓誌銘》。

關於七世藍史孫之妻欒氏母子，文 3 篇：即墨周如砥：《七世貞節欒孺人八世孝行公合傳》；即墨楊鹽：《八世贈按察公孝行公指揮公合傳》；即墨周如錦：《祭藍述泉太學文》。

關於九世祖藍再茂，詩文 101 首（篇）：

明孟兆祥：《賀藍老父母榮薦神明序》；明張師度：《賀藍老年臺績滿序》；傅以漸：《賀藍老年伯初度序》、《皇清敕封文林郎內翰林國史院檢討加一級詔贈中大夫前南皮令青初藍公暨元配孫氏繼配崔氏墓誌銘》；王鐸：《賀藍老年翁初度序》；高爾儼：《賀藍老父母初度序》；魏天賞：《賀藍老先生七十有一初度序》；謝三賓：《藍公寶政序》；呂纘祖：《敕封文林郎內翰林國史院檢討加一級邑侯名宦藍公生祠記》；宋澄嵐：《皇清敕封文林郎內翰林國史院檢討加一級詔贈中大夫前南皮縣大尹青翁藍老先生崇祀鄉賢序》；張琛：《皇清敕封文林郎內翰林國史院檢討加一級詔贈中大夫前南皮縣大尹青翁藍老先生崇祀鄉賢序》；沙澄：《皇清敕封文林郎內翰林國史院檢討加一級詔贈中大夫前

南皮令藍公墓表》。

另有藍再茂壽詩 38 首，挽詩 51 首。

關於十世祖藍深，文 2 篇：陶元淳：《臨淮令藍公傳》；馮文炌：《貞壽藍母周孺人八十壽序》。

關於十世祖藍潤，文 4 篇：馮銓：《海重字說》；周清源：《清湖廣布政使藍潤傳》；馮溥：《方伯公墓表》；宋璉：《方伯公傳》。

關於十一世藍啓先，文 1 篇：朱紱：《祭藍世兄長元文》。

關於十一世藍啓晃，文 1 篇：謝永貞：《司訓藍公傳》。

關於十一世藍啓延，文 1 篇：錢陳群：《西和知縣藍公啓延傳》。

關於十一世藍啓肅及其妻周孺人，文 3 篇：楊玠：《中翰藍公傳》；周毓正：《中翰藍公傳》；周毓正：《藍母周孺人傳》。

關於十一世藍啓亮，文 1 篇：宋璉：《蔭君藍公啓亮暨配楊孺人合傳》。

關於十二世藍重祜妻呂氏，文 1 篇：周祚顯：《藍母呂孺人八十壽序》。

關於十三世藍中璈及其妻周氏，文 2 篇：黃植：《十三世太學公家傳》；黃植：《十三世祖母孺人周氏傳》。

關於十四世藍仕成之妻王氏，文 2 篇：周祚顯等：《闔邑公奠烈婦王氏文》，同治版《即墨縣志·烈女》。

此外，即墨藍氏族人自撰家乘：《四朝恩命錄》4 卷、《餘澤錄》4 卷，續錄 1 卷，另有文章 25 篇：

藍章：《先大父贈侍郎公家傳》，《恭題敕命碑陰》；藍田：叔父藍竟卒，作《先叔父宣義郎藍公墓誌銘》。叔父藍竟之妻劉氏卒，作《劉孺人行狀》。建世廌堂、世慶樓於城裏祖宅裏，作《世廌堂上梁文》；藍史孫：印帖、《四朝恩命錄》；藍思繼：《書〈四朝恩命錄〉後》、《書先侍御集後》、《爲乞恩復賜除谿塋地詞》、《爲比例乞恩優恤詞》、《爲恩蒙優恤詞》、《爲乞恩俯賜除谿塋地詞》、《爲比例乞恩復除塋稅詞》；藍再茂：《〈即墨藍氏族譜〉序》；藍潤：《餘澤錄》四卷；藍啓晃：《義莊記》；藍啓蕃：《華陽書院紀略》；藍重穀：《餘澤續錄》二卷（已佚）；藍溥：《〈即墨藍氏族譜〉序》、《重建家廟記事》；藍啓肅：《〈即墨藍氏族譜〉序》，《明少司寇兼御史中丞大勞山翁藍公年譜》；藍啓肅撰、藍啓延續補：《皇清鄉貢進士考授內閣中書舍人藍公年譜》，《跋先侍御集後》，《先司寇公事略》；藍重蕃：《皇清鄉貢進士欽授內閣中書舍人先府君藍公行述》。

粗略統計，單篇藍氏家乘 703 篇（首）〔註 51〕，藍氏家族姻親撰寫 18 篇，藍氏族人同僚、同年及友人撰寫 660 篇，藍氏族人撰寫 25 篇，這些資料是藍氏家族重要史料。在很大程度上而言，是藍氏族人的同僚、同年及親友撰寫了藍氏家族的發展史。

（二）家族族譜編纂

即墨藍氏家族原本無譜，其首部《即墨藍氏族譜》（盟旺山支譜），始修於明萬曆四十二年（1614），參與編修者有八世藍思繼，九世藍再茂、藍永壽、藍世茂，藍再茂董其事，其編纂格式基本遵照曲阜孔氏族譜。藍再茂在《即墨藍氏族譜序》中稱：「謹就可考者條列明析，俾我族人知有本源。若百里、石門，傳爲同宗，舊矣。兩處碑記，猶有與我本支名諱同兄弟行者，第代遠人湮，未知所共何祖，故各爲一支，以俟後日之考徵焉。」〔註 52〕此後，即墨藍氏家族定期增修，自萬曆四十二年至光緒十二年近三百年間，先後又進行了六次〔註 53〕增修。分別是：康熙二十一年（1682），由十世藍溥、藍傑、藍湄、藍灝，十一世藍啓晃、藍啓泰增修；康熙三十二年（1693），由十一世藍啓華、藍啓新、藍啓豫、藍啓肅、藍啓延，十二世藍重慶、藍重祐、藍重穀增修；乾隆二十六年（1761），由十二世藍重蕃，十三世藍中玭、藍中瑋、藍中文、藍中高增修；嘉慶九年（1804），由藍氏闔族增修，未記增修人名；光緒十二年（1886），由十五世藍用鑒，十六世藍璒、藍澍，十七世藍恒銜、藍亨彥，十八世藍志蘊、藍志傑修增；宣統三年（1911），此次續修爲闔族重修，宣統三年傳桂堂刻板刊印，未記增修人名。

族譜作爲家族的發展歷史，它不僅記載著家族源起、發展脈絡，家族的世系和血緣關係表，家法族規、家訓，祠堂、族田、祖塋的方位等，還記載著家族的輝煌業績和豐富的文化成就。即墨藍氏家族的族譜，全面記載了從

〔註 51〕單篇藍氏家乘，是指藍氏族人或同僚、親友爲藍氏家族或藍氏族人撰寫的行狀、墓誌、年譜、壽詩、挽詩等家族史料，其中不包括藍氏族譜、成卷的《四朝恩命錄》、《餘澤錄》等。其中詩歌不包括藍氏族人及與友人的唱和詩。

〔註 52〕〔明〕藍再茂：《即墨藍氏族譜序》，《即墨藍氏族譜》，藍氏家印本，清宣統三年（1911），第 1 頁。

〔註 53〕另外，藍氏家族又於 2003 年續修，至 2007 年刊印最新《即墨藍氏族譜》。本次由十八世藍楨之（藍水），二十世藍信詮、藍信光、藍信寧，二十一世藍孝御、藍孝惠、藍孝岐、藍孝先，二十二世藍恭箴、藍恭國，二十三世藍偉傳參與增修。

一世祖藍文善到清代末年藍氏家族七百餘年的發展歷史，是即墨藍氏家族文化的總結和智慧的結晶，是即墨藍氏家族最重要的文化成果之一。

二、即墨藍氏家族文獻著作的整理印刻

（一）整理家族文獻

藍章、藍田父子為藍氏家族創造了輝煌的業績，也留下了豐富的家族文獻。藍田死後，其子藍史孫對家族文獻進行了整理，著手編纂《四朝恩命錄》。藍信寧在《即墨藍氏家乘序》中稱：「七世祖史孫公，將先世受朝廷恩典集於一卷，曰《四朝恩命錄》，是為即墨藍氏家乘之始。」〔註54〕可惜藍史孫沒有完成編纂工作便去世了。其子藍思紹稱：「先父守泉公珍藏在笥，欲擬就刻，未竟所至而沒，此抱恨終天者也。」〔註55〕而此時藍思紹兄弟年幼，無力繼承父志，致使藍氏家族文獻大量丟失。

經過家族中衰之後，即墨藍氏家族文獻及先人著作散失嚴重。直至藍再茂時期，藍氏家族才系統整理藍氏家族先世功業勳名史料，藍再茂之子藍潤在此基礎上編纂成《餘澤錄》四卷。《續修四庫全書總目提要》中記載了該書的主要內容及編纂過程，稱：「《餘澤集》（清康熙刊本）。清藍潤編，是編乃就其父再茂所輯之家乘中擇其先世之功業勳名，昭著於世者錄出，刪其蕪詞，訂其異同，彙輯而成者。全書所錄，大半皆其高曾以下之事蹟。或錄家傳，或抄行狀，皆為注出，蓋其父再茂，曾因顯揚祖烈，於文獻故家，搜求遺跡，間得之市上，如獲拱璧而珍藏之。潤繼其志而成是書也。藍氏於明清兩代，多顯宦……至潤父再茂，則以選貢生官南皮。明末李自成之亂，曾守城有功。書中敘述又詳，書首有沙澄序，及潤自記……其所謂司寇公即藍章，侍御即藍田，至太史公則其父藍再茂也。沙澄序則謂讀是書者，悚然如見文繡北泉兩先生居官之大節……。」〔註56〕後藍氏族人依此體例，繼續編纂，遂有十二世藍重穀《餘澤續錄》2卷、藍重蕃《藍氏家乘》2卷問世。尤其是《餘澤錄》及《餘澤續錄》，較為全面地記述了即墨藍氏先人所取得的顯赫業績及所贏得的家族榮譽，是即墨藍氏家族最重要的文獻。

〔註54〕 藍信寧：《即墨藍氏家乘序》，藍氏家印本，2010年，第1頁。

〔註55〕 〔明〕楊鹽：《八世贈按察公孝行公指揮公合傳》，藍氏家藏刊本，光緒丙戌增修《即墨藍氏族譜》，卷五，第18頁。

〔註56〕 王桂雲等：《遊覽嶗山聞人志》，方志出版社，2010年，第112頁。

在歷代藍氏族人的細心呵護下，雖歷經時代變遷，即墨藍氏家族的一些重要資料仍得以保存。這其中有：

先人畫像　藍氏家族先人畫像現存27幅，多數爲即墨市博物館收藏。細目如下：

三世：藍福盛　遺像二軸

四世：藍銅　遺像一軸，藍銅夫人于氏遺像一軸

五世：藍章　遺像四軸及夫人徐氏遺像二軸，五世藍章班師圖一軸

六世：藍田　遺像九軸，藍田夫人范氏遺像一軸，劉氏遺像一軸

　　　藍因　遺像一軸

九世：藍再茂　行樂圖一軸

十世：藍潤　遺像二軸

十三世：藍中珪　遺像一軸

誥封文書　藍氏家族原有44道誥封文書，是藍氏家族重要的文獻。現存6道原件，其中三道：三世祖藍福盛一道，四世祖藍銅及夫人于氏一道，五世祖藍章一道，現藏於藍氏家族某後人手中。另外三道爲即墨市博物館收藏。細目如下：

第一道：

三世：藍福盛夫婦　明正德十年（1515）誥封一道

原文：

奉天承運，皇帝制曰：祖之積善，餘慶必鍾於後人，臣之效忠，榮名必及其先世，蓋天道可信，而報施之無差，肆禮制通行，而幽明之岡間，爾藍福盛乃南京刑部右侍郎藍章之祖父，眞誠無僞，謙謹自持，周貧恤匱於一鄉，每多義舉，委祉儲祥於再世，卓有賢孫，分留務而佐邦刑，勳庸茂建，推慶源而頒國典，寵渥惟新，理所宜然，朕奚容吝，茲特贈爲通議大夫南京刑部右侍郎，遠貽賁飾之光，永庇鼎來之胤。

制曰：錫類推恩，朝廷舉勸功之典，尊祖及妣，子孫懷追遠之情，蓋溯流者必求其源，而勸德必論其世，事關風教，禮備情文，爾于氏乃南京刑部右侍郎藍章之祖母，質本端莊，情惟貞靜，化行閨閫，惠被族姻秉正，道以相夫，實勤警戒，佐義方以成子，動切規箴，眷慶澤之延長，肆聞孫之登庸，薦更十任，歷事累朝。屬茲報政之餘，肆舉追崇之典，是特贈爲淑人，匪徒柔靈於九原，亦以彰懿範於奕世。

　　制曰：疇庸詔爵，大臣序進於穹階，錫類推恩，祖考獲褒其續配，此國家勸功之令典，亦子孫報本之至情，爾王氏乃南京刑部右侍郎藍章之繼祖母，仁里名家，善人良配，克佐貽謀之懿，肇開嗣續之祥，粵有賢孫，顯於明世，踐揚滋久，職任益隆，爰體其追遠之心，特示以褒崇之命，雖云異數，式按彝章，是用贈爲淑人，諒惟未泯之靈，歆此至優之渥。

　　制誥

正德十年三月十一日

　　之寶

　　該誥封爲正德十年明廷對藍章祖父藍福盛、祖母于氏、繼祖母王氏的誥封文書，時藍章任南京刑部右侍郎。誥封文書開篇充分肯定了先輩的美好德行與良好的家族教育對忠臣賢子培養的重要作用；繼而分別追述藍章祖父藍福盛、祖母于氏、繼祖母王氏的善行義舉，分析他們的言行對藍章科途仕宦成就的重要影響；最後闡明朝廷給與的封號。

　　第二道：

　　四世：藍銅夫婦　明正德十年（1515）誥封一軸

　　原文：

　　奉天承運

　　皇帝制曰：父以教忠爲賢，必欲事君而盡職，子以養志爲孝，務在立業而建功，顧惟卿佐之良，茂建忠勤之績，推原義範，奚吝褒恩，爾贈中憲大夫都察院右僉都御史藍銅，乃南京刑部右侍郎藍章之父，質厚以淳，性嚴而毅，檢身修行，賢聲充紹乎家傳，濟物利人，好善實由於天稟，訓成哲詞，爲時名臣著勳，業於兩朝已推褒命，峻班行於三品，載示恤恩，茲特加贈爲通議大夫、南京刑部右侍郎，潛德既遠而彌彰，式弘祐啓，國典有隆而無替，尙克歆承。

　　制曰：母德兼乎教育，與父實均，君寵厚於褒封，惟賢是勸，顧慈範有裨乎風化，肆禮文備著於典章，在古則然，於今尤重，爾贈恭人於氏，乃南京刑部右侍郎藍章之母，稟資端懿，毓德淳良，勤饋祀以持家，克諧夫志，躬課督以成子，早擢賢科，鼎釜之養既違，蓼莪之痛彌切，逮今卿亞，茂建功庸，爰體孝思，載申褒恤，是特加贈爲淑人，國典具存，庶流傳於有永，懿靈不昧，尙歆享於無窮。

　　制誥

正德十年三月十一日

　　之寶

　　該誥封文書爲明正德十年，明廷敕封南京刑部右侍郎藍章父母的誥命文書。文書指出父母在子女教育中的重要作用，高度評價了藍章父母的高尚品格，認爲他們以身作則，嚴於教子，培養出藍章這樣的優秀人才。並贈封藍章之父藍銅爲通議大夫、南京刑部右侍郎，贈封藍章之母於氏爲淑人。

　　第三道：

　　五世：藍章夫婦　誥封一軸，紙本，高 31.5 釐米，長 175 釐米，國家二級文物。現存即墨市博物館。

　　原文：奉天承運，皇帝制曰：秋官卿所以提用法之綱，總弼教之任，君仁是播，民命攸司，匪資長貳之賢，曷勝委界之重，舊都所在，令式斯同，諮爾南京刑部右侍郎藍章，才大器閎，志剛守正，詩書世業，科第英流，循良功著於花封，寒諤聲馳於烏臺，遷太僕馬政聿修，佐法卿刑名益謹，進居峻職，丕振臺綱，權沮抑而兩任外僚，公道昭明，而再升都憲，肆允諧於廷議，遂超陟於今官，法比詳明，折獄有脾乎留務，操持清愼，奉公克守乎官箴，屬嘉績之來聞，實朕心之簡任，爰加褒寵，用獎英賢，茲特進爾階通議大夫，錫之誥命，嗚呼！刑期無刑，皋陶遵帝之訓，闢以止闢，君陳承王之休，勉企古人，用光朕命，尚有顯陟以疇爾庸。欽哉！

　　初任直隸徽州府婺源縣知縣。二任復除直隸安慶府潛山縣知縣。三任貴州道試監察御史。四任貴州道監察御史。五任太僕寺少卿。六任大理寺右少卿。七任都察院左僉都御史。八任降除江西撫州府通判。九任陝西按察院右僉事。十任都察院右僉都御史。十一任都察院右付都御史。十二任今職。

　　制曰：名臣有報國之功，式隆寵任。命婦有承宗之義，特厚褒封，茲惟風化之原，允繁彝倫之重，典章具在，今古攸同，南京刑部右侍郎藍章妻封恭人徐氏，恪謹安身，懿柔成性，秀鍾舊族，德媲名流，相祀虔恭，每務潔蠲於薦奠，事姑孝敬，豈徒豐腆於膳羞，賢聲久播於六姻，褒寵早膺乎一命，眷夫階之峻陟，宜國典之載申，是特加封爲淑人，寇岐光華，雖遠內廷之朝謁，絲倫赫奕，允爲中閫之表儀。

　　　　制誥

正德十年三月十一日

　　之寶

　　該誥封爲明正德十年，明廷嘉獎南京刑部右侍郎藍章及其妻徐氏的誥封文書。該文書認真梳理了藍章的仕宦經歷，高度評價了藍章的仕宦成就，認爲藍章忠君愛民，勤於政事，清正廉潔，尊老尚賢。誥封文書還高度評價了藍章夫人徐氏，認爲她出身名門，嫁入大族，品行端淑，敬事姑舅，賢名遠播，並封爲淑人。

　　書信　楊廷和致藍章書札卷一冊。此卷共有八札，無署年。明正德二年（1507）至正德八年（1513）書，楷書，紙本。縱 24 釐米，橫 293.2 釐米。鈐印八：朱文印「介夫」。《中國古代書畫圖目》第九冊、《中國美術分類全集·中國書法全集十二明一》影印。倪宗新《楊升庵年譜》卷八、卷十著錄。天津藝術博物館藏。

　　原文：廷和頓首，大中丞藍先生執事。數領誨言，感感。麻賊一枝，逼近成都，屯聚月餘，料其計將由安綿出劍門，奔入階文一帶，執事想有以處之矣。彭濟物代洪公總制四川，總兵者亦將更易，料成功在即，敢告知之不備。九月廿三日，友生楊廷和再拜。餘閒。

　　廷和頓首，大中丞藍先生尊契。使來，辱枉誨。陝西地方多故，洛川近復有事，兼以歲旱民疲，兵食具困，執事之心想益勞矣。藍總兵欲增調延綏兵協守漢中，尚議擬未定，想欲知之。未間，萬萬愛重，不備。十一月廿九日，友生楊廷和再拜。餘閒。

　　廷和頓首，大中丞藍先生下執事。冬寒，惟起居佳勝爲慰。使來，辱枉誨。聞殘賊麻六兒已死，餘黨復還蜀中，不知彼中防禦如何？執事久勞於外，萬萬愛重，以膺寵召。不備。十二月十二日，楊廷和再拜。餘閒。

　　小兒北上，承遣使導送，感感。漢中流賊，往來奔逸，三省軍民，財力具困。執事勞心撫捕，朝廷具知之，經畫定後，便可端坐中臺也。令郎玉甫尚未到京。未間，惟是愛重，不具。友生楊廷和頓首，大中丞藍先生尊契。十二月十七日具。餘閒。

　　使者再至，屢承手教，聞起居佳勝爲慰。小兒幸竊一第，勞枉賀，足感通家厚愛。流賊事經略歲餘，已聽招撫，皆執事之功也。寵錫鼎來，行且爲左右賀。未間，萬萬爲吾道愛重，不具。六月二十三日，楊廷和頓首，大中丞藍先生下執事。

　　廷和頓首，大中丞藍先生尊契。近因承差回，附狀想達左右。聞四川殘賊，復人東鄉山中，或又傳廖賊脫身潛走，不免更勞經畫也。劉七、齊彥明

並其餘黨，奔至常熟縣狼山。七月二十三日，被遼東官軍盡數擒斬。除此大害，生民稍得息　肩矣。想欲知之時序漸涼，萬萬愛重。不備。八月十日，楊廷和再拜。餘閒。

廷和頓首，大中丞藍先生下執事。即日春和，遠惟起居佳勝為慰。近者荊妻病故，小兒輩扶柩歸葬，道出貴治，乞遣一介導送之出入，無任感激之至。僭易干冒，伏惟恕之亮之，甚幸。不備。二月七日，楊廷和再拜。

所遣使，得一的當有司職官為妙，此事在執事。通家之愛，想已有處，復此申瀆，情切自為故也，悚悚天天。餘閒。

近有書奉，想達左右。聞流賊又入大寧，往來奔逸，尚勞經畫。奏功之日，朝廷當有殊寵，預以為執事賀。率爾附問，萬萬愛重。不具。友生楊廷和頓首，大中丞藍先生尊契。

明陝西總督彭澤書與藍章書信二軸。已裝裱成軸，上書信，下配畫。現存即墨市博物館。

原文：此賊一滅，三省息肩，莫道可以逭罪於主上，免清議於士夫，留美談於里巷。從衣褐飲水於茅茨，蓬蓽之下，亦安於衣衰而列鼎矣。其感其荷，又　何如伴　為咒，草草奉答，情敍萬千，非言可悉，尚容面陳，更乞千萬不惜教音，至感。

明正德八年六月上日，侍生彭澤頓首再拜。

撫治張先生處已有節行公福，更乞一催如何？生又拜。

又

藍海示鼉丘鉞，人馬仍在山中，月此，張賊不必掣回，如何？拙稿錄上賜教。生澤又拜。

明秦藩王書贈藍章平賊功成詩一軸，為秦定王朱惟焯手書。紙本中堂，高 168 釐米，寬 62 釐米，國家二級文物。現存即墨市博物館。

原文：賀大都憲藍老先生平賊功成詩

堂堂人物出山東，遠鎮關中又漢中。四載提兵同建節，一時平賊喜成功。向來鐵騎多方擾，此去金牛萬里通。自古大勳當大賞，會登八座冠群公。

陝西巡撫大都憲藍老先生，以雄才大器，向承簡命，總鎮全陝四載，勤勞於外，遂成平蜀之功，茲者奏凱榮歸，大拜有日，予忝宗藩，不勝慶幸，特為一律以賀，且以識一時之喜云。

正德癸酉冬十一月念九日。

秦藩寶善堂識。

楊慎書與藍章書札一冊。無署年。據楊慎信內所敘記之事，知其卷內書札書於明正德八年（1513）四月至正德九年（1514）正月。書寫地點爲返蜀途中和四川新都。紙本，楷書。縱 24 釐米，橫 198.7 釐米。鈐印二：朱文印「用修」。《中國古代書畫圖目》第九冊、《中國美術分類全集・中國書法全集十二明一》影印。倪宗新《楊升庵年譜》卷十著錄。天津藝術博物館藏。

原文：

哀子楊慎頓首，大中丞藍老先生尊執。不肖於二月廿七日，扶先姚柩出都城。至陝州，承使者遠迓。抵陝城，辱令似先生篤念舊愛，館穀餞送，感刻無既。聞蜀道盜賊已平，可以前進。意欲於白水江登舟下保寧，避青橋馬道之險也。水行，但苦野宿荒涼，敢乞遣健步數十至鳳縣入徽州，庶畏途可恃以無恐也。僭易悚悚天天，惟情恕萬萬。四月廿三日。

哀子楊慎頓首，大中丞藍老大人尊執。頃過漢中，重辱通家之愛，眷顧周至，禮意稠疊，其爲感刻有非言喻可盡。拜別後，山行晏然。以六月十日抵家，伏尊庇也。承差荊朝回，率爾附謝，萬惟愛重，爲西土造福。不宣。七月三日。家書一封，有便使煩一轉達。僭易悚悚天天。

哀子楊慎頓首，藍老大人先生尊執。臺下昨上狀，想達左右。走自白水江入利州，以初六日登舟，但行李已從棧道上保寧，恐途次夫力不給，敢乞尊慈一諭部下遞送，不至淹滯爲感。僭易干聒萬萬，情照不具。

哀子楊慎頓首，大中丞藍老大人先生尊執。不肖抵家後，又辱遣使者下問手札云云。感刻無極，非念兩世通家之好，何以得此兼金之惠，未敢拜重，蓋先姚大故，重叨恤典，窀穸之費，一一不出於私室，故欲竊附於古禮，君子不家於喪之義焉。使受而委諸無用，是又虛左右之賜，而增不肖之罪也。輒附使者返璧，惟情恕不罪。七月十七日。

哀子楊慎頓首，大中丞藍老大人先生執事。日者扶先姚柩，道出貴治。重辱尊慈迎迓，館穀委曲周至，盛情厚德，何以克當。拜別顏範，忽復一年。瞻企之私，不異一日。人自北來，時詢起居，萬福爲慰。令郎玉甫，此時想已北上。拱聽春官之捷，爲通家同業喜也。輒此布問，未因參侍。惟愛重爲秦人造福。不宣。正月十七日。

書畫 明藍章陝西漢中府平寇班師圖，即墨市博物館藏。

明錢福書《東厓書屋記》（部分），天津藝術博物館藏。

明歷城劉天民寫與藍田手卷一軸，爲劉天民手書詩文，國家三級文物。現存即墨市博物館。

王鐸書贈臨淮縣令藍深書法一軸，立軸，現存煙臺博物館。

原文：寄語楊員外，山寒少茯苓。歸來稍暄暖，當爲剗青冥。翻動神仙窟，封題鳥獸形。兼將老藤杖，扶汝醉初醒。（唐朝杜甫詩）。落款「丁亥八月書，王鐸爲毓宗年家詞丈。」印文兩枚。

膠州趙泰臨書藍啓肅行述一冊。清康熙五十二年（1713）寫，所述藍啓肅生平事蹟，小楷書法。藍氏後人收藏。

藍田書畫三軸，蘭草圖，紙本，長1.4米，寬45釐米，寫意蘭草，題詩：「清清水中蒲，託根於孤嶼。瞻彼首陽山，夷也實似汝。」國家二級文物。現存即墨市博物館。

藍田山水畫一軸，橫幅山水，畫風清雅，格調疏朗。落款爲「藍田畫並題」。現存即墨市博物館。

藍田繪「聖王無疆」圖一軸。橫幅，畫清供五種。現存即墨市博物館。

明藍田爲宋代六君子圖題記（書法），未署名，有印文三枚：藍田印、北泉草堂等。

藍昌倫寫與即墨江峽的小傳書法一幅，楷書冊頁。爲雍正五年所寫，現爲青島私人收藏。

原文：先生姓江氏，諱峽，字靜寺，號友松。疎直坦夷，不染漆俗。少習舉子業……。

藍恒矩書法四條屏。現爲藍氏後人收藏。四條屏的內容爲宋代趙鼎的《寒食》詩和宋代程顥的《郊行即事》。原文如下：

寂寂柴門村落裏，也教插柳記年華。禁煙不到粵人國，上冢亦攜龐老家。漢寢唐陵無麥飯，山溪野徑有梨花。一樽徑籍青苔臥，莫管城頭奏暮笳。——《寒食》

芳原綠野恣行時，春入遙山碧四圍。興逐亂紅穿柳巷，困臨流水坐苔磯。莫辭盞酒十分勸，只恐風花一片飛。況是清明好天氣，不妨遊衍莫忘歸。——《郊行即事》

落款爲「東厓」，並加蓋印二方：朱文「子靜」，陰文「藍恒矩印」各一枚。

藍恒矩書法扇面。小楷詩詞，落款爲「延光一兄大人正，子靜藍恒矩。」

印文兩枚。藍氏後人收藏。

藍恒矩書法對聯一副。藍氏後人收藏。

原文：常吟卷內相酬句，自寫湖邊舊住山。少伯姊丈大人雅囑，子靜弟藍恒矩。印章兩枚，一爲朱文「子靜，」一爲陰文「藍恒矩印」。

清藍渠書法兩幅（行書），一爲《枯樹賦語》，一爲《書譜語》。落款爲「藍渠」，印文兩枚。

藍人玠書法中堂一副。落款「藍介玉」，陰文印章「藍人玠」一枚。

藍水行草書法中堂一副。書清代馮文炌詩，落款「藍水」，印章兩枚。藍氏後人收藏。

清末藍恒瓚繪「竹石圖」一軸，立軸。現存即墨市博物館。

藍恒瓚繪「翠卷濤飛」殘卷，藍恒瓚繪畫，上部殘缺，裝裱修補，由陳海波題跋。藍氏後人收藏。

藍恒瓚繪梅蘭竹菊四君子圖。其繪畫繼承了宋代畫院的風格，既尙工又取意，清新、典雅，處處流露出文人畫的氣質，作品多以表現梅、蘭、竹、菊四種植物爲主，加以山石和題跋，使個人面貌、意趣、審美、技法、才華充分地顯露出來，受到人們的喜好和收藏。藍氏後人收藏。

藍仁慶山水畫一副。藍仁慶，自幼聰敏好學，飽讀詩文，畫藝甚高，其畫作多爲日本收藏，人稱「即墨三才」，此畫爲山水中堂，落款「七十九歲老人少農藍仁慶」。

古物　藍銅墓葬聖旨殘碑，嶗山藍銅墓中聖旨碑，文革後被毀，藍氏後人收藏。

宋代樟木大鼓腔，鼓腔內存藍思紹書藍田撰文的《舊鼓腔記》，原存藍章祠堂，現存即墨市博物館。此鼓腔高 85.8 釐米，鼓腔上下口直徑 82.5 釐米，腹腔直徑 89.5 釐米，鼓腔中部微凸，整個鼓腔遠觀線條流暢，寬、高比例適中，應爲整個樹之中部掏空而成。鼓腔上、下口沿部有密集的鼓釘排列。在鼓腔內有大篇文字，大多不清楚，文字後端落有「藍思紹漫筆」字樣。

藍再茂墓誌銘拓片一冊，爲清首科狀元傅以漸撰文，即墨黃宗臣書丹，清刻拓片，藍啓肅題簽「先大父墓誌銘」。藍氏後人收藏。

藍深印章一枚。朱文「藍深之印」，藍氏後人收藏。

藍重蕃《華陽書院記》木刻殘板四塊。藍氏後人收藏。《華陽書院記》，記載藍氏華陽書院歷史沿革、結構布局、地產建築等，是關於藍氏家族華陽

書院的重要史料。

清康熙二十年（1681）藍氏祠堂屋樑一根，長 4 米餘，刻「皇清康熙二十年辛酉元月癸巳八日辛卯重修」，現存即墨市博物館。

藍奎《重訂祀產條規》一卷。清道光二十一年（1841）藍奎手抄本，爲重訂藍氏家族先世遺規。

族譜　《藍氏族譜》一卷。清康熙四十一年（1701）藍啓延手抄本，爲藍氏家族資料著作。

清乾隆三十年（1765）石門支《即墨藍氏族譜》一卷。藍氏石門支首刊族譜，記載石門支家族資料，藍氏後人收藏。

清嘉慶九年（1804）盟旺山支《即墨藍氏族譜》一卷。殘本，無序言，藍氏家譜資料，藍氏後人收藏。

清光緒十二年（1886）盟旺山支《即墨藍氏族譜》一卷四冊。盟旺山支第六次續修家族資料，藍氏後人收藏。

清宣統二年（1901）盟旺山支《即墨藍氏族譜》一卷四冊。盟旺山支第七次續修家族資料，藍氏傳桂堂刻板，藍氏後人收藏。

中華民國十九年（1930）石門支《即墨藍氏族譜》一卷五冊。石門支續修家族資料，藍氏後人收藏。

中華民國二十八年（1939）北里支《即墨藍氏族譜》一卷五冊。百里支續修家族資料，繼述堂印，藍氏後人收藏。

這些資料是即墨藍氏家族極其珍貴的文獻，它使世人得以一睹即墨藍氏家族曾經的輝煌和即墨藍氏先人的風采。目前，這些文獻現多藏於即墨市博物館。

（二）刻印先人著作

即墨藍氏家族文人眾多，著述豐富。藍氏後人曾多次著手整理先人的著作，使得藍氏族人大量著作得以保存。首先，藍思紹兄弟整理藍田詩文集。藍田死後，其子藍柱孫、藍史孫相繼離世，藍氏家道中衰，造成藍章、藍田著作大量流失。藍思紹兄弟成年後，廣泛搜集，整理刻印了藍田《藍侍御集》，爲藍田著作的保存作出了貢獻。邑人楊鹽稱藍思紹：「乃齋先大父侍御公文稿走吳下，禮聘名家張長洲次序其列，而付之梓鋟即竣。」〔註57〕明周如砥也

〔註57〕　〔明〕楊鹽：《八世贈按察公孝行公指揮公合傳》，藍氏家藏刊本，光緒丙戌增修《即墨藍氏族譜》，卷五，第 18 頁。

高度評價了藍思紹整理刻印藍田著作的功勞，稱：「嗣人即如侍御公，舉進士高第，雄文博學，卓絕海內，海內翕然稱之曰『小聖人，小聖人』云。然向非厥孫藍伯子搜其遺草，跋涉吳下，剞劂成書，亦幾遏佚矣。」〔註58〕其次，藍啓肅兄弟整理藍章、藍田兩世遺著。藍啓肅等廣泛搜集，訂誤正訛，整理刻印了藍章、藍田父子著作，使兩世手澤得以保存。藍啓延在《皇清鄉貢進士考授內閣中書舍人藍公年譜》續補中記載稱藍啓肅：「於先人手澤尤加意珍藏。搜先司寇公詩文數首，抄錄成帙，剞劂以永其傳，爲今《勞山遺稿》。先侍御公集舊刻本，年遠殘缺，且字句多訛，重加校正，又於邑之文獻故家得文數十篇，詩百餘首，分類成集，比舊加增。」〔註59〕藍重蕃在《皇清鄉貢進士欽授內閣中書舍人先府君藍公行述》中也記載稱：「先侍御公在世廟時議禮被杖，放歸林泉，詩詞文章汗牛充棟，家刻不及其半，且年遠殘缺，魯魚舛訛，先府君（藍啓肅）懼先德之失傳，而文獻無徵也。博採遺跡，詳摭事略，爲先司寇公著年譜，序詩文，剞劂以永其傳，爲今《勞山遺稿》。而先侍御之著作散軼者，亦皆釐然校正，類有成書，由是兩世手澤炳如日星矣。」〔註60〕

即墨藍氏族人除藍章、藍田、藍潤、藍啓肅等人的部分著作被《四庫全書》、《四庫存目叢書》、《續修四庫全書》收錄有官方刻本外，多數族人著述和作品由家族刻印，並在族內流傳。

清代末年到民國時期，即墨藍氏第十八世藍水、十九世藍人玠等手抄部分先人作品副本。後藍氏家藏原本多散佚，藍氏先人著作幸賴藍水、藍人玠抄本得以流傳。

雖歷經散佚、損毀，但在藍氏族人的努力下，目前，藍氏家族仍保存下來相當數量的族人著作、文集：

《勞山遺稿》一冊。藍章著作，清康熙二十九年（1690）藍氏家藏刻本，不分卷，半葉九行，行二十二字。收錄疏 6 篇，文 6 篇。卷首有邑人楊還吉《少司寇勞山藍公遺稿序》一篇。藍氏後人收藏。

《勞山遺稿》一冊。藍章著作，清手抄本，此書爲藍啓肅纂輯成帙，膠州張謙宜選定，即墨馮文炌參校。詳細介紹了藍章的生平經歷，詩詞文章。

〔註58〕〔明〕周如砥：《七世貞節樂孺人八世孝行公合傳》，藍氏家藏刊本，光緒丙戌增修《即墨藍氏族譜》，卷五，第 21 頁。

〔註59〕〔清〕藍啓肅：《清貽居集》，藍氏家印本，2012 年，第 19 頁。

〔註60〕〔清〕藍啓肅：《清貽居集》，藍氏家印本，2012 年，第 23 頁。

藍氏後人收藏。

《勞山遺稿》一冊。藍章著作，民國藍仁玠手抄本，解竹蒼題簽。藍氏後人收藏。

《大勞山人遺詩》一冊。藍章詩集著作，清手抄本。藍氏後人收藏。

《八陣合變圖說》一冊。藍章軍事著作。明正德八年（1513）楊秉衡刻重修本，前有明朝廣東布政司右參議徐昂序言，後有藍章跋語。存即墨市博物館。

《藍侍御集》十卷五冊。藍田著。明萬曆刻本，前有明萬曆十五年（1587）進士上海人潘允端序言，長洲張獻翼序言。冊後有藍田之孫藍思紹、藍思繼所撰跋語。藍氏後人收藏。

《白齋詩集》一卷。藍田著。清手抄本，此本為藍田六世孫藍啓晁、藍啓肅重定本。此書前後未有序言，應為藍田詩集的稿本，此本《白齋詩集》從字體看，應為藍啓肅手抄。藍氏後人收藏。

《北泉集》一卷。藍田著。附藍困《東泉遺詩》一卷，藍因《南泉遺詩》一卷。民國二十七年（1938），藍水校正鉛印本兩冊。藍氏後人收藏。

《巨峰詩集》一卷。藍困詩集著作，清手抄本。藍氏後人收藏。

《東泉詩集》一卷。藍因詩集著作，清手抄本。藍氏後人收藏。

《少泉遺詩》一卷。藍柱孫詩集著作，清手抄本。藍氏後人收藏。

《守泉遺詩》一卷。藍史孫詩集著作，清手抄本。藍氏後人收藏。

《世鷹堂集》一卷。藍再茂詩集著作，清手抄本。藍氏後人收藏。

《耐寒齋詩集》一卷。藍漪詩集著作，清手抄本。藍氏後人收藏。

《梟政紀略》一卷。藍潤著。清順治十八年（1661）藍氏家刻本，八行十八字，抬頭十九字，白口，四周單邊。不分卷，各一冊全。白綿紙，初印極工麗。用方體字極似順治內府刻本，紙墨刻印亦不輸之。此本民國時為浙江湖州蔣氏舊藏，卷末有「烏程蔣祖詒藏書記」朱文方印。內文可作研究清初江南與廣東一帶政令頒行與律法實施之重要參考。

《聿修堂集》一卷。藍潤著。清手抄本。藍氏後人收藏。惜此本殘缺，只存詩集部分，文集部分已失存。國家圖書館藏有全本。

《餘澤錄》四卷四冊。藍潤著。清順治十六年（1659）刊刻本。此書前有禮部右侍郎艾元徵序言，禮部右侍郎大學士沙澄序言，刑部尚書魏象樞序言，文華殿大學士馮溥序言，萊陽宋繼澄序言。現藏國家圖書館及藍氏

後人。

《藍方伯手書功過格》一冊。藍潤手抄本，爲佛家典故。藍潤後人收藏。

《政訓》一冊。藍潤手抄本。藍潤後人收藏。

《鄉祀錄》一卷。清藍氏家刻本，即墨縣地方人士爲藍潤入即墨先賢祠所做文書。

《素軒詩集》一卷。藍湄詩集著作，清手抄本。

《逸筠軒詩》一卷。藍啓藥詩集著作，民國藍仁玠手抄本。宋澄嵐《逸筠軒詩序》：「元方兄弟世家子，然所處貧。元方好博古，鑒別書畫器物每不爽毫末，尤善書與詩，著筆高雅，於古人不少遜。余嘗過其齋，僅可容一二人，所布置硯楮琴書及花草玩物，皆有別致。」德州盧見曾云：「先生少孤，事母以孝聞，扶弱弟俾得成立，爲學能文而享年不永，惜哉！」

《學步吟》一卷。藍啓華著。清康熙二年（1662）刊刻本。萊陽宋繼澄序言。

《清貽居集》一卷。藍啓肅著。清手抄本，書前有清雍正元年（1723）馮文炘序言，楊玠所撰《中翰藍公傳》，後有康熙四十四年藍啓延所寫年譜，詳細記載了藍啓肅的生平經歷。

《芸窗閒吟》一卷。藍榮煒著。清手抄本。藍榮煒，字彤軒，清諸生。以塾業終生。

《匣外集》一卷二冊。藍中瑋著。清手抄本，計詩一千餘首，各體皆備，前有其自書序言。

《紫雲閣詩集》一卷。藍中珪著。清乾隆五十七年（1792）刊刻於高苑縣學署，海陽人鞠懁撰序。

《乾隆三十九年日記》一卷。藍中珪手寫本，記載藍中珪於清乾隆三十九年（1774）年間做過的事情。

《海莊詩集》一卷兩冊。此集爲清乾隆四十年（1775）藍中高手抄本《海莊詩集》，按年編訂，起乾隆十一年（1746），終乾隆四十年（1775），計詩二百餘首，各體具有。

《梅園遺詩》一卷。藍用和詩集著作，藍用和手抄稿本。

《南溪詩草》一卷。藍均詩集著作，清手抄本。

《醉夢吟小草》詩集一卷。清藍燈手抄本，計詩二百餘首，各體皆備。

藍墱字仙居，號小樓，清庠生。

《下車錄》一卷。清藍恒矩手抄本，前爲文集，多爲八股文；後爲詩，以試帖詩居多。藍恒矩，字子靜，清廩生，工書法，善詩賦，以塾業終生。

《帶經堂詩草》一卷。藍志弗詩集著作，藍志弗手抄稿本。

《藍氏先跡述略》一卷，藍恒佶著。清咸豐五年藍氏家刻本。

《明即墨藍氏詩鈔》二卷。清手抄本，藍氏先賢詩集抄本。

《先司寇、先京兆、先南皮三公詩合鈔》一卷。清手抄本，爲藍章、藍因、藍再茂的詩集合抄本。

《藍氏家乘》五冊，藍人玠手抄藍氏先賢的文章、詩集的合抄本。

《題主記》一卷。藍人玠手抄稿本，爲藍氏先賢長支先人的資料文字。

藍水文集著作多卷，《嶗山志》、《嶗山古今談》、《五雜組》、《東厓詩集》、《返光集》、《可止編》、《東厓詩集》、《讀四史札記》等多種。

此外，當代藍氏族人中致力於家族文獻整理研究的爲藍氏家族第十八世藍水及其嫡孫藍信寧。藍水，原名槙之，中年改爲水。是即墨藍氏家族文化的堅守者，長期致力於藍氏家族文化及嶗山文化的整理與研究，擅長詩歌創作。著有《嶗山志》等地方研究史料，現有《東厓詩集》等作品存世。曾選編藍氏先賢作品集。如民國二十七年（1938）藍水先生搜集整理並刊印了藍田《北泉集》。2003 年，嶗山藍家莊藍氏後人藍孝惠先生又重新刊印，只印了250 本，數量少，非常珍貴。1996 年藍水整理印行的藍章《大嶗山人集》，是現今藍章研究最全面的資料。同時，藍水分別爲其十三世祖藍章和十二世祖藍田作《藍章年譜》和《藍田年譜》。藍信寧，即墨藍氏家族第二十代，藍水先生嫡孫。他系統整理藍氏家族文獻，搜遺補缺，並且整理出版了藍章《八陣合變圖說》、藍再茂《世鴈堂遺稿》、藍湄《素軒詩集》、藍啓肅《清貽居集》、藍啓華《學步吟》、藍啓蕊《逸筠軒詩集》、藍中高的《海莊詩集》、藍中珏《紫雲閣詩》、藍用和《梅園遺詩》、藍墱《醉夢吟小草》、藍恒矩《下車錄》等，使藍氏家族史料和著作得以面世，爲人們學習、瞭解和研究藍氏家族文化作出了貢獻。

第三節　即墨藍氏家族基建方面的主要成果

藍氏家族在數百年間，多次大興土木，進行家族基礎建設，形成了規模宏大的家族建築群。這些建築群包括：宅院、書院、祠堂、墓地等，是家族

基建方面的重要成果。

宅院 藍氏家族自黃埠遷居即墨盟旺山西，居藍家溝附近。自三世祖藍福盛移居即墨城，居縣衙西，到五世祖藍章時候，藍氏家族已是房屋連片，家業興隆，時稱「藍半城」。隨著家族不斷壯大，族人不斷開闢新的居所，這些建築我們統稱爲藍氏家族宅院。

世廌堂 主宅是城內的世廌堂。世廌堂在城內縣衙西，這是藍銅、藍章、藍田等居住的地方。世廌堂大門，俗稱「藍家門樓」，五世藍章令子藍田建，後有世廌堂一處，藍田撰有《世廌堂上梁文》，世廌堂西建有「白齋」一處，爲藍田讀書處，「白齋」爲藍田親題；世廌堂內建有「萬卷樓」一座，爲藍田所建，此處建築在新中國成立後擴建十字街時被拆除；世廌堂後建有世慶樓一座，明康海題有《藍氏世慶樓記》，曰：「即墨藍氏，聚德萃祥，凡不知幾何世，乃篤生我撫公，發祥闡德，爲世大夫，名實加於上下徽美，嗣諸後昆，天眷元德，又生我玉夫，承耀履光，稽古操則，凡天下知名之士未能或之先也，此其慶流長遠，固已非世之所謂光華榮耀者可擬矣，乃如哉撫公者，玉夫大夫嘗以都御史治關中，有大功德於民，民私懷之，凡有稱述事實，必曰：昔藍撫公云云。故予今亦得而稱之焉」；後有收遠樓一座，爲藍再茂建；世廌堂東有胡同，今稱「石家胡同」，原稱「藍家胡同」，約建於清乾隆年間。藍氏十二世藍重蕃五子十六孫，這時候的藍家胡同已容納不下人丁興旺的藍氏子孫居住，藍重蕃就將胡同東的房屋賣於石氏家族，大部分子孫搬到東厓書院及華陽書院周圍居住。

北泉草堂 爲藍章所建，位於即墨城東北處，今黃家西流村附近。明人朱應登寫有《北泉草堂記》，記載了草堂的優美風景，曰：「其制宅也，買泉一區，廣而池之，得數十弓，池中有洲，考室其上，曰『北泉草堂』。池之東卻阻長堤，南有閣，半插水，曰『泉心閣』；西南偏爲亭水中，曰『君子亭』；皆跨木梁通之，環池植蓮且遍，多養龜魚鷖鳥；其北累土爲丘，崇百尺，修竹灌木夾翼蔽虧焉。出則以鉤弋爲事，入則有圖史之娛。又漁人木客往往能見過，陳說平生，歌太平之盛，輒然而共懽也。」明山東提學使陳沂詩云：「山下清泉北郭流，功成於此築菟裘。池荒兩岸芙蓉老，原迥一亭楓葉秋。司寇遺蹤誰復繼，繡衣新搆我來遊。君家慶澤從來，豈用重爲孫子謀。」

東莊 藍潤辭官回家後在現今的藍家溝村東蓋屋居住，此地在藍氏盟旺

山塋西面，過去叫東莊，現今爲藍家溝村。

　　亦園　建在東莊內，爲藍氏家族花園，有書屋，爲藍氏子弟讀書處。

　　書院　本書已於第二章作了介紹，於茲不再贅述。

　　祠堂　祠堂是族人祭祀祖先的場所。在中國古代封建社會裏，家族觀念相當深刻，往往一個村落只生活著一個家族或者幾個家族，他們多建立自己的家廟祭祀祖先。這種家廟一般稱作祠堂，其中有宗祠、支祠和家祠之分。祠堂這個名稱最早出現於漢代，當時的祠堂均建於墓所，曰墓祠，南宋朱熹《家禮》立祠堂之制，從此稱家廟爲祠堂。當時修建祠堂有等級之限，民間不得立祠。到明嘉靖年間「許民間皆聯宗立廟」。只有皇帝封賞的姓氏才可稱「家廟」，其餘稱宗祠。而即墨藍氏盟旺山支的宗祠就稱作「家廟」，始建於明嘉靖十七年（1538），是朝廷爲褒獎藍章的豐功偉績而爲其所建。

　　清同治《即墨縣志》載：「藍公祠，在縣治西，明嘉靖十七年建，祀邑侍郎藍章」。藍章祠堂爲明嘉靖皇帝御賜建造，建於嘉靖十七年（1538），位於即墨古縣衙西，十字街中心西 174 米處街北的新建街與後汀街交叉處的北側（中山街北 113 米處）。解放後改建爲即墨郵電局職工宿舍，現已不存。藍章祠堂原有藍氏世鷹堂一處，其大門稱街樓，俗稱藍家門樓，世鷹堂西建有「白齋」一處，爲藍田親題；世鷹堂內建有「萬卷樓」一座，爲藍田所建；此處建築在解放後擴建十字街時拆除。世鷹堂後建有世慶樓一座；收遠樓一座，爲藍再茂建。路北靠十字街處建侍郎藍公祠堂石門坊一座，坊陰書「誥褒名臣」，往北 14 米處建有「兩世節孝坊」，爲清康熙戊辰爲贈指揮祖母欒孺人、孝行公藍思繼、明經公藍啓先妻呂孺人仝立。南北神路長十八丈（按清朝營造尺一尺 32 釐米計算，爲 57.6 米），寬南八尺八寸（2.816 米）、北七尺（2.24 米）。藍公祠堂門前有照壁一座。大門一座，東西長五尺一寸（1.6 米），南北寬六尺（1.92 米）。上懸「勅建家廟」匾額。左右石獅。儀門三間，東西長一丈八尺二寸（5.824 米），南北寬七尺（2.24 米）。勅建家廟三間，東西長一丈八尺（5.76 米），南北寬一丈（3.2 米）。中堂神閣肖侍郎藍章神像，上懸嘉靖皇帝御書「愼厥身修」匾額。對聯一幅，左聯：德堪啓駟門三字獄寧開湯網而當道豺狼復畏埋輪常斂跡。右聯：勳足標麟閣一丸泥已閉秦關故憑城狐鼠咸從建節盡投誠。「即墨令陳基拜題」。廟內牆繪「漢中府歸陝省班師全圖」。門外匾額書「明資善大夫進階正二品侍郎藍公之祠」。門外門聯：「正色立朝當年奸雄膽已落，秉旄平寇至今功德碑猶存。」爲「墨庠司

訓平恩後學談化育頓首拜贈」。門外抱廈（圍繞廳堂、正屋後面的房屋）三間，東西長一丈八尺二寸（6.4 米），南北闊四尺（1.28 米）。左右石象一對。楹聯：「秉鉞掃帶牛之孽九伐申威秦關得以靜閉譬如雲漢日星永紀師貞光信史，垂紳弭指鹿之橫五刑弼教燕關賴以肅清用是春露秋霜爰崇祀典報豐功。」落款爲：「楚江晚學生譚鳳禎薰沐頓首拜題」。「名耀朝端正逆瑠之專橫氣如虹膝如鐵帝鑒臣忠四十年沉升中外蒙庥倔僵猶一日，勳高劍閣值流寇之猖狂撫以恩震以威天開民祐百二州尸祝幽明載德鎖鑰重三秦。」落款爲：「後學晚生楊萬里恭題」。天井，南北長二丈二尺四寸（7.168 米），東西寬一丈八尺三寸（5.856 米）。

　　另有五祀神石廟一座，在月門東天井內，南北長三丈四尺七寸（11.104米），東西寬九尺（2.88 米）。廟前門房三間，東西長一丈（3.2 米），南北闊四尺三寸（1.376 米），爲司香火人住處。後祠堂三間，東西長一丈七尺六寸（5.732 米），南北寬九尺四寸（3.008 米），祀宋元碑譜及處士公以下七世神主。天井，南北長三丈二尺五寸（10.4 米），東西寬一丈八尺（5.76 米）。內有大石方花盆一座，山石一塊。

　　方伯公藍潤支祠三間在五祀神廟東。餘香館在家廟西，三進共房九間。

　　因是朝廷敕建，藍章的祠堂規格較高。整個藍章祠堂建制宏闊，莊嚴肅穆。敕建祠堂、御書匾額充分彰顯了朝廷的恩寵，陳基、楊萬里題寫楹聯，高度概括了藍章的豐功偉績，反映了地方的褒揚和社會的讚譽。藍氏祠堂原本是朝廷爲藍章個人所修建，藍氏後世又進行了擴建，把藍章的個人祠堂變成了藍氏家族的祠堂。在此後數百年間，藍氏家族於明崇禎辛未（1631）、清順治戊戌（1658）、清康熙辛酉（1681），屢次對家族祠堂進行修繕。藍氏祠堂雖歷經數百年，始終保持著莊嚴肅穆的風範，成爲家族緬懷先輩，激勵後人，維繫家族和睦的重要場所。

　　藍氏東厓書院內亦有祠堂一處，爲盟旺山支長支祠堂，名傳桂堂，東西三間，每年春節祭祖時懸掛藍氏先世畫像，祭藍氏長支神主，解放後改建爲西障小學。其西北有明朝栽龍爪槐一株，古井一口，藍田建「可止軒」書屋一處。東北有花園，花園內建有襲香亭、萬花亭。花園後建有萃英樓、凝翠樓。

　　藍氏四支各有本支祠堂，原皆建於各支塋墓，後分建於本支繁衍之地。藍氏石門支宗祠建於石門村，解放後歸鄉供銷社，今爲民居。藍氏百里支宗

祠建於南百里村，約建於清朝初年，清同治十一年十一月重修門樓，書「藍氏祠堂」匾額，門聯曰：「繼前改作小補闕，述後重修大玉樓。」清光緒十四年重修。解放後爲村委辦公場所，今重新修繕爲藍氏祠堂，爲藍氏四支唯一保留的祠堂。藍氏瑞浪支於光緒二十八年建祠堂於東障村，解放後改爲學堂，後賣爲民居，今已拆遷。

　　墓地　祖塋林地既是家族先人葬身之地，也是家族祭祀先人、開展家族教育的重要場所。盟旺山支藍氏家族祖林地主要有盟旺山元代祖林、四世贈侍郎藍銅祖林、五世侍郎藍章賜兆祖林、敕封太史藍潤祖林及老二支支塋等。即墨藍氏從南宋咸淳年間由萊陽之舁山遷於即墨縣東北之黃埠（今田橫鎮泊子村東，黃龍莊、房家村一帶），此處祖塋爲藍氏宋代黃埠祖塋，藍氏盟旺山支、石門支、百里支、瑞浪支皆尊此處爲藍氏祖居。後藍氏家族又遷於即墨城東盟旺山一帶，黃埠所有祖墳遷於盟旺山，時爲元代中期，故又稱藍氏元代祖林。清末藍恒矩、藍志雍等纂修盟旺山支《即墨藍氏族譜》記載藍氏家族《塋域志》，其中詳細記載了藍氏家族林地情況，並附有四世贈侍郎藍銅祖塋、邑北賜兆五世侍郎藍章祖塋繪圖。其文曰：「吾家盟旺山原祖林，歷有數代，其中古墓共一百一十餘坵，而皆呼爲元代祖林者，特以塋中古碑有元泰定甲子年號，吾族世系至元始有可考，故也其非準名也無疑。按（乾）隆（嘉）慶二譜載，封太史公與方伯公俱葬盟旺山後塋，故於塋北又有方伯公後續葬支塋，業百餘年。族之人有持封太史公誥命碑記葬元代祖林，以爲言者，以致互相爭執。嘻，誠屬爭所不庸爭也。迨光緒戊申，經上縣派委員楊同縣尊陳親詣勘丈，斷令息訟，從此封塋不許續葬，凡官界內俱屬葬藍氏先塋，惟祖林西老二支支塋不在界內。」

　　盟旺山祖塋葬有藍氏元代先世墓葬 117 坵，明立元代將軍藍珎墓，藍氏盟旺山支一世諱文善祖、二世諱景初祖、三世贈侍郎諱福盛祖，三世叔祖諱福進祖，八世祖諱思紹祖及十世藍深墓葬等。其東建有藍潤的「敕封太史藍公佳城」，葬有藍再茂、藍潤等墓葬 22 坵，墓前立有墓表碑、誥授碑各一方，碑兩旁排列石人、石馬、石虎、石羊、望柱各兩對；石坊兩座，後坊匾書「誥授通議大夫江南提刑按察使歷陞山西右布政使湖廣左布政使進階通奉大夫前內翰林宏文院侍讀提督江南江寧等處學正御筆更名藍公之坊。」前坊匾書「敕封太史藍公佳城」。墓外南建有藍再茂的「松露琳宮坊」一座，藍潤的「星岳鍾靈坊」一座。藍潤後人曾在支塋續葬百有餘年。直至清光緒三十三年

（1907），由官方出面藍潤塋不許續葬，仍葬盟旺山祖塋。在祖林西另有老二支支塋，爲諱福進祖後世族人祖林。

四世贈侍郎藍銅祖林在崂山北宅藍家莊村南，華樓鳳山之陽，墓地佔地2畝多，石牆圍繞，遍植松柏，墓封土，高約3米，墓碑高約2米，立有誥命碑二方、敕命碑、墓表碑各一方，碑兩旁排列石人、石羊、石虎、望柱各一對，神道前置石坊 1 座，匾書「明誥贈中憲大夫都察院僉都御史加贈通議大夫刑部侍郎藍公之塋。」石坊兩邊刻有門聯「粟散券焚厚德已傳八九代，子榮孫貴寵恩更煥百千年。」落款爲後學沈荃拜贈。

五世賜兆侍郎藍章祖林位於即墨城北，今鐵器舊貨市場處，佔地十餘畝，藍章原葬崂山灰牛石，明嘉靖十二年（1533），嘉靖皇帝賜兆塋遷葬，六世藍田、藍囷、藍因，七世藍柱孫、藍史孫，八世藍思紹妻焦淑人、藍思統、藍思緒皆附葬賜兆。墓前立有明嘉靖十二年山東布政使楊維聰諭祭碑一方，碑書：

> 維嘉靖十二年歲次癸巳六月壬申朔越二十五日丙申，皇帝遣山東等處承宣布政使司分守海右道右參政楊維聰。諭祭於南京刑部右侍郎兼都察院左僉都御史致仕藍章。曰：惟爾賢科，發跡劇邑稱能，擢任烏臺，晉司馬政，遷官理寺，超秩中丞，適值權奸，暫蹟復起，臬司薦歷，憲節再持，撫馭馳聲，賢勞著績，秋曹簡佐，留務實參，早遂優間，宜膺晚福，胡爲一疾，竟至長終，訃音來聞，良用悼惜，特賜葬祭，用昭恤恩，爾靈有知，尚其歆服。督工官萊州府推官吳桂，膠州判官萬溥，正術徐時升，即墨縣知縣張韓，訓科韓升刻石。

藍章墓前兩旁立有敕書碑七方，誥命碑三方，排列石人、石馬、石羊、石虎、望柱各一對，塋門上刻「敕賜名臣之塋」。西有墓表碑一方。塋門前建石坊一座，前書「欽封敕修」，後書「侍郎藍公神道」。塋西里許立有藍章、藍田神道碑各一方。惜以上建築及墓葬皆毀於「文化大革命」年間。

附：即墨藍氏家族誥封文書

朝廷御賜藍章聖旨

皇帝制曰：朕聞治道之要有三，曰：立志、責任、求賢。古帝王心法相

傳，理欲明辨建官分職賢俊，畢發於斯三者，無不至矣。其君臣之間，所以交相儆畏，與其事功之詳治化之盛，可歷言與後世原治之君，孰不以唐虞三代爲法。然究其實，不能無疑，石渠講經，連屛書事，崇有儒論，鑒古有記立志篤矣，何躬修玄默質任自然者，治效獨憂與，公卿省寺兩府臺諫，兼攝有宜，總察有方，責任當君，何日不暇給，役己利物者，功業獨盛與，郡國公府皆得薦士四科九品，隨材甄擢，舉賢博矣。何杖策相從，躬駕枉顧者，得人獨異與之數君者，其所建立施爲，果皆本於儆畏所致，抑亦隨其才力所就而然與，跡其事功治化，視唐虞三代可能企及否與。朕嗣守祖宗鴻業，夙夜祇勤，惟恐制治保邦，未盡其道，期於小大庶官，咸稱厥任，窮陬蔀屋，罔有遺逸，如古帝王熙昊之世，果何修而致是與。諸生博古今之學，明習濟時之務，其參酌內外本末，悉心以對，勿徒膠於見聞，而爲故常之論，朕將資以裨治焉。

　　成化二十年三月初一日

　　三月初三日賜同進士出身藍章

皇帝敕諭天下朝覲官員

　　朕惟國家爲民立官，分職授政，而以時考課旌別之，此古今之通制。

　　祖宗之成法也，茲當天下官吏述職來朝，已命所司考核治行，黜其不職者，令爾等各還舊任。夫官之崇者任固重，官之小者責亦專。凡爾有司，莫非天職，勿以一事不修爲無損，勿以一民不獲爲不足憂，勿以一郡一邑不安爲無害於治，各盡乃心，恭乃事，以共成至化，朕惟爾嘉。其或貪虐病民，怠忽荒政，以墮前功，朕惟爾責。爾等其勉之戒之。故諭。

　　　　敬天勤

　　弘治九年正月二十六日

　　　　民之寶

　　潛山縣知縣藍章領

監察御史藍章敕命

　　敕監察御史藍章。先因兩浙等處地方販賣私鹽者多，兼以運司及各場鹽課司、批驗所衙門官吏人等作弊多端，又有無藉小人並權豪勢要人等，通作竈戶私煎私販，以致鹽法阻壞，該辦鹽課累年虧欠，客商守支數歲不得常命，大臣同巡鹽御史及運司官，親歷各場查盤清理，今特命爾前往兩浙專理

鹽課，提調運司官吏人等，督工煎辦，竈丁有虧量爲斂補，一應奸弊，隨宜禁革，仍常巡歷行鹽地方，提督所在軍衛有司官旗弓手人等，緝捕所獲私販之徒，輕則量情發落，重則解京處治，鹽沒入官；其巡捕官旗人等，敢有與私販之徒通同作弊者，一體治罪，運司及各場官吏人等，若因循怠忽曠職廢事或貪賄賂，虧損官課者，就便拿問，應奏請者具奏發落。爾須持廉秉公，正己律下，設法禁約，嚴切關防，使人不犯，務俾鹽課充足，斯稱委任，仍須戒約下人，不許搜求生事，將貧難小民、賣鹽易食者，一概擾害，違者從重究治，爾其勉慎之。故敕。

　　　廣運
　　弘治十一年二月十二日
　　　之寶

貴州道監察御史藍章並妻敕命

奉天承運

皇帝敕曰：國家置風憲之職：以監察爲名，內肅百僚，外巡群服，此其任爲甚重，故其選爲甚艱，爾貴州道監察御史藍章，擢第一，經歷官兩縣，比屢登於薦剡，遂超擢於憲臺，在闕廷輸獻納之忱，在藩省嚴按行之令，矧操修之岡懈，致聲譽之彰聞，官評不俟乎陟明，國典預加乎褒寵，茲特進爾階文林郎，錫之敕命。嗚乎！天下之曲直，皆係臺評。庶政之弛張，必先憲體，尙懋已成之績，益揚終譽之休，欽哉！

　　　初任直隸徽州府婺源縣知縣
　　　二任復除直隸安慶府潛山縣知縣
　　　三任貴州道監察御史
　　　四任今職

敕曰：士夫名行，每資內助之賢。朝廷褒封，乃有旁推之命。茲惟著典，匪自予私。貴州道監察御史藍章妻徐氏，出自名閥，嬪於儒門，持身敦荊布之風，相祀謹蘋藻之禮，式隆閫範，宜預國恩，茲特封爲孺人，益虔徼戒之心，以迓休祥之至。

　　　敕命
　　弘治十二年正月二十五日
　　　之寶

貴州道監察御史藍章父母敕命

奉天承運

皇帝敕曰：教子以忠，必使之效勞於國。勸臣以孝，必爲之致寵於親。業有能光於前，恩則務從其厚。爾義官藍銅，乃貴州道監察御史藍章之父，天賦淳良，人稱孝友。居鄉尚義，已沾冠服之榮。教子成名，克振詩書之業。宜加恤典以示褒崇，茲特贈爲文林郎貴州道監察御史。靈爽有知，歆承無斁。

敕曰：人子愛親之心，尤切於既沒。朝廷褒善之典，無異於生存。故得沾綸綍之恩，亦可紓風木之感。爾于氏乃貴州道監察御史藍章之母，稟質端莊，持身謹飭。相夫盡職，式隆閨閫之儀。教子登庸，竟遺鼎釜之養。爰徵往懿，用錫褒章。茲特贈爲孺人，庶增丘壟之光，益衍雲仍之澤。

敕命

弘治十二年正月二十五日

之寶

欽賞巡按山西監察御史藍章

銀十兩。

紵絲二表裏。

天青織金獬豸胸背圓領一件

綠雲褡護一件

弘治十五年三月初一日

欽賜太僕寺少卿藍章

銀一十二兩

弘治十八年十二月初一日

太僕寺少卿藍章敕命

敕太僕寺少卿藍章。順天府等所屬州縣，寄養馬匹專備徵調及京營各邊之用。歲久吏怠民玩，日見耗損。該管官員，又不以時追補，惟圖赦免，以致奸頑之徒輕視作踐，弊出百端。革後倒失數多其見在之數，又多瘦損不堪。倘遇緊急調用，誤事非細。茲特命爾前去該府，遍歷所屬地方，專一督理前項馬匹。爾須時常點閘比較，務要膘壯數足。仍督同分管寺丞、管馬通判及各州縣掌印管馬官員，嚴督養馬人役，用心餵養，勿致瘦損倒失。如有瘦損，

照依後項事立限責其賠償，雖遇赦不免。蓋此事積弊已深，或有禁革振舉良策例不該載者，聽爾推類行之。爾職司馬政，受茲委託，須持廉秉公，殫心竭慮以舉厥職。如或虛應故事，因循廢弛，罪不輕貸。一年滿日，將該追未完之數，明白交割接管官員，一體整理，仍將比較馬匹。膘息分數及賠補拖欠馬數，造冊奏繳，以憑查考。爾其慎之慎之。故敕。

一、管馬判官、縣等官，照京營管隊官例，三個月以裏瘦損二十匹，三個月以外至六個月仍前瘦損者，住俸一個月，不及數者，量情比較，以後俱以三個月為則遞加，倒失十匹者，三個月以裏不報官賠償，三個月以外至六個月仍不報官賠償，亦住俸一個月，限內雖已報官，而賠償未完者，照所欠多寡比較，以後亦以三個月為遞加。

一、掌印知州、知縣等官，照把總官例，三個月以裏瘦損一百匹，三個月以外至六個月仍前瘦損者，住俸二個月，不及數者，亦量情比較，以後遞加亦以三個月為則，倒失五十匹，三個月以裏不報官賠償，三個月以外至六個月仍前不報官賠償者，住俸一個月，限內雖已報官賠償，而未完者，亦照所欠多寡比較，以後俱以三個月為則遞加。

一、倒失馬匹，每年終十分不完五分以上者，查算明白，不必具奏，即將掌印管馬官及該府管馬通判住俸，追補五分以上，方許關支未完之數，仍要責限仍報，驢騾牛只一體點閘比較。

一、該分管寺丞及該府掌印官，不行申嚴號令，以致瘦損數多，及縱容盜賣抵搪，並倒失五十匹以上，買補不及五分者，奏聞區處。

一、管馬通判并州縣掌印管馬官，三年、六年、九年考滿，通查馬數完足，方許給由。中間果能盡心所事，提調有方，馬無耗損者指實具奏，量加旌異，或升授職事，仍令管理馬政。若有貪污不職，馬政不修，及黷私情弊，倒失馬匹數多，應提問者，拿送問刑衙問理，應參奏者，逕自參奏拿問。

一、養馬人戶，有將官馬盜賣私騎，馱載借撥答應及老病瞎瘸等項馬匹，悉照兵部原擬而行，其各年拖欠之數，查照見行事陸續追補。

敕命

正德元年二月初二日

之寶

欽賞太僕寺少卿藍章

大紅織金紗雲雁胸圓領一件

正德元年七月初一日

都察院右僉都御史藍章敕命

皇帝敕諭都察院右僉都御史藍章。朕惟陝西乃關中重地，今特命爾巡撫地方，其城池、軍馬、兵備、邊儲、屯田、備荒水利等事，悉聽提督整理，人民有饑窘流移及逃往終南山漢中等處竊礦爲非者，用心招撫，令其復業，設法賑濟，務俾得所，遇有草寇生發隨即調兵剿滅，固原等處邊務，常要用心經畫，毋事因循怠玩，一切軍民重情，仍與鎮守太監等官並三司共同計議，停當而行，軍衛有司常加戒約，非奉朝廷明文，一夫不許擅差，一毫不許擅科，若官員人等，不遵法度擅自科差，及貪酷虐害軍民者，軍職及文職五品以上奏問處治，其餘就便拿問，一應軍民詞訟，量情輕重發所在官司問理，大要以撫養軍民爲本，凡事有益於軍民者，悉聽爾便宜處置，見今四川流賊，嘯放出沒西鄉等處交界地方爲患未已，爾宜專在彼處運謀設策，相機戰守，事寧之日，回鎮管事，尤須持廉秉公殫心竭慮，夙夜不懈圖稱付託，務在宣上德達下情，扶善抑惡，除奸革弊，使軍民各安生業，而朝廷無西顧之憂，斯爾之能，如或處置乖方偏執誤事，責有所歸，爾其勉之愼之。故諭。

　　敕命
正德五年五月初十日
　　之寶

巡撫陝西都察院右僉都御史藍章敕命

敕巡撫陝西都察院右僉都御史藍章。即日秋深草木枯槁，正當燒荒以便瞭望，敕至，爾通行固原靖虜等處地方守備等官計議，嚴督所屬，選委乖覺夜不收，遠出哨探，果無緊關賊情，然後統領精壯慣戰官軍，各照地方分投布列營陣，且哨且行，出於境外，或二三百里，或四五百里，務將野草林木焚燒盡絕，使賊馬不得久牧邊方，易爲了守，又近來虜賊不時在邊窺伺，此時是馬肥弓健，難保不來爲患，各種羌夷近邊住牧，官軍出境務要綜理周密，聲勢聯絡猝迕賊眾，即便應援不許畏避艱險，止令巡哨官軍，夜不收人等於附近去處縱火，一發就便回還，及乘計圍獵貪利，致誤軍機大事，事畢仍將撥過官軍姓名並燒過地方里數造冊奏繳，以憑查照，毋得虛應故事，朦朧回奏，取罪非輕，爾其愼之，愼之。故敕。

廣運

正德五年八月初一日

之寶

巡撫陝西都察院僉都御史藍章敕命

敕巡撫陝西都察院僉都御史藍章。今命督僉事韓玉，前去與爾一同鎮守陝西地方，凡事須與協和計議仃當而行，勿得偏私執拗，有誤事機，特諭，爾知之。故敕。

廣運

正德五年九月初四日

之寶

巡撫陝西都察院右僉都御史藍章敕命

敕巡撫陝西都察院右金都御史藍章。近來達賊出沒無常，各邊奏報聲息不絕，虜情譎詐難以測度，沿邊一帶俱不可不先機防備，即日天寒地凍馬肥弓勁，正彼便於馳驟之時，朕恐爾因循怠惰廢弛邊備，況又多年節近，或眈於宴樂，或私役軍人出境圍獵及採柴炭等項，致虜乘惰入寇，貽患非細，敕致爾嚴督所屬，痛懲前弊，晝夜差人瞭望，常如賊在目前，用心整棚人馬，鋒利器械，遇有侵犯，小則相機戰守，大則互相傳報，發兵應援，或出奇截殺，或設伏夾攻，務俾賊眾大遭挫衄，庶付委託，如或縱慾偷安，嬰城坐視，地方受害，責有所歸，爾慎之慎之。故敕。

廣運

正德五年十月十三日

之寶

陝西鎮巡等官並都布按三司官敕命

皇帝敕諭陝西鎮巡等官並都布按三司官，朝廷設官分職以統治軍民，中外相須體統不紊，百五十年遵行已久，近者賊臣劉瑾擅權納賄，變亂祖宗成法，逼迫官吏巧取財物，各該鎮巡並都布按三司等官，畏勢徇私，科索銀物公行饋送，以脫免禍患營求官職，或指一科十因而剋落入己，軍民脂膏剝削殆盡，所在倉庫搜括無遺，以致公私匱竭，流移載道，盜賊成群，殺人劫庫劫獄，甚者佔據衙門，僭稱名號官職，百孔千瘡，不可枚舉，朕已洞燭其奸，明正典法，汰除邪慝，間任賢能，累降詔旨，查革弊政，悉復舊規，適值朝

觀之期，嚴加考核，又今巡按御史通行省諭，尚念職守有異戒飭未周，習染相仍，貽患不已，敕至之日，大小各官，自上而下，遞相宣諭，舊任者宜痛自循省，更代者，爭相策勵，務須體國愛民興利除害，內修政教外攘寇賊，同心戮力共致太平，自今以後，如有鎮巡三司等官，指稱餽送，府州縣所等奉承結納，或挪用官物，或科取民財，或將已徵錢糧控作未徵，或該免之數重複徵解，或受賊財物，曲為庇護，或已獲在官受財縱免，或顛倒曲直刑罰失中，或賣放軍兵，致誤邊務，仍蹈覆轍以墜後功，事發之日輕則量情治罪，重則罷黜其官，國典具存，必不爾貸，其各慎之慎之。故諭。

　　廣運

正德六年二月二十四日

　　之寶

巡撫陝西都察院右副都御史藍章敕命

　　敕巡撫陝西都察院右副都御史藍章。即日秋深，草木枯槁，正當燒荒以便瞭望，敕至，爾通行固原靖虜等處地方守備等官計議，嚴督所屬，選委乘覺夜不收，遠出哨探，果無緊關賊情，然後統領精壯慣戰官軍，各照地方分投布列營陣，且哨且行，出於境外或二三百里或四五百里，務將野草林木焚燒盡絕，使賊馬不得久牧，邊防易為了守，又近來虜賊不時在邊窺伺，此時正是馬肥弓健難保不來為患，各種羌夷近邊住牧，官軍出境，務要綜理周密，聲勢聯絡，猝遇賊眾即便應援，不許畏避艱險，止令巡哨官軍夜不收人等，於附近去處縱火，一發即便回還，及乘機圍獵貪利，致誤軍機大事，事畢，仍將撥過官軍姓名並燒過地方里數造冊奏繳，以憑查照，毋得虛應故事，朦朧回奏，取罪非輕，爾其慎之慎之。故敕。

　　廣運

正德六年八月初一日

　　之寶

欽賞巡撫陝西都察院右副都御史藍章

銀三十兩　紵絲二表裏。

大紅織金胸背獬豸員領一件

綠雲褡護一件

正德六年八月初一日

巡撫陝西都察院右副都御史藍章敕命

敕巡撫陝西都察院右副都御史藍章。四川流賊藍廷瑞、鄢本恕等，倡隨機數年，流毒三省，殺人無數，罪惡貫盈，爾親詣漢中地方，調集官軍設法防禦，賊眾勢窮力屈，陽稱聽撫以緩我師，爾發副總兵閻綱等並力剿殺，逐出東鄉縣金寶寺地方，又分佈我軍在於延昌關、竹峪關等處守把，賊愈窮蹙無路奔竄，首惡藍廷瑞、鄢本恕等二十八人遂盡數被擒，斬獲餘黨首級五百餘顆，投河溺死者甚眾，地方以寧，人心大慰，皆爾會兵追殺所致，朕心嘉悅，特升爾前職，照舊巡撫，已差官前去給賞，仍降敕獎勵各該領兵官員及有功官兵人等，待勘報至日，照例升賞。又聞殘賊尚有一支未曾解散，宜用心撫剿以收全功，勿遺後患，用兵之後人民傷殘，財力俱困，宜加意存恤，一應地方利病，有當興革者，亦宜會同各官從長議處忊當，奏來定奪，以爲永遠無窮之利，斯不負朝廷委託至意，爾其欽承之。故敕。

　　廣運

正德六年八月十八日

　　之寶

巡撫陝西都察院右副都御史藍章敕命

敕巡撫陝西都察院右副都御史藍章。今命都督同知楊英前去與爾一同鎮守陝西地方，凡事須與協和計議忊當而行，毋得偏私執拗，有誤事機，特諭爾知之。故敕。

　　廣運

正德六年十月初七日

　　之寶

巡撫陝西都察院右副都御史藍章敕命

敕巡撫陝西都察院右副都御史藍章。得奏四川殘賊麻六兒，因賊首藍五等被擒，帶領賊徒二千餘人，奔逸往北，衝過百丈關，流入陝西徽州及成略等縣柏林等驛，四散行劫，一時剿捕未能殄滅，朕常念川陝地方，連被賊荼毒，邇者首惡就擒，人心稍慰，亦爾之功，乃於一勝不能周悉計慮，多方防守，以致殘賊復熾，突入爾境，重爲民害，本當究問，但念爾前功，姑降敕切責，爾宜照依兵部覆奏事理，上緊添調官兵設法擒剿，刻期殄滅，以安人民，若再延挨誤事，憲典具存，必不輕貸，爾其欽承之。故敕。

　　　　廣運

　　正德六年十月初九日

　　　　之寶

巡撫陝西都察院右副都御史藍章敕命

　　敕巡撫陝西都察院右副都御史藍章。近來達賊出沒無常，各邊奏報聲息不絕，虜情詰詐，難以測度，沿邊一帶俱不可不先機防備，即目天寒地凍，馬肥弓勁，正彼便於馳驟之時，朕恐爾因循怠惰廢弛邊備，況又多年節近，或耽於宴，或私役軍人出境圍獵及採柴炭等項，致虜乘隙入寇，貽患非佃，敕至，爾須嚴督所屬，痛懲前弊，晝夜差人瞭望，常如賊在目前，用心整搠人馬，鋒利器械遇有侵犯，小則相機戰守，大則互相傳報，發兵應援，或出奇截殺，或設伏夾攻，務俾賊眾大遭挫衂，庶付委託，如或任其縱慾偷安，嬰城坐視地方，責有所歸，爾其慎之慎之。故敕。

　　　　廣運

　　正德六年十月十三日

　　　　之寶

巡撫陝西都察院右副都御史藍章敕命

　　皇帝敕諭巡撫陝西都察院右副都御史藍章。朕惟陝西乃關中重地，今特升爾前職，仍巡撫地方，其城池、軍馬、兵備、邊儲、屯田、備荒、水利等事，悉聽爾提督整理，人民有饑窘流移，及逃往終南山漢中等處竊礦為非者，用心招撫令其復業，設法賑濟，務俾得所迂，草寇生發，隨即調兵剿滅。固原等處邊務，常要用心經畫，勿得因循怠玩，一切軍民重情，仍與鎮守太監等官並三司計議仃當而行，軍衛有司常加戒約，非奉朝廷明文，一夫不許擅差，一毫不許擅科，若官員人等不遵法度，擅自科差及貪酷虐害軍民者，軍職及文職五品以上奏問處治，其餘即便拿問，一應軍民詞訟，量情輕重發所在官司問理，大要以撫養軍民為本，凡事有益於軍民者悉聽爾便宜處置，見今四川流賊聚出沒西鄉等處交界地方，為患未已，爾宜專在彼處運謀設策，相饑戰守，事寧之日回鎮管事，尤須持廉秉公殫心竭殫慮風夜不懈，圖稱付託，務在宣上德達下情，扶善抑惡，除奸革弊，使軍民各安生業，而朝廷無西顧之憂，斯爾之能，如或處置乖方偏執誤事，責有所歸，爾其勉之慎之。故敕。

廣運

正德六年十二月初十日

之寶

巡撫陝西都察院右副都御史藍章敕命

敕巡撫都察院右副都御史藍章。近來山東直隸等處盜賊，被官兵殺敗四散奔逸，該兵部議，潼關地方係要害去處，慮恐武備久弛，難以守禦，特命爾簡選素有謀勇武職官員，統領精銳慣戰官軍一千員名，星夜前去，與本處衛所官軍協力防守，嚴加盤詰，用心遏截，遇有潛行入境者，即便擒拿，送所在官司問理，或有侵犯相機剿殺，勿得視常怠忽，亦不許因而生事擾害居民，該衛所官有拒違拗者，聽爾參奏究治，如各該會議官員，或有事在外，地方遙遠，爾自行調撥督發，不必一一約會，而行軍發之日先行具奏。故敕。

廣運

正德六年十二月二十三日

之寶

巡撫陝西都察院右副都御史藍章敕命

敕巡撫陝西都察院右副都御史藍章。先因直隸山東等處盜賊為患，調陝西固靖、環慶等官軍一千員名前去會合剿殺，已令爾就於本處軍丁舍餘及民快內，揀選補碼及整理，一應邊備，以戒不虞，誠恐奉行未至，茲特申諭爾照兵部題奏事理，將原調之數，務要選精銳慣戰之人，一一補足，仍將遊奇等兵，通行揀選，不堪者退回，更換亦要各足原額，爾尤當嚴加操演，不時比較，設立賞罰，明示勸懲，各處關隘要害，嚴督各該分守守備等官，逐一相勘，凡牆垣壕溝墩臺等項，或有坍塌空缺，即便修濬增築，馬匹瘦損者，責令餵養，盜失者督令買補，器械損壞者，作急修理，原無者上緊置造，糧草若有未完亦要設法處置，大小將官有私役佔用軍士者，依法查究，或有恃勢違阻壞邊計，及貪黷害軍怯懦誤事者，參奏罷黜，廉能幹濟驍勇善戰者，奏請擢用，此外或有別項禦寇安邊長策，敕內該載，未盡者悉聽爾便宜處置，事體重大者具奏定奪，爾受朝廷委託，須用心經理，務使邊備完固，地方無虞，斯不負重任，勿或因循怠忽自貽咎責，爾其欽承之。故敕。

廣運

正德七年二月十七日

之寶

巡撫陝西都察院右副都御史藍章敕命

敕巡撫陝西都察院右副都御史藍章。先因命將出兵前去河南剿殺流賊兵，該兵部議奏，前項賊徒被我官軍殺敗，或將奔往陝西等處地方，特申諭爾但遇流賊奔逸，不分是何境界流來，俱要督率官軍民快並招募義勇嚴謹防截，分投剿殺，務令根株盡絕以收全功，如或視爲虛文，防守不嚴，追剿不力，致貽後患，國典具存，必不輕貸，爾其欽承之。故敕。

廣運

正德七年二月十九日

之寶

都察院右僉都御史藍章並妻誥命

奉天承運

皇帝制曰：都察院爲準繩之司，班行特峻，都御史備正佐之職，責任式隆，矧當邊境之多虞，應我巡撫之大寄，既茂揚於偉績，宜超示於殊恩。爾都察院右僉都御史藍章，才識優深，器資閎達，擅專門之經述，領高第於甲科，首握邑符，延敷德政，晉居憲府，丕振紀綱，馬政懋修，貽良規於太僕，刑書明啓，佐善獻於理卿，肆緣廷議之僉諧，遂有都臺之顯擢，顧直道不容於當路，而賢勞暫試於外僚，比擢臬司，再升今職，乃能正身率下，竭力奉公．拯民瘼而戢吏奸，澤加藩省，飭兵機而鼓士氣，威鎮邊疆，顧其歷事三朝，薦更十任，勳庸茂建，輿論翕歸，屬茲慶禮之成，預示褒嘉之寵，雖云異數，式按彝章，是特進爾階中憲大夫，錫之誥命，於戲臣一體，正資耳目之良，出入均勞，勿謂闕廷之遠，尚殫來勣，以振前休，用紓西顧之憂，益耀中丞之命，行當召用，朕不爾忘，欽哉。

初任直隸婺源縣知縣

二任復除直隸潛山縣知縣

三任貴州道試監察御史

四任本道監察御史

五任太僕寺少卿

六任大理寺右少卿

七任都察院左僉都御史

八任降除江西撫州府通判

九任陝西按察司僉事

十任今職

制曰：大夫之有宗婦，位不可虛，朝廷之有褒封，禮宜從厚，況乃賢能之配，克殫輔佐之勞，風化是關，褒章可後，都察院右僉都御史藍章妻封孺人徐氏，祗勤靡忒淑慎有常，系自名門，來歸大族，禮嚴蘋藻，孝忱克助於祀先，動協圖箴，懿範躬行於治內，早膺國典，榮媲夫階，眷茲四品之崇，載示重褒之命，煥揚綸綍，式耀褕褘，茲特封爲恭人，用昭主閫之賢，益衍宜家之慶。

　　制誥

正德七年三月二十一日

　　之寶

都察院右僉都御史藍章父母誥命

奉天承運

皇帝制曰：父有善行，爲子者務在顯揚，臣有賢勞，爲國者必先褒揚，此倫理所當重，實風教所由關，矧我憲臣，丕揚宦業，肆推恩典，實倍常倫，爾贈文林郎貴州道監察御史藍銅，乃都察院右僉都御史章藍之父，郡邑名家，鄉間善士，安恬有守，樸質無華，敦行孝友於家庭，式存遺範，撫恤孤嫠於族黨，卓有賢聲，倒廩賑饑，已沾恩於命服，積書教子，復荷寵於綸章，顧今都憲之超登，爲我邊防之保障，載推異渥，用發幽潛，茲特加贈爲中憲大夫都察院右僉都御史，門閥增輝，豈但九原之慰，儀型具在，永貽百世之休。

　　制曰：母德不專於鞠育，有教斯存，子賤不限於旨甘，惟名是顯，顧乃能臣之績，足徵慈範之良，褒寵所加，幽明罔間，爾贈孺人于氏，乃都察院右僉都御史藍章之母，慈惠夙成，儉勤兼至，系出仁賢之族，歸於詩禮之門，秉正道以相夫，化行宗黨，佐義方以成子，名顯甲科，早違祿養之榮，已被褒崇之命，逮今都憲，益晉穹階，顧杯之澤尚存，而風木之懷彌切，爰稽彝典，載與推恩，茲特加贈爲恭人，綸音渙布，益增丘隴之光，譜牒流傳，永示雲仍之式。

　　制誥

正德七年三月二十日

　　之寶

巡撫陝西都察院右副都御史藍章敕命

　　敕巡撫陝西都察院右副都御史藍章。聞得近來各處邊備多有廢弛，無事則怠惰偷安，有驚則倉皇失措，甚非朝廷委重之意，即今收穫之際，人畜遍野，況秋高馬肥，虜寇易爲馳驟，敕至，爾宜申嚴號令，通行所屬分守、守備等官先事預防，修理城池，操練人馬，蓄積糧餉，鋒利器械，嚴謹斥堠，愼固封守，又須撫恤士卒，養其銳氣，一遇有驚，人人自奮，相機戰守，互相應援，使軍民樂業，地方無虞，斯付委任，如或仍前玩愒，致誤事機，憲典具存，決不輕貸，爾其愼之愼之。故敕。

　　廣運

正德七年七月二十三日

　　之寶

巡撫陝西都察院右副都御史藍章敕命

　　敕巡撫陝西都察院右副都御史藍章。即目秋深草木枯槁，正當燒荒以便瞭望，敕至，爾須共同計議，通行固原、靖虜等地方守備等官，嚴督所屬，選委乖覺夜不收，遠出哨探，果無緊關賊情，然後統領精壯慣戰官軍，各照地方分投布列陣營，且哨且行，出於境外，或二三百里或四五百里，務將野草林木焚燒盡絕，使賊馬不得久牧，邊方易爲瞭望，又近來虜賊不時在邊窺伺，此時正繫馬肥弓健，難保不來爲患，官軍出境，務要綜理周密，聲勢聯絡，猝遇賊眾，即便應援，不許畏避艱險，止令巡哨官軍夜不收人等，於附近去處縱火，一發就便回還，及乘機圍獵貪利，致誤軍機大事，事畢仍將拔過官軍姓名，並燒過地方里數造冊奏繳，瞰憑查照，勿得虛應故事，朦朧回奏，取罪非輕，爾其愼之愼之。故敕。

　　廣運

正德七年八月初一日

　　之寶

巡撫陝西都察院右副都御史藍章敕命

　　敕巡撫陝西都察院右副都御史藍章。得總制尙書與爾等奏，殘賊陳二及廖麻子二支被官軍殺敗，合爲一夥，往來漢中保寧地方爲患，總制官與爾等

督率各該領軍等官，分道剿殺，多方招撫，副使張敏，又仗義入營，與指揮李爵、通判羅賢等，不避艱險，推誠撫諭，陸續解散至二萬餘人。一方生靈得勉玉石俱焚之禍，節次擒斬亦有一千三百餘級，爾營謀撫處，防守勤勞，朕心嘉悅，特降敕獎勵，其餘文武官吏人等，或入營招撫或領軍截殺或供辦糧餉或參謀軍務，功皆可錄，朕已具悉，張敏等宜先以禮獎勞，待事寧之日，及有功陣亡人員查甚明白，一併照例升賞。廖麻子一支勢尚猖獗，重爲地方之害。爾宜與總制及鎮守總兵等官，調集官兵嚴督各該官員，同心協力四面夾攻，務在日下殄滅盡絕，以安地方，斯不負朕憫念遠人之意，爾其欽承之。故敕。

　　廣運

正德七年八月初九日

　　之寶

巡撫陝西都察院右副都御史藍章敕命

　　敕巡撫陝西都察院右副都御史藍章。今命御用監太監廖堂前去與爾一同鎮守彼處地方，凡事須與協和計議仃當而行，不許偏私執拗有誤事機，特諭爾知之。故敕。

　　廣運

正德七年九月十一日

　　之寶

陝西鎮巡等官並都布按三司官敕命

　　皇帝敕諭陝西鎮巡等官，並都布按三司官。累年以來，各處地方盜賊生發，直隸則劉六、劉七、齊彥明，河南則劉三、楊虎、趙風子，江西則李仔、胡雪二、殷勇十、汪澄二，四川則藍五、鄢本恕、方四等，糾合徒眾，攻破城池，拒殺官軍，荼毒生靈，爲患日久，多因水旱不時，差科繁重，及各該官司不能撫恤，反行虐害，致生怨恨，以起禍端，又因劉瑾革去巡撫兵備等官，事無專責，釀成大患，朝廷命將出師，動調京邊官軍，分路攻剿，近時直隸、河南、山東、江西，擒斬殄滅，次第成功，已將眞正賊犯並交通親屬，探聽奸細，依律誅斬，協縱徒眾悔罪投首者，實時釋放，有功官軍，遞加陞賞，失誤人員從重罪罰，忠臣節婦捐生死事者，以禮褒恤。朕念天下人民皆吾赤子，誤蹈刑辟，用兵之舉，實非得已，中間擄掠之苦，供億之費，徵求

追並之急，瘡痍困頓，深可哀憐。令該部將賑恤優免事宜，區處議擬，特敕爾等宣佈德意，曉諭軍民人等，使知縱惡作非者終歸顯戮，為善悔過者得保身家，各宜孝順父母，勤謹生理，供辦賦役，共享太平，勿得仍蹈前轍，自罹罪戾，爾等亦宜遞相督率，秉公守法，詢問饑苦，撫摩窮困，愛養財力，革除奸弊，其從賊之徒聽撫解散者，俱照前旨優免糧差三年，無牛具種子者，官為助給，如再犯不悛者，即行禁治，軍民人等死於鋒鏑者，令所在官司，持於厲壇設祭，以慰冥漠，軍衛有司官員廉能者，具實旌獎，貪酷罷軟者，指名奏黜，一應軍民利病，可與可革者具奏來聞，以助惟新之化，且國家承平日久，政多玩弛，人不知兵，倉猝無備，遽難為力，養軍之費，竭民膏血，世襲之官及其苗裔，略無勞效，此獨何為，顧盜賊漸平，事體略定，恐安逸之後，怠心易生，今巡撫官既已復置，兵備等官又加添設，爾等尤宜督屬治兵，先期設備，城池坍塌，趁時修理，糧草缺乏，用心措置，器械損壞，務令堅利，軍士懶惰，勤加練習，俾無事之時，常如有事之日，期於久安長治，永保無虞，方稱朕勵精圖治之意，或習為故常，苟且曠廢，若有僨事，國法具存，決不輕貸，今降敕書，宜令有司謄黃刊布，務使鄉村市井皆悉朝廷體念至懷。故敕。

　　廣運

正德七年十月十三日

　　之寶

巡撫陝西都察院右副都御史藍章敕命

　　敕巡撫陝西都察院右副都御史藍章。近來達賊出沒無常，各邊奏報聲息不絕，虜情譎詐難以測度，沿邊一帶俱不可不先機防備，即目天寒地凍，馬肥弓勁，正彼便於馳驟之時，朕恐爾因循怠惰，廢馳邊備，況又多年近，或耽於宴樂，或私役軍人出境圍獵，及採柴炭等項，致虜乘隙入寇，貽患非細，敕至爾嚴督所屬，痛懲前弊，晝夜差人瞭望，常如賊在目前，用心整搠人馬，鋒利器械，遇有侵犯，小則相機戰守，大則互相傳報，發兵應援，或出奇截殺，或設伏夾攻，務俾賊眾大遭挫衄，庶付委託，如或縱慾偷安，嬰城坐視，地方受害，責有所歸，爾其慎之慎之。故敕。

　　廣運

正德七年十月二十三日

　　之寶

巡撫陝西都察院右副都御史藍章敕命

敕巡撫陝西都察院右副都御史藍章，近得總制四川等處軍務右都御史彭澤奏，賊首廖麻子等詐稱聽撫，以緩我兵，巡撫都御史高崇熙被其哄誘，差官押送臨江市插，旋復突出緩夔保地方，肆行劫掠，見今總制及提督官兵剿殺殄滅有期，誠恐賊徒被我官軍追逐勢窮，必將奔入漢中金州西鄉褒沔一帶地方為患，特敕爾揀選將領，申飭所屬，督率漢土官軍民快，並召義勇快壯人等，於通衢賊路嚴加守把，並力剿殺，令根株盡絕，以收全功，如視為虛文，防守不嚴，追剿不力，致貽後患，國典具存，必不輕貸，爾其欽承之。故敕。

　　廣運
正德八年三月十五日
　　之寶

巡撫陝西都察院右副都御史藍章敕命

敕巡撫陝西都察院右副都御史藍章。即目秋深草木枯槁，正當燒荒以便瞭望，敕至，爾須共同計議，通行固原靖虜等地方守備等官，嚴督所屬，選委乖覺夜不收，遠出哨探，果無緊關賊情，然後統領精壯慣戰官軍，各照地方分投布列營陣，且哨且行，出於境外，或二三百里或四五百里，務將野草林木焚燒盡絕，使賊馬不得久牧，邊防易為了守，又近來虜賊不時在邊窺伺，此時正馬肥弓健，難保不來為患，官軍出境務要綜理周密，聲勢聯絡，猝遇賊眾即便應援，不許畏避艱險，止令巡哨官軍夜不收人等，於附近去處縱火，一發就便回還，及乘機圍獵貪利，致誤軍機大事，事畢仍將撥過官軍姓名並燒過地方里數，造冊奏繳，以憑查照，勿得虛應故事，朦朧回奏，取罪非輕，爾其慎之慎之。故敕。

　　廣運
正德八年八月初一日
　　之寶

巡撫陝西都察院右副都御史藍章敕命

敕巡撫陝西都察院右副都御史藍章。該紀功給事中王萱題稱，殘賊喻老人等只有三四百人，由廣元昭化循白水江北行奔至陽平關地方，若隔江岸口守把嚴謹，賊不能渡，官軍追及，旬日可以蕩平，爾等紀律欠嚴，所屬各該

領軍及守巡官漫無戒備，使此賊又得渡江入陝，歷五丁峽越黃壩驛，過百丈關，轉入通巴東鄉等縣，復據舊巢，攻剿愈難，論法本當究治，但以餘孽未平，正係緊急用人之際，況爾前後亦曾獲功，姑降敕切責，待後事寧之日，通行查議，以定賞罰，爾宜嚴督所部，振揚兵威，與總制提督等官，同心戮力，不得自分彼此，互相推託，務使賊徒盡絕，庶幾前罪可贖，若仍前誤事，國典具存，必不輕貸，爾其戒之慎之。故敕。

　　廣運

正德八年八月二十三日

　　之寶

巡撫陝西都察院右副都御史藍章敕命

　　敕巡撫陝西都察院右副都御史藍章。近來達賊出沒無常，各邊奏報聲息不絕，虜情譎詐，難以測度，沿邊一帶俱不可不先機防備，即目天寒地凍，馬肥弓勁，彼便於馳驟之時，朕恐爾因循怠惰，廢馳邊備，況又冬年節近，或耽於宴樂，或私役軍人出境圍獵，及採燒柴炭等項，致虜乘隙入寇，貽患非細，敕至，爾嚴督所屬，痛懲前弊，晝夜差人瞭望，常如賊在目前，用心整搠人馬，鋒利器械，遇有侵犯，小則相機戰守，大則互相傳報，發兵應援或出奇截殺，或設伏夾攻，務俾賊眾大遭挫衄，庶付委託，如任其縱慾偷安，嬰城坐視地方受害，責有所歸，爾其慎之慎之。故敕。

　　廣運

正德八年十二月二十三日

　　之寶

陝西鎮守等官並都布按三司官敕命

　　皇帝敕諭陝西鎮守等官並都布按三司官。朕君臨天下八年於茲，常恐天下一民一物不得其所，各該都布按三司府衛州縣等衙門官員，分職授任，雖大小不同，各有安養軍民之責，當官之法，大要以清廉為本，居官不廉則惟利是圖，不畏法度，差徭必不均，征斂必不平，聽斷必不公，刑罰必不當，職業豈能修舉，軍民豈能樂業，四五年來，民窮盜起，用兵不休，其源未必不由於此。爾文武官員中，廉潔公正者固多，其貪黷貨利，舞文弄法，科擾剋害，見諸奏牘者亦往往有之，朕每欲從重治罪，以示懲戒，近來各處賊盜漸平，明年又當朝覲之期，特諭爾等自今以後，務仰體朝廷建置

官府愛養軍民之意，奉法循理，各修職業，廉慎者益加勸勉，以保守名節，貪贓者革心改過，以滌滌舊污，巡撫巡按官，尤宜嚴督所屬，申明舊例，用心訪察，使人人持秉公以安軍民，有貪跡顯著者指名劾奏，不許徇情容隱，自取罪戾，敕至之日，各該地方官司衙門，還謄黃省諭所屬知之，欽哉。故諭。

　　　　廣運
　　正德八年十一月十三日
　　　　之寶

欽賞巡撫陝西都察院右副都御史藍章

銀三十兩　紵絲二表裏
大紅織金胸背獬豸圓領一件
綠雲褡護一件
正德九年三月初十日

巡撫陝西都察院右副都御史藍章敕命

　　敕巡撫陝西都察院右副都御史藍章。得總制都御史彭澤、提督總兵官時源及爾等奏，賊首喻老人，自正德八年三月內，官軍殺敗廖麻子之後，帶領顆賊五千餘人奔入通巴等縣山中，恃險拒敵，節被官軍追殺緊急，夥內陳廣仁、許永森等男婦三百餘人，張長子等六十人陸續投降，喻老人仍攜帶劇賊王長子等五十餘人，逃往陝西縣等處為害，又節被官軍並把隘鄉夫擒斬四十餘人，喻老人只帶領男婦八名口奔竄。本年十二月初七日夜，被西鄉縣巡捕老人楊汕、臨洮衛領軍指揮石璠各領官軍鄉夫追至海溪木竹溝，楊汕為首，軍人吳定兒及老人王紀，鄉夫員學王俸金，各為從奮勇向前，生擒喻老人及夥賊臘生等，軍人邊四保、鄉夫張得海，亦隨將王長子當陣殺死，斬獲首級，積年大盜，一旦殄除，地方以寧，人心大快，爾躬督官軍防遏剿殺，其功亦多，朕心嘉悅，特升爾俸一級，已差官前去給賞銀三十兩，紵絲二表裏，仍賜敕獎勵，以旌爾功，其餘有功文武官軍人等，待勘報至日，照例升賞不吝，爾其欽承之。故敕。

　　　　廣運
　　正德九年四月二十一日
　　　　之寶

南京刑部右侍郎藍章並妻誥命

奉天承運

皇帝制曰：秋官卿所以提用法之綱，總弼教之任，君仁是播，民命攸司，匡資長貳之賢，曷勝委畀之重，舊都所在，令式斯同，諮爾南京刑部右侍郎藍章，才大器閎，志剛守正，詩書世業，科第英流，循良功著於花封，寒諤聲馳於烏臺，遷太僕馬政聿修，佐法卿刑名益謹，進居峻職，丕振臺綱，權沮抑而兩任外僚，公道昭明，而再升都憲，肆允諧於廷議，遂超陞於今官，法比詳明，折獄有禆乎留務，操持清慎，奉公克守乎官箴，屬嘉績之來聞，實朕心之簡任，爰加褒寵，用獎英賢，茲特進爾階通議大夫，錫之誥命，嗚呼！刑期無刑，皋陶遵帝之訓，闢以止闢，君陳承王之休，勉企古人，用光朕命，尚有顯陞以疇爾庸。欽哉。

初任直隸徽州府婺源縣知縣

二任復除直隸安慶府潛山縣知縣

三任貴州道試監察御史

四任貴州道監察御史

五任太僕寺少卿

六任大理寺右少卿

七任都察院左僉都御史

八任降除江西撫州府通判

九任陝西按察院右僉事

十任都察院右僉都御史

十一任都察院右付都御史

十二任今職

制曰：名臣有報國之功，式隆寵任。命婦有承宗之義，特厚褒封，茲惟風化之原，允繁彝倫之重，典章具在，今古攸同，南京刑部右侍郎藍章妻封恭人徐氏，恪謹安身，懿柔成性，秀鍾舊族，德媲名流，相祀虔恭，每務潔蠲於薦奠，事姑孝敬，豈徒豐腆於膳羞，賢聲久播於六女肅，褒寵早膺乎一命，眷夫階之峻陞，宜國典之載申，是特加封為淑人，寵帔光華，雖遠內廷之朝謁，絲綸赫奕，允為中闈之表儀。

　　　制誥

正德十年三月十一日

之寶

南京刑部右侍郎藍章父母誥命

奉天承運

皇帝制曰：父以教忠爲賢，必欲事君而盡職，子以養志爲孝，務在立業而建功，顧惟卿佐之良，茂建忠勤之績，推原義範，奚吝褒恩，爾贈中憲大夫都察院右僉都御史藍銅，乃南京刑部右侍郎藍章之父，質厚以淳，性嚴而毅，檢身修行，賢聲充紹乎家傳，濟物利人，好善實由於天稟，訓成哲詞，爲時名臣著勳，業於兩朝已推褒命，峻班行於三品，載示恤恩，茲特加贈爲通議大夫、南京刑部右侍郎，潛德既遠而彌彰，式弘祐啓，國典有隆而無替，尚克歆承。

制曰：母德兼乎教育，與父實均，君寵厚於褒封，惟賢是勸，顧慈範有裨乎風化，肆禮文備著於典章，在古則然，於今尤重，爾贈恭人於氏，乃南京刑部右侍郎藍章之母，稟資端懿，毓德淳良，勤饋祀以持家，克諧夫志，躬課督以成子，早擢賢科，鼎釜之養既違，蓼莪之痛彌切，逮今卿亞，茂建功庸，爰體孝思，載申褒恤，是特加贈爲淑人，國典具存，庶流傳於有永，懿靈不昧，尚歆享於無窮。

制誥

正德十年三月十一日

之寶

南京刑都右侍郎藍章祖父母誥命

奉天承運

皇帝制曰：祖之積善，餘慶必鍾於後人，臣之效忠，榮名必及其先世，蓋天道可信，而報施之無差，肆禮制通行，而幽明之岡間，爾藍福盛乃南京刑部右侍郎藍章之祖父，眞誠無僞，謙謹自持，周貧恤匱於一鄉，每多義舉，委祉儲祥於再世，卓有賢孫，分留務而佐邦刑，勳庸茂建，推慶源而頒國典，寵渥惟新，理所宜然，朕奚容吝，茲特贈爲通議大夫南京刑部右侍郎，遠貽貢餙之光，永庇鼎來之胤。

制曰：錫類推恩，朝廷舉勸功之典，尊祖及妣，子孫懷追遠之情，蓋溯流者必求其源，而勸德必論其世，事關風教，禮備情文，爾於氏乃南京刑部右侍郎藍章之祖母，質本端莊，情惟貞靜，化行閨閫，惠被族姻秉正，道以

相夫，實勤警戒，佐義方以成子，動切規箴，眷慶澤之延長，肆聞孫之登庸，薦更十任，歷事累朝。屬茲報政之餘，肆舉追崇之典，是特贈爲淑人，匪徒柔靈於九原，亦以彰懿範於奕世。

制曰：疇庸詔爵，大臣序進於穹階，錫類推恩，祖考獲褒其續配，此國家勸功之令典，亦子孫報本之至情，爾王氏乃南京刑部右侍郎藍章之繼祖母，仁里名家，善人良配，克佐貽謀之懿，肇開嗣續之祥，粵有賢孫，顯於明世，踐揚滋久，職任益隆，爰體其追遠之心，特示以褒崇之命，雖云異數，式按彝章，是用贈爲淑人，諒惟未泯之靈，歆此至優之渥。

　　制誥
正德十年三月十一日
　　之寶

南京刑部右侍郎
兼都察院左僉都御史藍章敕命

皇帝敕諭南京刑部右侍郎兼都察院左僉都御史藍章。朕惟國家設立鹽法，以濟邊餉，所繫甚重，近來法令廢弛，奸弊日滋，鹽徒興販，而巡捕不嚴，課額損虧，而侵欺岡治，勢要占中，而商人交賣不前，小竈貧難，而豪強吞噬不已，草場盡歸於富室，鹽價乾沒於總催，加以公差人員，假託夾帶，漫無紀極，各該官司，盤詰稱掣，全不用心，如此弊端，難以枚舉，運司官吏，率多姑息通關，每年申繳實數，全無完足，以致鹽法大壞，商賈不通，即今多事，供餉浩繁，開去引鹽，減輕價直，而出榜招商，全無告中弊至，於是可不痛爲清革。今特命爾前去兩淮並長蘆等處，公同巡鹽御史督同運司並府州衛官員，查照舊例及近年節次奏行事例，將彼處鹽法逐一整理，詢訪民瘼，禁革奸弊，撫恤小竈，鋤治豪強，緝補私販，嚴謹秤掣，查盤遞年鹽課，追究侵欺虧折，勢要占中，奏討照例裁革，商人見在，守支者依期撥給，其一應公差人員，假託名目夾帶私販者，依法盤詰參究，私鹽入官，若有割下餘鹽，從宜變賣銀兩解部，其餘利所當興，弊所當革，敕內該載未盡者，悉聽爾便宜處置，事體重大者，具奏定奪，各該司府州衛官員，勤能幹濟事有成效者，具奏旌擢，怠情曠職，推奸避事者，指實參奏，爾受茲委任，尤須秉公持正，彈心竭力，務俾宿弊盡革，鹽法疏通，課額不虧，邊餉得濟，如或因循魯莽，徒具虛文，責有攸歸，爾其欽承勿忽。故諭。

　　廣運

正德十年八月二十日

之寶

皇帝諭祭先司寇公文

維

嘉靖十二年歲次癸巳六月壬申朔越二十五日丙申，

皇帝遣山東等處承宣布政使司分守海右道右參政楊維聰。

諭祭於南京刑部右侍郎兼都察院左僉都御史致仕藍章。

曰：惟爾賢科，發跡劇邑稱能，擢任烏臺，晉司馬政，遷官理寺，超秩中丞，適值權奸，暫躓復起，臬司薦歷，憲節再持，撫馭馳聲，賢勞著績，秋曹簡佐，留務實參，早遂優間，宜膺晚福，胡為一疾，竟至長終，訃音來聞，良用悼惜，特賜葬祭，用昭恤恩，爾靈有知，尚其歆服。

督工官萊州府推官吳桂

膠州判官萬溥　正術徐時升

即墨縣知縣張韓　訓科韓升　刻石

楊維聰祭先司寇公文

維

嘉靖十二年歲次癸巳六月壬申朔越二十五日丙申，山東等處承宣布政使司分守海右道右參政楊維聰。

謹以剛鬣柔毛，清酌庶品之儀，致祭於刑部侍郎勞山藍老先生之靈。

曰：嗚呼！渤澥瀾汗，浩無垠兮。勞峰岧嶢，鬱嶙峋兮。蘊靈含秀，鍾之人兮。藍公挺生，獨秉其淳兮。守信依仁，心秀朗兮。鸞騫鳳峙，流風爽兮。居官納忠，振其讜兮。砥節勵志，直而不黨兮。既漸羽儀兮，奔走疏附。維所訃兮，篤禁三朝。名不朽兮，耄耋歸何時兮。維帝念忠，震其訃兮。溫溫維公，恩顧兮。守臣將事，並公訃兮。清載掬，聊以私布兮。尚享。

第六章　即墨藍氏家族代表人物及其成就

　　即墨藍氏家族在數百年的發展過程中，培養了大批優秀人才。這些優秀族人，尤其是其中傑出的代表人物，他們以自己的突出成就，爲即墨藍氏家族贏得了榮譽，推動了即墨藍氏家族的持續發展。這些傑出的族人中，以藍章、藍田、藍再茂、藍潤、藍啓肅爲代表。

　　藍章是明清即墨藍氏家族第一位舉人、進士，也是藍氏家族官職最高的官員之一。藍氏族人視之爲藍氏家族的奠基人和最傑出的代表；藍田少負才名，十六歲中舉，被目爲「小聖人」，名重齊魯。後進士及第，踏入仕途，以大議禮及彈劾權臣事件聲動朝野，名垂青史。他一生吟詠不輟，是藍氏族人中文學成就最高的一個，也是唯一一位被載入正史的藍氏族人。他是藍氏家族最傑出的代表人物；藍再茂生於藍氏中衰之際，他振奮家聲，培養子弟，扭轉家族局面，實現家族的復興。同時，在任南皮縣令期間，他政績卓著，官聲顯赫，被藍氏族人尊奉爲「中興之祖」；藍潤進士及第，官至山西、湖廣布政使，不僅位高權重，而且文學成就突出。在家族文獻整理、家風家訓總結諸多方面貢獻突出；藍啓肅一生坎坷，閒居田園，卻以文學見長，尤其在「黃培詩案」之後，打破即墨詩壇沉寂，開展詩歌創作，取得突出成就。這些代表人物，是即墨藍氏家族的中流砥柱，他們以自己多方面的成就和貢獻，豐富了藍氏家族的家族文化，創造了藍氏家族的輝煌業績，成就了藍氏家族文化仕宦家族的美名。他們是藍氏家族發展史上里程碑式的人物，爲藍氏家族發展作出了突出貢獻。

第一節　藍章及其主要成就

　　藍章（1453～1525），字文繡，晚號大嶗山人，爲四世祖藍銅長子。成化十三年（1477）甲辰科舉人，成化二十年（1484）春闈舉進士。藍章是即墨藍氏家族第一個通過科舉走上仕途的人，他宦海沉浮三十年，歷經十二個職位。正德十二年（1517），連上三疏告歸，以南京刑部右侍郎致仕，後蒙恩贈資善大夫。藍章是即墨藍氏家族官職最高、仕宦成就最爲卓著的官員之一。其五世孫藍溥在《重建家廟記事》中對其功績作了高度概括，稱：「我五世先祖侍郎公，起家進士，由邑宰陟臺察，以至留都司寇，晉階資善大夫。功施社稷，德被生民，所至尸祝矣。而撫秦平寇功尤著，漢中等處迄今俎豆，猶赫赫若前日事也。考終於寢，蒙綸賜葬祭，立廟肖像，端笏垂紳，儼若立朝時。命有司春秋致祭，如丁祭儀蓋異數也。」〔註1〕藍章在藍氏家族發展和即墨地方文化建設中均作出重要貢獻，並爲家族贏得了廣泛的社會聲譽，因此被視爲即墨藍氏家族的卓越奠基人和傑出代表，是即墨藍氏家族最有影響的人物之一。其事蹟載於《山東通志》、《萊州府志》、《即墨縣志》、《即墨人物志》等地方史志之中。

一、藍章的主要生平

　　藍章生於明景泰四年（1453），卒於嘉靖四年（1525），享年七十三歲。他的一生，主要分三個階段，即讀書應考時期、仕宦從政時期、致仕休養時期。

（一）讀書科考時期（1453～1485）

　　藍章生於明景泰四年（1453），成化十三年（1477）中甲辰科舉人，成化二十年（1484）春闈舉進士，時年三十二歲。這一時期，是藍章讀書科考時期。

　　藍章能夠順利考取舉人、進士，實現藍氏家族科舉零的突破，原因是多方面的。總結起來，主要有以下幾個方面：

1、社會歷史背景

　　藍章出生時，明代立國已近百年。當時社會安定，經濟發展。在科舉制度的指引和鼓舞下，一大批農耕家族，通過科舉，走上仕途，繼而堅持詩

〔註1〕〔清〕藍溥：《重建家廟記事》，康熙壬午，藍啓延手抄本，第3頁。

書繼世，逐步轉化為文化世家。藍氏家族正是在這種社會歷史背景下，積累了家族財富，開始注重家族文教，建立書院，邀請塾師，積極教導子弟並培養出了家族第一位科舉人才。

2、家族經濟後盾

一方面，即墨藍氏家族長期積累，為家族發展奠定了雄厚的經濟基礎。藍章的高、曾祖父均以農持家。至祖父藍福盛時，由於善於理家，帶領子弟辛勤耕作，累積家資。後移居即墨城裏，興建樓臺高閣，藍氏家族逐步發展成為即墨地區經濟富足的大戶人家。藍章在《先大夫贈侍郎公家傳》中稱藍福盛：「率子弟力田治生，以貲雄於一邑，斥其贏餘周貧恤孤，負者亦不計。後兄弟求異居，公以先業讓之。而自徙居城中，起高樓寢處其上，瞻雲對山，綽有高趣。」〔註2〕其父藍銅善於持家，長於經營，以販運贏利，家資殷實。藍章出生時，藍氏家族已經良田千頃、樓宇相連、富甲一方，成為即墨地方望族。藍水在《先侍郎公年譜》中說：「（藍章）父東村公，少游江湖善經營，未嘗不獲厚利，家益裕，善築室，不惜資，城郭間第宅歸然相望，莫出其右。廣購膏腴良田，阡陌相連。又於故居東村，拓為別野，時邀鄉之大夫結耆英會於其中。」〔註3〕

由此可見，經過累世蓄積，即墨藍氏家族已經積累了雄厚的家資，為藍章讀書學習、參加科考提供了堅實的經濟後盾。

3、家族文化教育

自三世祖藍福盛起，即墨藍氏家族便開始注重對子弟的文化教育。三世祖藍福盛和四世祖藍銅皆粗通文史，王鴻儒稱藍福盛「旁通方外之典」〔註4〕；官賢稱藍銅「公為人慷慨尚義氣，好施予，讀書明理，事不苟為韋布冠冕。」〔註5〕他們能夠對子弟進行基礎文化教育。尤其是四世祖藍銅，對兒子藍章寄予厚望並嚴格要求。他不僅親自督促教導兒子藍章攻讀經史，還延請名師教導藍章讀書。藍章在《恭題敕命碑陰》中稱：「先臣（藍銅）在鄉

〔註2〕 〔明〕藍章：《大嶗山人集》，藍氏家印本，1996年，第9頁。

〔註3〕 藍水：《先侍郎公年譜》，《大嶗山人集》，1996年，藍氏家印本，第30頁。

〔註4〕 〔明〕王鴻儒：《大明贈通議大夫南京刑部右侍郎藍公神道碑銘》，藍潤《餘澤錄》，藍氏家刊本，順治十六年，卷一，第3頁。

〔註5〕 〔明〕官賢：《明故義授七品散官累贈通議大夫南京刑部右侍郎藍公行狀》，藍潤《餘澤錄》，藍氏家刊本，順治十六年，卷一，第10頁。

黨，謹言愼行人人目爲善士，耕漁之外，惟教子經史而已。」〔註6〕藍啓肅
在《明少司寇兼御史中丞大勞山翁藍公年譜》中也記載：「（藍章）八歲失
恃，（藍銅）朝夕教以讀書，恒論究古人忠孝，闡發其聰明。弱冠命學易於鄉
先生紹先盧公，祁寒盛暑必籌燈。」〔註7〕在藍章考取舉人之後，父親藍銅鼓
勵他再接再厲。官賢在《明故義授七品散官累贈通議大夫南京刑部右侍郎藍
公行狀》中記載：「成化丁酉章領山東鄉薦，歸拜堂下，（藍銅）且喜且屬曰：
「丈夫立志，當期遠大，無以此足也。」〔註8〕

同時，三世祖藍福盛在東厓創建屋舍，成爲後來藍氏家族東厓書屋的雛
形；四世祖藍銅在三世祖藍福盛農舍的基礎上，修建書屋，儲備圖書，供
子弟讀書，這就是藍氏家族的東厓書屋。邑人楊循吉在《東厓書屋詩序》中
對東厓書屋的修建作了記載，稱：「侍御即墨藍公文繡未第時，有藏修之所，
在其城東一里，曰東厓書屋者。其先祖之所創也。崖本高阜巍然與山嶺類，
其下有甘井可漑蔬，旁多腴田可耕，故公之大父築以爲農舍。至尊翁義齋先
生，以其背山面水，足於清幽之致，乃建屋蓄書，俾公讀其中，遂取進士擢
顯官。」〔註9〕藍章及諸多藍氏後人，都曾在這裡讀書。東厓書屋，後來發展
成爲東厓書院，是藍氏家族人才培養的搖籃，爲即墨藍氏家族的長期發展作
出了重要貢獻。

4、家族文化氛圍

三世祖藍福盛、四世祖藍銅均慷慨好客，不時邀請地方文化名流來別墅，
暢談文學、研討經史。藍章《先大夫贈侍郎公家傳》稱：「（藍福盛）尤喜賓
客，過從燕飲輒終日。」〔註10〕官賢《明故義授七品散官累贈通議大夫南京
刑部右侍郎藍公行狀》稱藍銅：「招朋邀客，時往來於期間。因與鄉之士大夫
結會目，曰耆英會，更爲賓主會。月朔設酒置肴，盡歡而散。」〔註11〕可見，

〔註6〕　〔明〕藍章：《大嶗山人集》，藍氏家印本，1996年，第10頁。
〔註7〕　〔清〕藍啓肅：《明少司寇兼御史中丞大勞山翁藍公年譜》，《大嶗山人集》，
　　　　藍氏家印本，1996年，第26頁。
〔註8〕　〔明〕官賢：《明故義授七品散官累贈通議大夫南京刑部右侍郎藍公行狀》，
　　　　藍潤《餘澤錄》，藍氏家刊本，順治十六年，卷一，第8頁。
〔註9〕　〔明〕楊循吉：《東厓書屋詩序》，藍潤《餘澤錄》，順治十六年藍氏家刊本，
　　　　卷三，第6頁。
〔註10〕　〔明〕藍章：《大嶗山人集》，藍氏家印本，1996年，第9頁。
〔註11〕　〔明〕官賢：《明故義授七品散官累贈通議大夫南京刑部右侍郎藍公行狀》，
　　　　藍潤《餘澤錄》，藍氏家刊本，順治十六年，卷一，第8頁。

即墨藍氏家族的長期發展，爲藍章參加科舉提供了堅實的經濟後盾；家族對教育的重視、對子弟殷切的期盼及爲子弟營造的良好文化氛圍，都爲藍章取得科舉成功打下了良好的基礎。

5、自身勤奮努力

藍章自幼便天資出眾，勤奮苦讀。其六世孫藍啓肅在《明少司寇兼御史中丞大勞山翁藍公年譜》中引用劉溫叔的話稱讚藍章：「其貌整然不群，其言琅琅可聽」。〔註12〕因此，藍章早年得志，科途暢達。成化十三年（1477）中丁酉科舉人，年二十五歲；成化二十年（1484）春闈舉進士，年三十二歲。藍章考取進士時，藍銅喜極而泣。官賢在《明故義授七品散官累贈通議大夫南京刑部右侍郎藍公行狀》記載：「報捷時，公（藍銅）居父隴，因泣拜曰：『此兒榮顯，是父隱德之明驗也。』」〔註13〕藍章考取進士爲即墨藍氏家族踏上仕途，成爲文化科宦家族邁出了關鍵一步，開啓了即墨藍氏家族發展嶄新的篇章。

（二）仕宦從政時期（1486～1517）

成化丙午年（1486）秋，藍章被任命爲安徽婺源知縣；弘治癸丑年（1493），改任潛山知縣；丙辰年（1496），升貴州道試監察御史；丁巳年（1497），授本道監察御史；戊午年（1498），按浙鹺；辛酉年（1501），巡按山西；正德元年（1506），奉敕督理順天等處馬政，歷升大理寺右少卿、都察院左都御史。其間，因忤逆閹黨劉瑾而下獄，久之得釋，猶罰米五百石，謫撫州通判，滯跡金州道僉事。正德庚午年（1510），任都察院右僉都御史巡撫陝西；甲戌年（1514），論平賊功，但曰『藍某躬督剿殺其功亦多』，升南京刑部右侍郎；乙亥年（1515），賜誥命進通議大夫，奉勒清理兩淮長蘆等處鹽法。他宦海浮沉三十年，歷經十二個職位。正德十年三月二十一日《南京刑部右侍郎藍章並妻誥命》中對其仕途履歷作了總結，稱：「初任直隸婺源縣知縣，二任復除直隸潛山縣知縣，三任貴州道試監察御史，四任本道監察御史，五任太僕寺少卿，六任大理寺右少卿，七任都察院左僉都御史，八任降除江西撫州府通判，九任陝西按察司僉事，十任都察院右僉都御史，十一任

〔註12〕〔清〕藍啓肅：《明少司寇兼御史中丞大勞山翁藍公年譜》，《大嶗山人集》，藍氏家印本，1996年，第26頁。
〔註13〕〔明〕官賢：《明故義授七品散官累贈通議大夫南京刑部右侍郎藍公行狀》，藍潤《餘澤錄》，藍氏家刊本，順治十六年，卷一，第9頁。

都察院右副都御史，十二任南京刑部右侍郎」。〔註 14〕明楊愼在《壽少司寇兼御史中丞藍公七十一序》中稱藍章：「公起進士，試縣入爲御史，巡歷遠近，鏗訇其聲，即薦擢至都憲，以忤逆瑾貶官，瑾敗乃起巡撫陝西。時川陝有棘矜之變，公駐漢中，督軍旅繼糧讓，保障千里，績在西土，乃升刑部右侍郎兼僉都御史，出理兩淮長蘆鹽政。未久，上疏乞休。」〔註 15〕正德十二年（1517，時年六十五歲），乞休得允，歸養故里。他仕宦三十年，剛直不阿，勤政愛民，成就卓著。雍正元年張謙宜《勞山遺稿序》稱：「即墨藍司寇，功名表見於臺省，其直道孤行，嘗得罪劉瑾，下獄謫罰矣。又嘗諫武宗，崇儉節用，忤閹人蕭敬、廖堂，戰功不得盡錄，委置於留都卿貳，乃怨尤俱泯，完節以歸。」〔註 16〕

（三）致仕歸養時期（1518～1525）

藍章致仕歸里後，過著悠閒的田園生活。其晚年生活正如他給朱應登的信中所說的那樣：「晚節更樂閒曠，篤好林藪，營菟裘而老焉。」〔註 17〕致仕之後，藍章自號大勞山翁，一方面，致力於家族建設。他擴建宅院，修建書院，對家族基礎設施的建設作出貢獻。藍氏家族不少標誌性的建築都是藍章組織修建的。據藍水《先侍郎公年譜》記載，正德壬申年（1512），藍章命兒子藍田建世廌堂、世慶樓於城裏祖宅內；正德十三年（1518），藍章築華陽書院於華樓山之陽；正德十四年（1519），築北泉草堂於邑北四里；正德十五年（1520），修樂園於邑南；嘉靖元年（1522），起紫雲閣於華陽書院。

另一方面，藍章恪守禮法，嚴教子弟，至老不懈。餘姚聞人賢曾在藍氏家族作塾師，得以目睹藍章的風範，他在《少司寇藍老先生勞山記》中盛讚藍章稱：「賢見先生之家居也，公以應事，嚴以律身，恭以禮制，敬以義存，語子以孝，語弟以仁，恩及於無告，威示於憸人，由是見者仰止，聞著顒若，邪者歸其正，枉者從其直，懦弱者起而立其志，嚚訟者轉而良純，接容止者靡不歸於整飭峭直之中然後起拜，先生眞爲天下士，勞人眞爲先生號

〔註 14〕〔明〕《南京刑部右侍郎藍章並妻誥命》，《大嶗山人集》，藍氏家印本，1996 年，第 89 頁。

〔註 15〕〔明〕楊愼：《壽少司寇兼御史中丞藍公七十一序》，《大嶗山人集》，藍氏家印本，1996 年，第 152 頁。

〔註 16〕〔清〕張謙宜：《勞山遺稿序》，藍氏家藏鈔本，第 1 頁。

〔註 17〕〔明〕藍章：《大嶗山人集》，藍氏家印本，1996 年，第 149 頁。

矣。」〔註18〕從中可見，藍章崇孝悌，重禮法，持身嚴正，終身不怠。他嚴格教導子弟，積極營造藍氏家族仁厚家風，進而施及鄉里，教化後學，其功甚巨。

　　由於藍章所作出的多方面的卓越貢獻，晚年時期，明代政府給予他諸多的榮譽。嘉靖元年（1522），奉敕進階正二品資善大夫；嘉靖四年（1525），嘉靖皇帝親書「慎厥身修」四字賜之。是年十一月初六日，藍章去世，享年七十三歲，葬嶗山灰牛石。嘉靖十二年（1533），朝廷賜葬，遷葬至邑北四里賜兆塋；嘉靖十七年（1538），敕建祠於城中，肖像祀之，崇祠名宦鄉賢。即墨地方也曾爲他立有「進士坊」、「少司寇坊」、「父子進士坊」等坊表12座。

二、藍章的社會交遊

　　藍章不僅是即墨藍氏家族，乃至明清即墨五大家族的第一位進士，也是五大家族中進入仕途最早的官員之一。他閱歷豐富，交友廣泛，師友、同僚、門生眾多，社會關係豐富而複雜。廣泛的交遊對藍章的成長及突出成就的取得，具有重要影響。首先，業師盧繼宗、座師劉健對他影響較大。盧繼宗，字紹先，即墨荒窪村（今屬移風店鎮）人。明代宗景泰六年（1455）歲貢，天順年間被薦入太學，初授隆慶州判，主管糧馬營，頗有政聲。後升任河南伊陽縣知縣，「首以興學爲務，躬身講解」，即把興辦教育作爲第一要務，親自到縣學爲學生授課。在任二年，勤政廉潔之聲聞於朝野。後赴京師述職，病逝於途中。其遺物除琴書之外別無他物，以致窮得無銀兩發葬。其子盧華扶櫬歸即墨故里，遠近來弔唁者無不爲之感歎。紛紛解囊贈以奠儀，其家人始得將其安葬。藍章曾受業於盧繼宗，得以與之交遊，在德行、學問與爲官方面都受到盧繼宗的影響。藍章也由衷地敬重業師。明正德十五年，藍章與即墨之鄉紳及士大夫商議，以「名節忠義，兼而有之」將盧繼宗奉入即墨鄉賢祠。

　　劉健（1433～1526），字希賢，河南洛陽人，明朝中期內閣大學士，內閣首輔，先後爲官於英宗、憲宗、孝宗、武宗，爲四朝元老。他不僅學問博大精深，而且爲人耿介，心胸坦蕩。由於他位高權重，朝中諫官不時彈劾他專

〔註18〕〔明〕聞人賢：《少司寇藍老先生勞山記》，藍潤《餘澤錄》，藍氏家刊本，順治十六年，卷二，第87～88頁。

權，他從不記恨。國子監學生江瑢曾彈劾劉健、李東陽阻塞言路。孝宗將江瑢下獄，劉、李二人不計較私人恩怨，反而爲江辯護，將他救了出來。他豁達的心胸和耿介的爲人，贏得當朝上下的普遍尊重。藍章成化二十年（1484）進士，劉健是其座師。藍水《先侍郎公年譜》稱：「座師劉健甚重之」。〔註19〕劉健還爲藍章之父藍銅撰寫了《明故義授七品散官累贈通議大夫南京刑部右侍郎藍公行狀》。

兩位老師既是博學篤實之士，又是清正廉潔之官。他們不僅教導藍章學習文化，而且以自己的實際行動教導藍章爲人做官。

藍章走上仕途後，又結識了楊廷和、彭澤、劉大夏等一批同僚。他們志同道合，相互影響。

楊廷和（1459～1529），字介夫，號石齋，四川新都人。十二歲中舉，十九歲進士及第。楊廷和身仕兩朝，前後擔任宰輔十四年，其中正德七年十二月至十年三月丁（1512～1515）及正德十二年至嘉靖三年（1517～1524）兩度任當朝首輔。他爲官清正，政聲卓著，曾因指斥佞倖忤劉瑾，謫官。後因爭登基大典忤帝意，遂致仕。後被削職爲民。嘉靖八年（1529）去世，年七十一。他與藍章同朝爲官，性格相投，經歷相似。他們書信往來，相互學習，相互激勵。《大崂山人集》中收錄他寫給藍章書信十六封。其子楊愼與藍章之子藍田又爲摯友，可謂世交。《大崂山人集》中同時收錄楊愼寫給藍章書信五封。

彭澤（1459～1530），名墉，改名澤，字濟物，蘭州西園人。明成化十九年（1483）中舉人，弘治三年（1490）舉進士。彭澤歷仕弘治、正德、嘉靖朝，歷十餘職，從政達 35 年。他爲人清正耿直，正德元年（1506）任眞定知府，時太監仗權勢，擾亂政令，彭在大堂上置一口棺材，以死捍衛政令，逼使朝廷權貴和宦官有所收斂。尤其是總制四川、湖廣、陝西等處軍務期間，先後鎮壓河北、山東劉六、劉七，四川廖麻子等農民起義，維護明王朝統治。後遭誣陷削職爲民，抑鬱而終。《明史》有傳，《明通鑒》載其事蹟。同時，他以文學見長，著述豐富，有《讀易紛紛稿》、《幸庵文稿》、《讀史目錄》、《八行圖說》、《重修蘭州志》、《段可久年譜》等 300 餘卷。藍章在陝西時，與彭澤通力合作，鎮壓叛亂，並結下了深厚的友誼。二人往來書信達二百封。可惜，這些書信已於文化大革命期間被毀。藍水在《大崂山人集跋》中稱：「最

〔註19〕〔明〕藍章：《大崂山人集》，藍氏家印本，1996 年，第 32 頁。

可惜者，彭澤與先侍郎公書大約有二百首，裝為二卷，存仁珍處，當時伊有家難未向之借抄。文革時，此二卷與以上所有墨蹟，俱化為烏有。」〔註20〕足見二人書信往來之頻繁。

劉大夏（1436～1516），字時雍，號東山，湖廣華容（今屬湖南）人。他居官40餘年，清正廉潔，不置家產，在他的教導下，子孫皆以清白傳家；他剛直不阿，正德三年，因宦官劉瑾誣害，被捕入獄，判處充軍肅州。五月，劉瑾伏誅。八月，劉大夏赦歸，官復原職。正德十一年去世，終年81歲，謚「忠宣」，世人尊稱「劉忠宣」。藍章與劉大夏交情深厚。當劉大夏得罪宦官被貶時，其他人避之唯恐不及，藍章書信慰問並贈送銀兩，劉大夏致信感謝，賦詩一首：「常聞勁草任風吹，世路人情見有時，當日認眞慚我拙，遭嫌不避感君知，平生赤腑蒼天識，遠道黃金白晝遺，德意欲酬無可寄，只憑尺紙寄新詩。」詩歌不僅表達了對藍章的感謝之意，也顯示了二人深厚的感情。

與這些素以剛正耿介著稱的同僚相互唱和，深入交遊，藍章不僅學習了他們優良的仕宦作風，同時也與他們相互激勵，共同對宦官和權奸開展英勇鬥爭。

三、藍章在家族建設方面的貢獻

藍章作為即墨藍氏家族的卓越奠基人和傑出代表，他對藍氏家族的建設作出了多方面的、開創性的貢獻。他拉開了藍氏家族科宦興族的序幕，培養了「藍氏三鳳」為代表的優秀子弟，極大地提高了藍氏家族的社會地位和聲望。

（一）拉開家族科宦序幕

藍章開創了明清時期即墨藍氏家族發展的第一次高峰，使藍氏家族遠紹元初輝煌，由一個富足的農耕家族轉變為文化科宦家族。藍章成化十三年領鄉薦，時年二十五歲；成化二十年舉進士，時年三十二歲。可以說少年得志，科途暢達。他是即墨藍氏家族，也是明清即墨五大家族的第一位進士。藍章科舉的成功，為即墨地區農耕家族通過科舉走上文化仕宦道路提供了成功範例，對即墨地區科舉的繁榮和藍氏家族的興起都起到積極的推動作用。

藍章成化二十二年任婺源縣令，正德十二年致仕，宦海沉浮三十年。他一生克己奉公，忠君愛民，清正廉潔，剛直不阿，屢受朝廷封賞，深受百姓

〔註20〕藍水：《大嶗山人集跋》，《大嶗山人集》，藍氏家印本，1996年，卷首。

愛戴，官至南京刑部右侍郎。嘉靖元年（1522），進階正二品資善大夫。嘉靖四年（1525），御書「慎厥修身」，同年十一月卒，年七十三歲。嘉靖十二年（1533），世宗特恩敕賜塋兆於縣之北原。嘉靖十七年（1538），敕建祠於城中，肖像祀之，又崇祠名宦鄉賢。漢中等地各立生祠祀之。其父母、祖父母均受贈封。可謂身被殊榮，蔭及父祖妻兒。他在仕途上所取得的輝煌成就，為即墨藍氏家族乃至即墨地區後世從政人員樹立了標尺。

總之，從科舉和仕途兩個方面來講，藍章在即墨藍氏家族，乃至即墨地區都實現了重大突破。因此，即墨地區也給予藍章極高的榮譽。即墨地方為藍章修建了 12 座牌坊，並入祀即墨鄉賢。這極大地提高了藍氏家族的聲譽，奠定了藍氏家族作為即墨五大家族之一的地位。

（二）培養優秀子弟

藍章有三子：長子藍田，次子藍困，三子藍因。藍章注重家族教育，延請地方名師宿儒教導子弟。在婺源時，曾延聘吳江陳元吉教導兒子藍田。藍田十六歲舉鄉薦，藍章仍對他嚴格要求，並親自教導。錢福在《東厓書屋記》中記載：「至侍御君以文學顯，其子田尤以少年登薦，有大譽於時，方侍御君讀禮時，每攜田及鄉俊彥講習其下。」[註 21] 後藍田入太學讀書，藍章又將藍田囑託給好友楊廷和、楊一清等悉心教導。楊廷和在給藍章的書信中多次提及藍田學業情況，稱：「日者令似玉夫事都下，辱雅愛」[註 22]；又稱：「玉夫近修益富，來年狀元及第，亦今日之報也一笑」[註 23]；又稱：「令似玉夫猶未北上，到時再奏報也」[註 24]；又稱：「令郎玉夫尚未到京」[註 25]；又稱：「玉夫造詣益深，兒輩書來，敬服敬服。」[註 26] 在良好的家族教育下，

〔註21〕〔明〕錢福：《東厓書屋記》，藍潤《餘澤錄》，藍氏家印本，順治十六年，卷三，第 4 頁。

〔註22〕〔明〕楊廷和：《與先司寇公書》，《大嶗山人集》，藍氏家印本，1996 年，第163 頁。

〔註23〕〔明〕楊廷和：《與先司寇公書》，《大嶗山人集》，藍氏家印本，1996 年，第164 頁。

〔註24〕〔明〕楊廷和：《與先司寇公書》，《大嶗山人集》，藍氏家印本，1996 年，第164 頁。

〔註25〕〔明〕楊廷和：《與先司寇公書》，《大嶗山人集》，藍氏家印本，1996 年，第165 頁。

〔註26〕〔明〕楊廷和：《與先司寇公書》，《大嶗山人集》，藍氏家印本，1996 年，第166 頁。

藍田最終於嘉靖二年（1523）進士中式。藍氏家族連續考取了兩位進士，實現了父子進士蟬聯。後藍田歷任河南道監察御史，巡按陝西，議大禮受廷杖，繼而又彈劾權貴，聲動朝野。藍章次子藍困，貢士；三子藍因，官生，慶陽府通判。三子均以文學見長，時人稱之爲「藍氏三鳳」。這些成績的取得與藍章注重教育、悉心教導是分不開的。

（三）提高家族聲望

在封建時代，一人顯貴，蔭及父祖妻兒。由於藍章在科舉、仕宦方面的突出成就，他屢次受到當朝嘉獎，其祖父、祖母、父親、母親及妻兒都受到封賞。正如其孫藍史孫所言，藍章可謂「生榮死哀，恩典優渥。」〔註 27〕據統計，藍章受到明代朝廷各類獎賞達十六次之多。

表 6-1　藍章受賞情況統計表〔註 28〕

次數	時　間	被賞賜者	賞賜物品
1	弘治十五年三月初一	欽賞巡按山西監察御史藍章	銀十兩，紵絲二表裏，天背織金獬□，胸背圓領一件，綠雲褡護一件。
2	弘治十八年十二月初一日	欽賞太僕寺少卿藍章	銀一十二兩。
3	正德元年七月初一日	欽賞太僕寺少卿藍章	大紅織金紗雲雁，胸背圓領一件。
4	正德六年八月初一日	欽賞巡撫陝西都察院右副都御史藍章	銀三十兩，紵絲二表裏，大紅織金胸背獬□圓領一件，綠雲褡護一件。
5	正德六年八月十八日	欽賜巡撫陝西都察院御史藍章	獎勵書一道。
6	正德七年三月二十一日	都察院右僉都御史藍章	誥授都察院右僉都御史藍章中憲大夫，妻封孺人徐氏加封恭人，父銅誥贈中憲大夫，母贈孺人於氏加贈恭人，共誥命二軸。
7	正德七年八月初九日	都察院右僉都御史藍章	欽賜獎勵敕書一道。
8	正德九年二月初十日	欽賞巡撫陝西藍章	銀三十兩，紵絲二表裏，大紅織金胸背獬豸圓領一件，綠雲褡護一件。

〔註 27〕〔明〕藍史孫：《上報即墨縣衛印帖》，藍氏家刊本，2007 年續修《即墨藍氏族譜》，第 1517 頁。

〔註 28〕表中，個別文字難以辨識，以「□」標示。

9	正德九年四月二十一日	欽賜巡撫陝西藍章	獎勵敕書一道，升俸一級。
10	正德十年三月二十一日	南京刑部右侍郎藍章	誥授通議大夫，妻封恭人，徐氏加封淑人。父贈中憲大夫晉贈通議大夫南京刑部右侍郎，母於氏贈恭人加贈淑人，繼祖母王氏贈淑人，蔭子藍因入監讀書。
11	正德十年八月二十日	特敕南京刑部右侍郎藍章	兼都察院左僉都御史，清理兩淮長蘆鹽法。
12	正德十二年	南京刑部右侍郎藍章	奉諭旨馳驛以歸。
13	嘉靖元年	藍章	進階正二品資善大夫。
14	嘉靖四年八月二十五日	藍章	欽賜御書「愼厥身修」四字。
15	嘉靖十二年六月	遣官諭祭南京刑部右侍郎兼都察院左僉都御史致仕藍章	差官督造塋域，賜葬於縣之北原。
16	嘉靖十五年	藍章	恩詔編僉墳丁，免其雜差，塋域所佔稅地五十畝一併豁。

即墨地方及藍章仕宦地政府，也給予藍章很高的榮譽。潛山、婺源等地將藍章列入名宦，載入史冊；即墨當地在城裏大街曾立有藍章的「進士坊」、「少司寇坊」等坊表 12 座，併入祀即墨鄉賢，《即墨縣志》載藍章入《節義傳》。藍章勤政愛民，深受百姓愛戴。張嘉謨在《少司寇藍公漢中去思碑》中稱：「雖浮沉多態，未嘗不以正自持，或自期怠，亦未嘗無一民一地不心服者。」〔註29〕潛山、婺源及漢中固城、平利等地為其修建生祠，世代祭祀。段炅《御史中丞藍公轉少司寇自陝赴留都詩序》記載稱：「凡公之城：成固城，漢沔、平利城，褒城，略陽，黃沙，洋縣，西鄉，金州，皆為公生祠，以示不忘。」〔註30〕楊一清在《跋都御史藍公生祠記樂歌去思碑卷》中也稱：「漢人德之，為建生祠。祠有記，祠有樂歌，去思有碑。吏民大夫士頌歌之者，至於今不衰。」〔註31〕

〔註29〕 〔明〕張嘉謨：《少司寇藍公漢中去思碑》，藍潤《餘澤錄》，藍氏家印本，順治十六年，卷三，第 37 頁。

〔註30〕 〔明〕段炅：《御史中丞藍公轉少司寇自陝赴留都詩序》，藍潤《餘澤錄》，藍氏家印本，順治十六年，卷二，第 26 頁。

〔註31〕 〔明〕楊一清：《跋都御史藍公生祠記樂哥去思碑卷》，《大嶗山人集》，藍氏家印本，1996 年，第 121 頁。

朝廷封賜、地方褒獎及其百姓愛戴，充分肯定了藍章所取得的成就，大大提高了即墨藍氏家族的社會地位。

四、藍章的主要仕宦成就

藍章是明清時期即墨藍氏家族第一位官員，也是藍氏家族官職最高的官員。他一生宦海沉浮三十年，以婺源縣令起家，以南京刑部右侍郎致仕，歷經十二個職位，官至三品，後獲贈資善大夫，榮升為正二品。在任期間，他勤政恤民，清正廉明，不阿權貴，亢直有節。安徽潛山文人姚文龍一篇《潛民十可懷》全面總結了藍章在仕宦方面取得的成就：

> 一可懷，藍公清，明鏡當天耀，虛空絕點塵。
> 二可懷，藍公廉，為官三載竣，不受一文錢。
> 三可懷，藍公正，鸞鳳皆高擢，狐兔盡銷魂。
> 四可懷，藍公仁，保民如赤子，功德滿乾坤。
> 五可懷，藍公義，解衣衣我祖，推食食我襦。
> 六可懷，藍公敏，害即為我除，利即為我興。
> 七可懷，藍公勇，上馬常擊賊，下馬檄文雄。
> 八可懷，藍公儉，飲食奉常菲，損資助稅斂。
> 九可懷，藍公慈，教民民之父，惠民民之母。
> 十可懷，藍公神，陽春編草木，霖雨濟蒼生。

文章用清、廉、正、仁、敏、勇、儉、慈、神十個字準確概括了藍章為官的主要品質，高度讚揚了藍章在仕宦方面作出的卓越貢獻。總結起來，其主要功績表現在以下幾個方面：

勤政愛民：藍章勤於政事，愛民如子。弘治六年任潛山縣令，他關心民生，解決民瘼，數年間潛山縣社會安定，百姓樂業。尤其是解決潛山舊倉地處偏遠不便運輸的問題，讓百姓嘖嘖稱道。潛山知縣鄭遹玄《重建藍公祠堂碑文》稱藍章：「公蒞潛時，凡為民間計久遠謀悖裕者，無不勤勤懇懇，周詳篤摯，以致德被生民而功施社稷。數年之間，桑麻沃若，婦子晏然，囹圄空虛，刑措不用，復且弦誦相聞，猗歟休哉。迄今嘖嘖人口者，改倉之便，世世稱快。」〔註32〕藍啟肅《先司寇公事略》也記載：「（藍章）躬相可作倉之

〔註32〕〔清〕鄭遹玄：《重建藍公祠堂碑文》，《大嶗山人集》，藍氏家印本，1996年，第 172 頁。

地黃土潭，倚山面河，舟車皆通，距邑僅四十里耳。民僉曰便，名便民倉。」
〔註33〕在巡撫陝西期間，顧念兵亂連綿造成百姓生活困苦，他上《請賑疏》
請求朝廷賑濟。其文曰：「因正德三年九月以來，藍鄢倡占，遠近騷然。土居
老民，被掠無幾，而畸零寄戶蕩散已盡……供役繁興。師旅之費劇，飢饉之
薦臻，眾口嗷嗷。至有蒸蕨粉，挽山樂，採百合，剝椿柳之皮，以爲食用。
痛恨之聲中外徹聽，菜色之狀今古罕見。漢中府衛，所屬地方，連年兵荒，
軍民困苦，十室九空。及各該州縣倉庫，並無蓄積，民隱迫切，誠恐激成地
方大患。人民窘苦，誠如本官所言。」其中備述百姓生活慘苦之狀，體現出
拳拳愛民之心。

　　不阿權貴：藍章爲官剛正清廉，不阿權貴。正德年間，宦官劉瑾執掌權
柄，網絡黨羽，殘害忠良，滿朝文武多趨炎附勢，獻媚投靠。藍章剛正不
阿，不肯屈就。劉瑾羅織罪名，致其下獄。後經多方周旋方才獲釋。其十三
世孫藍水《先侍郎傳》記載了這件事，稱：「正德元年，升都察院左僉都御
史，時逆閹劉瑾有所囑，輒拒之。瑾怒，誣以細故，羅織下獄，久之得釋。
猶罰米五百石，謫撫州通判。」〔註34〕正德八年（1513）十月，司禮太監蕭
敬傳詔陝西巡鎮官，要求趕製精工氈帳一百五十座。這對飽受戰亂之苦的百
姓來說，無異於雪上加霜。藍章毅然上書請求停辦。藍水《先侍郎公年譜》
記載此事，稱：「公（藍章）方視事漢中，屬藩臬所費，約四萬餘金，需工
匠以數千百計。工匠之巧者，盡出西北邊軍，邊聲急不宜調遣。且往返而三
千里，動經累月，況流氛未靖，民困轉輸，公帑積貯空虛，公私皆病，猝難
立辦。鎮守陝西太監廖堂希迎上意，力爲督催，騷然靡寧，公疏極言乞且停
罷。」〔註35〕

　　重教敬賢：藍章重視教育，尊重賢才。任婺源知縣期間，捐俸崇修大成
殿及學宮，又鑿泮池導沖山之水，休寧程敏政爲作《婺源縣學重修記》。正德
五年（1510），藍章巡撫陝西，「開長安書院課八群諸生」。在陝期間，有感於
先賢祠堂敗壞，上疏請求修治周公、太公及武侯墓宇，並奏請朝廷依禮祭享。
藍啓蕭《明少司寇兼御史中丞大勞山翁藍公年譜》稱：「先是公往來漢中，道
過周公太公墓，在咸陽諸葛武侯墓在沔縣，狐兔出沒，祠宇頹壞，愀然動

〔註33〕〔清〕藍啓蕭：《先司寇公事略》，《大嶗山人集》，藍氏家印本，1996年，第
　　　　23頁。
〔註34〕藍水：《先侍郎傳》，《大嶗山人集》，藍氏家印本，1996年，第40頁。
〔註35〕藍水：《先侍郎傳》，《大嶗山人集》，藍氏家印本，1996年，第37頁。

念，謂周公、太公之功見於經，諸葛之功載於諸史。奏疏於朝，請敕禮臣定
祭享儀注，詞臣撰祝文，命有司春秋舉行，而以時修其墳墓祠宇（見藍章《西
巡錄》）。」〔註36〕成化二十三年（1487），藍章重輯《朱文公年譜》、《語錄》，
又編刻《胡雲峰集》。可見，藍章在任期間，注重文教，尊敬賢能，爲地方文
化教育事業作出貢獻。

戡亂治平：正德五年（1510），藍章升任陝西巡撫。在陝四年，正是陝西、
漢南、漢中寇亂正熾時期。當時寇亂四起，勢力日漲，朝廷鎮撫乏人。藍章
提兵漢南，安撫百姓，固守池城。楊武爲藍田撰寫的《送東厓藍玉夫北上序》
中稱：「尊父老先生（藍章）爲都憲，撫鎮長安，之明年……長安南郡漢中，
地枕荊蜀，劇寇恃險，充斥劫掠，屠焚連歲弗靖，亦或蹂我疆場，朝廷簡命
大臣撲討。老先生提兵漢南，玉夫又數省於漢南。時賊鋒正銳，獨漢南不敢
犯。說者謂老先生有八面受敵之才，談笑揮使卻寇於千里，開口吐奇……用
是闔陝宴然，若無事時，乃有漢南有『鐵鑄長城』之稱。」〔註37〕爲鎮撫寇
亂，藍章遣使前往魚復觀摩諸葛亮八陣壘石遺跡，進行推演揣摩，又派幕僚
武都士人龍正進行演練，遂著《八陣合變圖說》，並以其法教將士操練，兵士
戰鬥力大增。先後協助總制洪鐘、彭澤剿滅叛亂，最終於正德九年平息叛
亂。康海在《奉贈刑部侍郎藍公往南京序》中高度評價藍章在平亂中的重要
貢獻，稱讚：「蜀漢之盜，非益公無以成彭公之禽，非彭公無以見藍公之慮，
此可以百世不刊者也。」〔註38〕

　　在長達四年多的抗擊寇亂過程中，藍章輕繇薄賦，救生葬死，多方籌集
錢糧，不勞民力。在《御史中丞藍公轉少司寇自陝赴留都詩序》中，段炅
通過與士紳問答的方式記述了藍章的功績與惠政，稱：「炅質諸縉紳士日：
『公之居秦未久也，而人心之得何以若是深也』，其縉紳士日：『斯吾父老有
見於公之利澤也，子欲聞吾將語子，夫吾聞明者遠而近燭，仁者公而惠
溥，……夫吾聞公居漢南，兵食數萬，糧食之費，公無用於民也。戰死之
士，治其殯葬祭祀，養其孤寡，公亦無用於民也。燕士推賞，公亦無用於民

〔註36〕〔清〕藍啓肅：《明少司寇兼御史中丞大嶗山翁藍公年譜》，《大嶗山人集》，
　　　　藍氏家印本，1996年，第28頁。

〔註37〕〔明〕楊武：《送東厓藍玉夫北上序》，《北泉集》，藍氏家印本，民國二十七
　　　　年，第2頁。

〔註38〕〔明〕康海：《奉贈刑部侍郎藍公往南京序》，藍潤《餘澤錄》，藍氏家印本，
　　　　順治十六年，卷二，第25～26頁。

也。搖省賦復用，吾無見於不足，而公亦未告費於國。公豈能自足耶，公家餘贏，公無有私於己耳。民乃晏如，故勢挽扰，眾志帖然。』」〔註39〕從中可見，藍章不僅在戡亂中功勳卓著，在安撫百姓、治理郡邑方面也作出了重要貢獻。

寇亂平息之後，漢中各地百姓立生祠祭祀，當代名家撰詩文讚頌。藍水在《先侍郎傳》中稱：「至是川賊盡平，敕書獎曰，積年大盜，一旦殄除，地方以寧，人心大快。公班師，漢中城固、平利等縣，各立生祠，而當代偉人名家，如楊一清、康海、王廷相、王九思等，皆有詩文歌頌之。」〔註40〕另外，當時有人作了一幅《明藍章陝西漢中府平寇班師圖》（現藏於即墨市博物館），描繪了藍章率軍凱旋班師的壯觀景象。

五、藍章的主要文學成就

（一）藍章的作品結集

藍章作品豐富，文學成就斐然。據《即墨藍氏族譜》記載，藍章的作品有：《西征題稿》10卷、《西巡錄》10卷、《八陣合變圖說》1卷、《武略總要》1卷、《行稿》數卷。

《藍司寇公勞山遺稿》，清雍正刻本，卷首有張謙宜《序》，收文章18篇（其中《便民倉》為其子藍田代作），詩歌2首，卷末附有馮文炌《藍司寇公傳》。北京出版社將其收錄到《四庫未收書輯刊》第伍輯第拾捌冊中。

《西巡錄》為明抄殘本，不分卷，五冊，藏國家圖書館。《西巡錄》是藍章以督察右僉都御史巡撫陝西之時所作，收錄藍章自正德六年二月初九至正德八年十二月十五日之間所上奏疏52篇，內容涉及剿滅四川流賊鄢本恕、藍廷瑞等部、考選軍政官員、地震、災荒等，是瞭解藍章思想及為政的重要文獻。

《八陣合變圖說》1卷，明刻本，收於《四庫全書存目叢書》子部第30冊。卷首有廣東布政司右參議徐昂《八陣合變圖說敍》，卷末附藍章的《八陣圖跋》。

藍章作品除《八陣合變圖說》為四庫全書收錄外，其他作品均在家族內

〔註39〕〔明〕段炅：《御史中丞藍公轉少司寇自陝赴留都詩序》，藍潤《餘澤錄》，藍氏家印本，順治十六年，卷三，第23頁。

〔註40〕藍水：《先侍郎傳》，《大嶗山人集》，藍氏家印本，1996年，第42頁。

流傳。然歷時久遠，散佚嚴重，今已十不存一。其子藍田去世後，其孫藍史孫、藍柱孫也都英年早逝，其曾孫藍思紹、藍思繼等皆年幼，藍氏家族呈現出中衰之勢。在這種背景下，藍章的作品流傳不廣，並大量散失。楊還吉在《大嶗山人集序》中指出：「司寇之文采不少概見，何哉？莫爲之後，盛而不傳，吾嘗誦此言也，是亦後起之責也。」〔註41〕對藍章作品的散失情況及其原因，藍章六世孫藍啓肅多次作過說明。他在《北泉集跋》中稱：「未幾，先高祖早年不錄，先曾祖尙在襁褓。一切家藏化爲烏有。以故先司寇、先侍御兩世著作，無一存者。」他曾在請邑人楊還吉爲《大嶗山人集》作序時稱：「自我家世中衰，先司寇祖手澤蕩然，予小子竊用疚心。」〔註42〕藍啓肅在《北泉集跋》中提及：「先司寇疏稿幾百首，而可考者數首而已。」〔註43〕藍啓肅又在《明少司寇兼御史中丞大勞山翁藍公年譜》中稱藍章作品：「藏於家，今皆殘闕。遺詩僅三四篇，文章一規先正，存者僅十餘篇，疏稿甚多，可考者僅三四篇。」〔註44〕

　　爲保存家族文獻，藍啓肅於康熙二十九年整理刻印了《勞山遺稿》，並請同邑楊還吉撰寫序文。在楊序中記載了藍啓肅整理刻印藍章遺著的情況，稱「數年來或考諸國史，或求之碑版，或訪之故家之傳寫，收付梓人。」〔註45〕清雍正年間，膠州張謙宜選編了藍章作品集，並撰寫了序文，稱：「嗚呼，兩賢謝世二百餘年，其著作亦少湮沒殘缺，吾拔其有關於國計民生人心名教者若干篇，定爲二集，至酬應間情義不出於300篇者，亦存而不論。」〔註46〕

　　1996年，藍章十三世孫藍水，整理印發了《大嶗山人集》。該集分爲內編和外編兩部分，不僅收錄了藍章作品，同時還收錄與藍章相關的文獻。內編收錄文章16篇、詩8首，《八陣合變圖說》1篇。附藍章年譜、事略等四篇：

〔註41〕〔清〕楊還吉：《勞山遺稿序》，《大嶗山人集》，藍氏家印本，1996年，第1頁。

〔註42〕〔清〕楊還吉：《大嶗山人集序》，《大嶗山人集》，藍氏家印本，1996年，第1頁。

〔註43〕〔清〕藍啓肅：《北泉集跋》，《北泉集》，藍氏家印本，民國二十年，第11頁。

〔註44〕〔清〕藍啓肅：《明少司寇兼御史中丞大勞山翁藍公年譜》，《大嶗山人集》，藍氏家印本，1996年，第29頁。

〔註45〕〔清〕楊還吉：《勞山遺稿序》，《大嶗山人集》，藍氏家印本，1996年，第1頁。

〔註46〕〔清〕張謙宜：《勞山遺稿序》，《大嶗山人集》，藍氏家印本，1996年，第2頁。

《先司寇公事略》、《明少司寇兼御史中丞大勞山翁藍公年譜》、《先侍郎年譜》、《先侍郎公傳》。

外編分爲兩卷：藍水在《大勞山人集跋》中對外編的收錄情況作了概述，稱：「自明憲宗策問至明世喻祭文，係抄自先侍御公所輯四朝恩命錄。原有楊沛縣鹽草書序未抄，以下原皆墨蹟，裝成卷或冊或原幅。編時，瑞桂詩序，秦藩賀詩，康海生祠記，段炅生祠記，趙寬序，群英遺墨，劉大夏書，韓文書，楊廷和父子書皆本墨蹟，少數藏予手，餘多藏族侄仁玠處，此外原稿俱失，皆從抄本錄入，另外遺失尚多，如楊邃庵送赴留都序，華陽書院詩文等。最可惜者，彭澤與先侍郎公書大約有二百首，裝爲二卷，存仁珍處，當時伊有家難未向之借抄。文革時，此二卷與以上所有墨蹟，俱化爲烏有。先侍郎公及先侍御公，皆好文藝，凡知交贈送詩文及書札等，皆裝成卷冊，有工書者，則裝白卷倩爲書，所見者，有段炅與劉天民草書，皆各書其詩，書法絕工，段書存仁玠處。文革時散失。劉書，現存即墨博物館。如此者蓋甚多，或已化爲灰燼，或已落他人手，每念手澤存焉。世襲藏之語，不禁憮然。」〔註47〕文中詳細記錄了外編收錄史料的來源，同時，對與藍章相關的史料之散佚、損毀情況作了記載。

（二）藍章的文章成就

藍章現存文章十六篇：題記六篇：《潛山縣便民倉記》、《舊鼓腔記》、《潛山縣宗丞祠記》、《即墨高大夫禦寇記》、《重修即墨城隍廟記》、《慧炬院重修佛殿記》、《恭題敕命碑陰》；奏疏五篇：《褒崇聖賢墓宇疏》、《請賑疏》、《乞罷氈賑疏》、《乞休疏》、《定製鹽權目以清本源疏》；序 1 篇：《送范希道之雲南提舉序》；家傳 1 篇：《先大父贈侍郎家公傳》；墓誌銘 3 篇：《工部尚書黃簡肅公墓誌銘》、《兵部侍郎王君墓誌銘》、《鰲山衛指揮僉事廉將軍墓誌銘》。同治版《即墨縣志・藝文志》收錄藍章文章 3 篇：《請賑疏》、《即墨高大夫禦寇記》、《重修即墨城隍廟記》。

藍章雖然視文學爲末技，但他早有文名。現存文章雖少，但仍可窺見藍章忠君愛民、敬賢重教、清正廉明、仗義耿正之性格。其作品多是不得已而作，其爲詩文一掃臺閣時調。楊還吉在《勞山遺稿序》盛讚其作品：「惟不得已而有言，其言乃可傳，雖亡不亡也。讀《鹽政疏》，則黽茭之嘉謨也；

〔註47〕〔明〕藍章：《大嶗山人集》，藍氏家印本，1996 年，第 43～44 頁。

序八陣圖，則方叔之壯猷也。題贈司寇碑陰，則瀧岡阡表也。雖袠集無多，而文辭燦如，其他詩歌亦並錄焉。」〔註48〕藍啟肅在《明少司寇兼御史中丞大勞山翁藍公年譜》評價藍章：「文章一規行正。」〔註49〕

藍章的散文均是應用性文體，沒有抒發個人情感的閒適作品。《褒崇聖賢墓宇疏》寫於正德七年，因見周公、太公及諸葛亮墓宇損壞，而上疏請求修治祠宇，進行祭祀；《請賑疏》、《乞罷氈帳疏》寫於正德八年，是藍章巡撫陝西時，為災民請命，請求當朝賑濟及免去下派給陝西置造氈帳的奏疏；《乞休疏》寫於正德八年，是藍章請求致仕歸養的奏疏；《定製鹽數目以清本源疏》寫於正德十年，是藍章在負責清理兩淮長蘆處鹽法及漕運期間，對整理鹽務所上奏摺。由此可見，藍章的文章，言辭質樸，情感真切，因事而發，不蔓不枝。

（三）藍章的詩歌成就

由於作品散失嚴重，藍章數量有限的存世詩歌，也多是借助一些詩文集選錄得以保存。如《藍司寇公勞山遺稿》收詩2首：《別盧業師之任伊陽》、《辛未平蜀寇視師漢中次洋縣用察院壁間韻》；清人宋弼所編《山左明詩鈔》收錄五首：《孟秋池蓮始華》、《勞山》、《送友人》、《野適》（也作《野興》）、《題畫竹》；清陳田編撰《明詩紀事》收詩 2 首：《野興》《題畫竹》；清即墨人周翕鐄輯《即墨詩乘》收詩5首：《孟秋池蓮始華》、《野適》、《題畫竹》、《登功德寺閣》、《草堂次韻》。

藍水先生整理編印的《大嶗山人集》，綜合各選本，確認藍章現存詩歌八首，分為送別詩、寫景敘事詩和題畫詩三類。

送別詩。藍章現存送別詩 3 首，即《別盧業師之任伊陽》、《送友》、《送友人》。如《別盧業師之任伊陽》：

> 一從筮仕遠摳趨，道義諄諄孰警予。
> 邂逅正宜瞻北斗，榮遷忍見促徵車。
> 青山驛路共吟趣，明月蓬窗憶起居。
> 拜別不堪翹首處，因帆莫惜寄魚書。

詩中的盧業師是指盧繼宗。這首詩是藍章送業師盧繼宗赴河南伊陽縣上

〔註48〕〔清〕楊還吉：《勞山遺稿序》，《大嶗山人集》，藍氏家印本，1996 年，第 1 頁。

〔註49〕〔清〕藍啟肅：《清貽居集》，藍氏家印本，2012 年，第 105 頁。

任時的贈別詩。詩歌一二句，深情回顧了跟從盧繼宗學《易》的情景，感謝恩師的諄諄教誨。詩歌的三四句，寫與恩師邂逅相遇，為恩師榮升感到高興，而見面又將匆匆別離。詩歌後四句，短暫的會面之後，詩人與業師將要各奔東西，不知何日再見。一句「拜別不堪翹首處，因帆莫惜寄魚書」，生動地寫出了詩人與業師依依惜別的場景，表達了深厚的師生感情。整首詩歌，敘事抒情，語言簡潔，感情真摯。

　　寫景敘事詩。藍章現存寫景敘事詩四首，即《孟秋池蓮始華》、《勞山》、《野適》、《辛未平蜀寇視師漢中次洋縣用察院壁間韻》。其中《孟秋池蓮始華》是一首出色的寫景詩：

　　　　芙蕖如幽人，清淨自如止。移根太華巔，植之不其里。

　　　　匪曰慕列仙，實欲對君子。新秋華始開，正巾曳草履。

　　　　天然去雕飾，臨風自依倚。安知色與香，一洗世俗鄙。

　　蓮花自古以來被贊為「出淤泥而不染」，堪稱花中君子。這首詩歌運用擬人的手法，緊扣蓮花的幽靜、清新、自然、脫俗等特徵，刻畫出蓮花完美高潔的形象，表達了詩人對蓮花的熱愛和對蓮花品質的熱情謳歌。整首詩歌簡潔明快，語言清新凝練，擬人手法運用生動形象，尤其是「天然去雕飾，臨風自依倚」兩句，高度概括了蓮花初開時的嬌美形態，堪稱千古名句。

　　題畫詩。題畫詩，顧名思義，就是因畫題詩。藍章現存題畫詩一首，即《題畫竹》：

　　　　吳淞江水似清湘，煙雨孤蓬道路長。

　　　　寫出無聲腸斷句，竹雞啼處竹蒼蒼。

　　這首詩歌形象地描繪了一幅煙雨蒼竹圖。詩歌前兩句寫景，後兩句抒情，情景交融，頗具特色。

（四）藍章的《八陣合變圖說》

1、《八陣合變圖說》的內容

　　《八陣合變圖說》共分為：《八陣合變圖說敘》、《八陣號令》、《八陣圖說》、《天覆陣圖說》、《地載陣圖說》、〈風揚陣圖說、《雲垂陣圖說》、《龍飛陣圖說》、《虎翼陣圖說》、《鳥翔陣圖說》、《蛇蟠陣圖說》、《八陣圖跋》等部分。它被《四庫全書》收錄，是藍章的代表作。

2、《八陣合變圖說》的成書

　　《四庫全書》提要編者卻將藍章所撰《八陣合變圖說》標為龍正撰，

稱：「八陣合變圖說，（明）龍正撰。正，武都人。正德中，萊陽藍章巡撫四川，駐兵漢中。遣人至魚復江圖八陣壘石，正時在章幕中，遂推演爲圖說，刊於蜀中。」短短幾句，卻有兩處錯誤，其錯一：藍章爲即墨人而非萊陽人；二：藍章當年只是巡撫陝西未曾巡撫四川。

　　關於《八陣合變圖說》的成書及其作者問題，明廣東布政司右參議徐昂序言和藍章的跋文中有所記載。徐昂序言云：「此吾東萊藍公以大都憲典兵漢中之時，所以景慕諸葛武侯，遣使魚復，圖其猶在之壘石，而諦觀之。加以推演，詢問講究之久，一旦恍然，似有以得其指要者。復得武都士人龍姓正名者，諳練陣圖，與語吻合，深加賞識。遂命取小石於廳事後，布以合之，起以變之，其合其變，應手而成。於是以其法教諸將士，驗其可與有爲也，遂著成圖說，比舊加詳，而擺陣變陣之舉，實發所未發也。刊以成書，自將領以至士卒，人給一本，誦而習之，無何精熟，敵愾之氣，十倍尋常矣。乃製爲衝陣之法，遴選勇銳以衝之，衝則見擒，無能脫者，將士欣躍，思欲一逞，由是威武奮揚，屢戰屢勝，漢南鴞賊，相次授首，斬獲降散，無慮數萬計。」〔註50〕藍章《八陣合變圖說跋》曰：「頃者蜀盜弄兵，予奉詔致討，督師駐漢中，因取《八陣圖》而推演之。自六十四壘分內、外、前、後、四隅，又變而爲八陣，縱橫開闔，鉤聯蟠屈，各有條理。以之訓練，而行伍始嚴整可觀矣。三復考訂，命武都人龍正圖之，而注其左，付郡守楊秉衡刻梓……」。〔註51〕由此可見，明正德年間，藍章任陝西巡撫，龍正爲藍章所賞識，入藍章處爲幕僚，參議軍機。當時川陝一帶盜賊四起，占山爲王，屢敗官軍。藍章派人到奉節魚復尋當年諸葛武侯所擺八陣圖遺址，繪成圖案，朝夕研討、教練士卒。陣成，臨敵應變，所向披靡，斬獲甚眾，班師奏凱，漢中乃平。《八陣合變圖說》正是當時藍章根據魚復八陣圖推演而成。因此，我們說《八陣合變圖說》應爲藍章所著，而非龍正著。

3、《八陣合變圖說》的價值

　　《八陣合變圖說》是藍章在鎮壓陝西叛亂過程中推演成書，而又經過實踐檢驗的著作，是藍章的代表作。《八陣合變圖說》的價值在於兩個方面，即理論價值和實踐價值。高密李昆在《八陣合變圖說序》中對這兩方面的價值

〔註50〕〔明〕徐昂：《八陣合變圖說敘》，藍潤《餘澤錄》，藍氏家印本，順治十六年，卷二，第18～19頁。
〔註51〕〔明〕藍章：《大嶗山人集》，藍氏家印本，1996年，第67頁。

進行了總結，他說：「但近世以來，兵法不講，多事野戰。雖名將帥亦謂八陣無所施。向予以分巡漢中，領兵事。所謂龍正者，嘗在幕下，亦數數言之。予雖深知其然，竟亦無所建明也。茲乃得都憲公用正日演八陣合編之法以教將士，既精且熟。敵不敢近，乃以其法著之圖說，明如指掌，端如貫珠，審如中鵠，使吾軍威儼然，增泰山之重。所以緝熙王酊，大非淺末。以此觀之，則公今日奉命討賊之心，豈敬然而已哉。秉衡蜀之雋彥，其於武侯，蓋所欽慕。矧今正有郡將之寄，而鄰境復有桴鼓之急。此書之刻，同志可知。太史公有謂閭巷之人欲砥行立名者，非附青雲之士，惡能施於後世。予於此，又幸夫龍正者，得因而顯名於世云。」〔註52〕

從中可見，從理論方面來講，近代以來，兵學式微，將士作戰多是依靠經驗而戰，不講戰術。《八陣合變圖說》是對失傳已久的諸葛亮的八陣圖的成功推演，是近代兵學方面重要的理論成果。從實踐方面來講，《八陣合變圖說》在戰鬥中發揮了重要的作用，軍士熟練掌握陣法，在戰鬥中成功運用，增強了軍隊的戰鬥，爲鎮壓叛亂作出了重要貢獻。

綜上所述，藍章作爲明清即墨藍氏家族的第一位進士、第一位官員，他在科舉、仕宦、文學、家族建設等方面都實現了重大突破，並取得了重要成就，他開啓了藍氏家族科宦興族的序幕，並創造了藍氏家族發展史上的第一次輝煌。因此，我們說，藍章是藍氏家族發展史上重要的奠基人和最傑出的代表。

附：藍章年譜

弁言

公諱章，字文繡，號大勞山翁，姓藍氏，明山東即墨人。成化甲辰進士，歷官南京刑部右侍郎。先世居昌陽之舁山，後徙居即墨黃埠。南宋時又徙即墨盟旺山西泉兒頭村，距城三里。遠祖有諱玠者，仕元爲武義將軍，總領監軍，從元世祖攻襄樊有功，繼是授千戶、百戶、防禦、教諭等官者二十餘人。高祖諱文善，曾祖諱景初，皆隱於農。祖諱福盛，字世榮，徙城中縣治西，起高樓居之，贈通議大夫南京刑部右侍郎。祖母于氏、王氏，俱贈淑人。父

〔註52〕〔明〕李昆：《八陣合變圖說序》，藍潤《餘澤錄》，藍氏家印本，順治十六年，卷二，第15～16頁。

諱銅，字宗濟，號義齋，又號東村翁，贈通議大夫南京刑部右侍郎。母于氏，贈淑人。公兄弟三人：公行一，次竟、次奇。女兄弟七人。子三：長田，嘉靖癸未會魁，河南道監察御史，巡按陝西，議大禮廷杖忠臣；次困，貢生；三因，官生，慶陽府通判；俱有文名，世稱「藍氏三鳳」。女三：長適王，次適尤，三適楊良臣長子楊羹。

　　明景泰四年（1453）癸酉　公一歲

　　十二月二十六日子時，公生於即墨城中。

　　自公祖世榮公力田致富，甲於一邑。永樂十八年，妖賊唐賽兒陷即墨，乃走鰲山衛，乞兵平之，賜巡檢，賞鈔千貫，辭官，受鈔散之。父東村公，少游江湖，善經營，未嘗不獲厚利，家益裕，善築室不惜資，城郭間第宅巋然相望，莫出其右，廣購膏腴良田，阡陌相連；又於故居東村，拓爲別墅，時邀鄉之士大夫結「耆英會」於其中。至是公生，東村公年已三十四矣，甚鍾愛之。

　　景泰五年（1454）甲戌　公二歲

　　景泰六年（1455）乙亥　公三歲

　　景泰七年（1456）丙子　公四歲

　　天順元年（1457）丁丑　公五歲

　　公弟竟生。

　　天順二年（1458）戊寅　公六歲

　　天順三年（1459）己卯　公七歲

　　天順四年（1460）庚辰　公八歲

　　公母於太淑人薨，年三十八。公穎敏異常，贈公（藍章之父藍銅）認爲此兒不凡，朝夕教以讀書，恒論究古人忠孝，闡發其聰明。

　　天順五年（1461）辛巳　公九歲

　　天順六年（1462）壬午　公十歲

　　天順七年（1463）癸未　公十一歲

　　天順八年（1464）甲申　公十二歲

　　歲大侵，贈公出粟千餘石以貸鄉鄰，明年稍熟，貸者欲償，贈公曰：「人甫回生，何忍取此。」遂焚其券。

　　成化元年（1465）乙酉　公十三歲

　　成化二年（1466）丙戌　公十四歲

成化三年（1467）丁亥　公十五歲

贈公命公從鄉先生盧繼宗學受《易》，雖祁寒盛暑必籌燈不少替。（繼宗字紹先，居邑東三里泉兒頭村，中舉人後，官伊陽知縣。）邑東一里有高崖，崖本高埠，巍然與山嶺類，下有泉可灌蔬，旁多腴田可耕，公祖築爲農舍，贈公以其背山面水，幽清之致，乃建屋蓄書，俾公讀其中，爲藍氏東崖書屋。

成化四年（1468）戊子　公十六歲

成化五年（1469）己丑　公十七歲

成化六年（1470）庚寅　公十八歲

成化七年（1471）辛卯　公十九歲

成化八年（1472）壬辰　公二十歲

歲大侵，贈公捐粟賑災。

成化九年（1473）癸巳　公二十一歲

成化十年（1474）甲午　公二十二歲

成化十一年（1475）乙未　公二十三歲

成化十二年（1476）丙申　公二十四歲

成化十三年（1477）丁酉　公二十五歲

二月初六日子田生，八月公領鄉薦，歸拜堂下，贈公且喜且囑曰：「丈夫立志，當期遠大，勿以此足也。」

成化十四年（1478）戊戌　公二十六歲

成化十五年（1479）己亥　公二十七歲

成化十六年（1480）庚子　公二十八歲

成化十七年（1481）辛丑　公二十九歲

成化十八年（1482）壬寅　公三十歲

成化十九年（1483）癸卯　公三十一歲

成化二十年（1484）甲辰　公三十二歲

春，公入京進春闈，舉進士（三甲第 98 名）。公貌整然不群，言琅琅可聽，座師劉健甚重之。報捷時，贈公居父隴因泣拜曰：「此兒榮顯，是父隱德之明驗也，安能起而見之。」

成化二十一年（1485）乙巳　公三十三歲

成化二十二年（1486）丙午　公三十四歲

朝廷有輸粟冠帶之令，藍銅應例輸粟若干石於官，以輸粟蒙恩授七品散官，時人稱爲「義官」。

秋，除婺源知縣，抵任，平易近民，不苛不縱，舉措號令，務洽人情，不爲赫赫之聲。捐俸重修大成殿及學宮，又鑿泮池導沖山之水，休寧程敏政爲作《婺源縣學重修記》。

成化二十三年（1487）丁未　公三十五歲

春，迎養贈公於官邸，公三弟奇同來，公以太淑人早逝，事贈公色養備至。八月，贈公旋里，婺源按察僉事汪舜民送之《序》。署內有桂二株，高二丈許，公每退食，輒休其下。秋，桂結子，累累綴樹如葡萄然，摘剝之，味甘美可食。邑士民喜曰：「此和氣之所召也。」公重輯《朱文公年譜》與《語錄》，又編刻《胡雲峰集》。

弘治元年（1488）戊申　公三十六歲

復迎養贈公於官邸。子田入庠，年甫十二。秋，署內桂復結子，民人士競爲《瑞桂詩》以頌，汪舜民爲之《序》。

弘治二年（1489）己酉　公三十七歲

十月，公將述職於朝，贈公思歸，乃載之同行，舟至丹陽，贈公邁疾薨，時十月四日，距生於永樂十九年九月四日，享年六十八歲。膠西官賢爲撰行狀，洛陽侍郎劉健爲撰墓誌，太原尙書周經爲撰墓表，公遂丁外艱歸。

弘治三年（1490）庚戌　公三十八歲

公爲贈公卜兆於嶗山華樓山鳳山之陽，於九月二十一日啓太淑人之窆合葬之，酉山卯向。

公未第時，藏修東崖，至是讀禮餘間，每攜子田及鄉俊彥講習於東崖書屋，崖故高亢爽朗，面值勞山，望窮海島，公顧而歎曰：「學者當如是矣。《齊紀》云：泰山高不如東海勞。言勞山極天下之奇觀也，海儲百川，包地維，通天氣，古今之至深且大者也，於是乎有得焉。吾恐鄒孟氏所謂登山觀海，或託諸擬議形容，而其眞趣當在吾彀率中矣。」

弘治四年（1491）辛亥　公三十九歲

弘治五年（1492）壬子　公四十歲

八月，子田舉鄉薦。冬入京，公大懼先德弗聞，乃告諸朝紳哀挽之，得詩數十篇，萊郡毛紀時官翰林檢討，爲之《序》。與業師盧紹先相遇於京師，時盧紹先除伊陽知縣，將之任，公賦七律一章送之。十一月，起補潛山縣

知縣。

弘治六年（1493）癸丑　公四十一歲

春之任（安徽）潛山，下車問民之疾苦。潛山舊倉在山口鎮，距縣百餘里，距縣之玉照等鄉將三百里。山峻河淺，輸稅之時舟車弗便，民咸病之，父老以告，公躬相可作倉之地，改建於黃土潭，倚山面河，舟車皆通以便民，六月興工。

弘治七年（1494）甲寅　公四十二歲

夏，倉工告成，名曰「便民倉」，命子田代作文記之。八月，重建宗丞祠成，作《潛山縣宗丞祠記》。

弘治八年（1495）乙卯　公四十三歲

弘治九年（1496年）丙辰　公四十四歲

春，公入覲，已而還任，兩臺交薦公為循吏最，升貴州道試監察御史。

弘治十年（1497）丁巳　公四十五歲

公實授貴州道監察御史，廉慎明敏，有聞於時。

弘治十一年（1498）戊午　公四十六歲

公巡按浙江鹽法，條陳利弊極為有見，戶部尚書太原周經特奏行之。公御眾寬而有制，臨下威而不猛，發奸摘伏，物無遁情，激濁揚清而不瑣及細事。

弘治十二年（1499）己未　公四十七歲

公嘗於觀風之暇，截楮為卷，以登載諸公文章翰墨之善者，卷成謂同年友郝君性之曰：「古之人可傳於今，即今人之可傳於後也！吾平生交友散在海內，觀其翰墨而思其為人，雖在千里外，每一展閱則一晤語也，可以不忘故舊之義矣。至於前輩舊德先生長者之作，則凜然起敬，蓋不待躬侍几筵，親承謦欬，而放心收，怠心肅矣。世有為圖畫蓄玩器以自娛者，吾之為此，顧不賢於圖畫玩器哉？昔人得歐公史稿，謂富可垺國，吾之所集，將編一代諸名公者也，其為富又可勝計哉？他日傳子孫，既足以見一時人物之盛，而起其忻慕愛樂之心，而所謂名門舊族，又豈金貝珠玉之充牣而已耶！」卷成，大理寺正趙式為題曰《群英遺墨》。七月，公將還朝，杭之鄉大夫孫暲、於冕、夏時正等為詩歌送之，光祿署丞陳公篆古為題其卷曰《去思》，夏時正為作《去思卷詩序》。

弘治十三年（1500）庚申　公四十八歲

公還朝稱旨，未及初考，即敕授文林郎，夫人徐氏封孺人，父贈文林郎貴州道監察御史，母贈孺人。公旋里掃墓，已而入京。

弘治十四年（1501）辛酉　公四十九歲

公巡按山西，時北虜和碩及小王子連歲入寇大同等處，兵興歲歉，徵輸急迫，刑獄繁多，又值科考取士之期，公每優為之不見煩勞。

弘治十五年（1502）壬戌　公五十歲

三月初一，欽賞銀十兩，紵絲二表裏，天青織金獬豸胸背員領一件，綠雲褡護一件。

弘治十六年（1503）癸亥　公五十一歲

公升太僕寺少卿。

弘治十七年（1504）甲子　公五十二歲

弘治十八年（1505）乙丑　公五十三歲

奉敕督理奉天等處馬政，公持廉秉公，盡心所事，提調有方，欽賞銀十二兩。

正德元年（1506）丙寅　公五十四歲

七月，欽賞大紅紗織金雲雁胸背員領一件，公升大理寺右廷尉，尋升都察院左僉都御史，彈劾不避權貴。時逆閹劉瑾煽虐羅賄，天下臣工靡不以貨取者，公自持不阿，瑾欲有所屬，輒拒之。

正德二年（1507）丁卯　公五十五歲

瑾誣公以細事，羅織下詔獄，久之得釋，猶罰米五百石，謫江西撫州通判，尋擢陝西金州道僉事。將行，別駕范太沖贈以樟木舊鼓腔，鞔而攜之以行，公命子田代作《舊鼓腔記》文記之。

正德三年（1508）戊辰　公五十六歲

前兵部尚書劉大夏，以忤劉瑾謫戍肅州，公託西寧道陳某饋以銀，劉復書謝並詩，有「遠道黃金白晝遺」句。

正德四年（1509）己巳　公五十七歲

劉瑾用事，人尚誅求，戶苦剋剝，窮困貧餒，群起為盜。四川蒼溪賊鄢本恕自稱刮地王，營山賊藍廷瑞自稱順天王，廖惠自稱掃地王，期年，擁眾十萬，愈討愈熾，流動湖陝。

正德五年（1510）庚午　公五十八歲

三月，朝廷命洪鐘總制湖廣川陝河南軍務，討諸賊。五月，廷議：公以

「懺瑾以都憲滯跡陝之僉事，其人沉毅有謀，可討醜虜」，乃起公都察院右僉都御史，巡撫陝西。公蒞任，濬洛豐之水，灌三州之田；築興平諸路牆，堵防響馬；益多衣布花，恤三邊軍士；開長安書院，課八郡諸生；救荒蠲租，旌節獎善諸政，次第舉辦。時朝廷命總制洪鐘調川陝兵夾攻藍、鄢等，公謂：「關陝天下險要之首，而漢中爲陝屬郡，與蜀連，蜀有寇必及漢，漢無備則三輔驚」，乃急趨漢中誓師，過沔陽拜武侯墓。公自誓師以來，遂忘身家，矢竭忠貞，周爰諮諏於諸藩臬，簡恤將士，用有膽智以遏亂略。八月，劉瑾伏誅。公至漢中不匝月，撫有文告，剿有兵，守有城郭，問民疾苦，大布惠澤。於是瘡者稍蘇，亡恙者益安。慕諸葛亮《八陣圖》，遣使之魚復，畫其猶在之壘石而諦觀之，推演尋繹，得其旨要，復得武都士人龍正，諳練陣圖，與語吻合，深加賞識，遂命取小石於廳事後，布以合之，起以變之，其合其變，應手而成，於是以其法教諸將士，驗其可與有爲也。遂著之圖說，比舊加詳，而擺陣變陣之舉，實發所未發矣。刊刻成書，自將領士卒人授一冊，誦習精熟。敵愾之氣十倍尋常，乃製爲衝陣之法，遴選勇銳以衝之，衝則見擒，無能脫者。將士欣悅，思欲一逞。時流賊譎詐百出，來往飄忽，蹤跡無定。議剿則兵來寇匿，議撫則朝順暮叛。公曰：「此宜坐而困之，多設遊兵，乘間擊其中，以逸待勞，以飽待饑，古法可取也，若追隨奔逐，適墜其術中，則徒勞而無成。」

正德六年（1511）辛未　公五十九歲

入陝流寇已全被逐出境，又分佈官軍於延昌、竹峪等關把守。先是藍廷瑞與廖惠謀據保寧，鄢本恕謀據漢中，取鄖陽，自荊襄東下，已而廖惠攻陷通江，尋復遁去，川撫林俊發玀、回兵蹙之龍灘河，賊墜崖溺水死者無數，藍廷瑞、鄢本恕東奔，越漢中至大巴山，賊揚言就撫，計欲緩師，乃爲七壘守之，賊不得逸，其黨漸潰。鄢本恕以所掠女子詐爲己女，求結婚於永順土官彭世麟，世麟密告總制洪鐘，乃令許其請，因遂圖之。及期，鄢本恕、藍廷瑞及其黨二十八人咸來會於金寶寺，伏發悉就擒，時在六月。時洪鐘坐鎮湖廣，送藍、鄢等往斬之，斬獲餘黨五百餘級，投河死者甚眾，地方以寧。八月，欽賞公銀三十兩，紵絲二表裏，大紅織金胸背獬豸員領一件，綠雲褡護一件，升右副都御史，仍撫陝西。又欽賜獎勵敕書一道。十一月，上疏乞休，不允。將班師，按察使邊億等爲宴於天漢樓以餞行，公賦七律詩一首。

　　正德七年（1512）壬申　公六十歲。

　　三月二十八日，誥授公中憲大夫，徐孺人加封恭人，父誥贈中憲大夫，母加贈恭人，共誥命二軸。時藍、鄢餘賊廖麻子復流亂，公再至漢中，且剿且撫，謂：「盜眾皆赤子無知，被迫至此耳，盡殺之無益。」乃宣佈朝廷恩威以遣散之，眾皆感喻，所降男女萬有二千，命各還業。曹甫後被川撫平之，殘賊陳二及廖麻子、喻老人二支被官軍殺敗復合為一，且稱聽撫，且肆劫掠，移漢中保寧地方為害。冬，朝廷召還洪鐘，以都御使彭澤代之，時賊又自臨江轉掠諸縣甚急，公以兵遏於漢，西鄉，金州、固城、平利、襃城、黃沙、洋縣、沔略、徽寧諸衝路皆未有城，公始城之，悉為嚴備以待。慮盜西逸入陝之內境，鎮坪、峰溪、勳陽、夔陝之間亦嚴備倍昔；慮盜東逸入湖京邊，則合三省精兵搜於中蜀，公與彭公督率官軍分道搜殺，賊遂狼狽無措，陳、廖授首，喻老人逸去。公多方招撫，不避艱險，推誠撫諭，解散二萬餘人，擒斬一千三百餘級。八月，欽賜獎勵敕書一道。十一月，上《襃崇聖賢墓宇疏》。先是公過咸陽、沔縣，見周公、太公墓、諸葛武侯墓宇，俱頹壞已甚，以聖賢藏形之所，而狐兔出沒，樵牧凌踐，乃疏請，以時修治其祠宇墳墓。

　　正德八年（1513）癸酉　公六十一歲

　　自兵興以來，軍民困苦。正月，公因上《請賑疏》，詞極為痛切，不報。三月，喻老人帶領夥賊五千餘人奔入巴通等縣山中，恃險拒敵，官軍追殺緊急，夥內陳廣仁、許永森、張長子等四百餘人投降，喻老人攜帶劇賊王長子等五十餘人逃往陝西西鄉縣等處為害，官軍並把隘鄉夫擒斬三十餘人，喻老人只帶男婦八人奔竄。十月，司禮監太監蕭敬傳詔陝西撫鎮官，照內頒圖式製氍帳百五十座，鋪花襯彩，連綴精工，漆樹凋欄，金珠璀璨。公方視師漢中，屬藩臬計所費約三四萬金，需工匠以數千百計，而工匠之巧者，盡出西北邊軍，邊聲正急，不宜調遣，且往返二三千里，動經累月，況流氛未靖，民困轉輸，公帑積貯空虛，公私皆病，猝難立辦。鎮守陝西太監廖堂希迎上意，力為督催，刻期進繳，騷然靡寧。公上疏極言其苦，懇祈停罷。三疏不報，遂乞休致，不允。十二月初七日夜，西鄉縣巡捕老人楊汕，臨洮衛領軍指揮領官軍鄉夫追喻老人、王長子至海溪竹木溝，生擒斬之，積年大盜，一旦殄除，人心大快，朝廷嘉悅。康海曰：「自彭公之西也，奮擊之士才數千耳，滋蔓難治之寇，不待彭公來，所以不敢再窺漢沔，以掠關南之民，豈無故哉。

良以公之御之者有方，守之者有道，盜自不能窺也。故曰蜀漢之盜，非藍公無以成彭公之擒，非彭公無以見藍公之慮。」公廓大有容，調理井井，細巨不遺，且善知人任之，故成功易而感人深也。公又嘗曰：「吾居官事，無過吾分者，職分當盡，則思必盡耳。」公既班師，凡公所城襄城、沔略等縣及漢中、固城、平利等縣，皆為公立生祠祀之。

正德九年（1514）甲戌　公六十二歲

三月，欽賞銀三十兩，紵絲二表裏，大紅織金胸背獬豸員領一件，綠雲褡護一件。四月，欽賜獎勵書一道，升俸一級。先是因氈帳事，二監以為憾，公又與記功主事王萱不合，至是論平賊功，但曰藍某躬督殺賊其功亦多，升南京刑部右侍郎。長安人士咸以賞不酬庸為公憾。公曰：「盜之平，實彭公仗天子威靈，諸將用命以成此擒耳，我何功焉？朝廷湛恩汪濊，已屬非分，敢言薄耶」。趨裝就道。楊一清、康海俱為作《送赴留都序》，段靈為作《送赴留都詩序》。夏，公將赴南京，便道旋里，已而至南京任。

正德十年（1515）乙亥　公六十三歲

公在留都，法比詳明，操持清慎。三月，誥授公通議大夫，徐恭人晉封淑人；父晉封通議大夫南京刑部右侍郎，母于恭人晉贈淑人；祖父贈通議大夫南京刑部右侍郎，祖母于氏、繼祖母王氏俱贈淑人，共誥命三軸。蔭子因入監讀書。上疏乞休致，不允。八月，特敕兼都察院左僉都御史，清理兩淮、長蘆等處鹽法並漕運。於盟旺山元代祖塋立武義將軍藍珫墓碑。

正德十一年（1516）丙子　公六十四歲

公上《定製鹽數目以清本源疏》。條奏四事，以清本源：「曰聚團煎辦，曰嚴核掣放，曰禁約提單，曰杜絕買補」，切中一時情弊。行勘之際，有求賂於鹽場者不遂，是以未果行，識者惜之。又上《請通海運疏》。

正德十二年（1517）丁丑　公六十五歲

公三疏乞休，二月得諭旨，馳驛以歸，歲給輿隸祿米食，公之家居也。公以應事，嚴以律身，恭以制禮，敬以義存，語子以孝，語弟以仁，恩及於無告，威示於憸人，由是見者仰止，聽者顯然，邪者歸其正，枉者從其直，儒弱者起而立志，囂頑者轉而良純，接容止者，靡不歸於整飭峭直之中，然後起拜。

正德十三年（1518）戊寅　公六十六歲

築華陽書院於勞山華樓山之陽，歲時遊覽，自號「大勞山翁」。

正德十四年（1519）己卯　公六十七歲

築北泉草堂於邑北五里，即成，與淮海朱應登書曰：「吾少有四方志，弱冠弄文翰，三十登朝，歷位三十年，累疏乞骸骨，始得歸，晚節更樂閒曠，篤好林藪，營菟裘而老焉。其制宅也，買泉一區，廣而池之，得數十弓，池中有洲，考室其上，曰『北泉草堂』。池之東卻阻長堤，南有閣，半插水，曰『泉心閣』；西南偏為亭水中，曰『君子亭』；皆跨木梁通之，環池植蓮且遍，多養龜魚鷺鳥；其北累土為丘，崇百尺，修竹灌木夾翼蔽虧焉。出則以鈎弋為事，入則有圖史之娛。又漁人木客往往能見過，陳說平生，歌太平之盛，囅然而共歡也。吾子有曩昔之知，願惠記之。」朱應登於十二月為作《北泉草堂記》。

正德十五年（1520）庚辰　公六十八歲

公督修樂園於邑南（即今所謂花園），逾歲而成。

正德十六年（1521）辛巳　公六十九歲

嘉靖元年（1522）壬午　公七十歲

公奉敕進階正二品資善大夫。起『紫雲閣』於華陽書院。東厓書屋中公舊所種牡丹、蓮二花，皆並頭聯蒂，尚書喬宇賀以詩。

嘉靖二年（1523）癸未　公七十一歲

春，子田舉進士。

嘉靖三年（1524）甲申　公七十二歲

子田選授河南道監察御史，議大禮被廷杖。先是正德壬申，公命子田建世鷹堂、世慶樓於城裏祖宅裏，蓋望後人之能繩其武耳，至是堂之名實果相符，而公猶及見之。

嘉靖四年（1525）乙酉　公七十三歲

春，子田巡按陝西，便道歸省，已而至任。

六月十六日，公弟竟卒。

八月，嘉靖御書「慎厥身修」四字賜之。

十一月初六日公薨，子田由陝西奔喪歸。翌年，葬灰牛石山原。徐淑人後三年薨。

跋

嘉靖十二年，世宗特恩敕賜塋兆於縣之北原，差萊州府推官吳桂，督造塋域，周圍垣牆。差膠州判官萬溥，正術徐時昇，即墨知縣張韓，訓科韓升

督工。工畢，由灰牛石遷葬之，子山午向。欽差山東等處承宣布政使司分守海右道右參政楊維聰諭祭。

嘉靖十五年十二月，恩詔塋域所佔稅地五十畝稅銀一併除豁，照例，祠僉附近民丁看護，免其雜泛差役，給帖收據。

嘉靖十七年二月，敕建祠於城中，肖像祀之，又崇祠名宦、鄉賢。所著《八陣合變圖說》一卷，《武略總要》一卷，《西巡錄》十卷，《西征題稿》十卷，今多半散佚。《八陣合變圖說》尚完好，《西巡錄》餘五卷，並公六世孫啟肅所輯《勞山遺稿》一卷而已。

先司寇公沒百餘年，而先七世祖諱啟肅中書公為編年譜紀略，但未編年，蓋以遺文散佚，遽難捃摭故也。去今又三百載，文獻尤不足徵。茲謹就《家乘》、《明史》中，擇其可信者，不敢妄增一字，繫以年月，編為茲譜。至已無可考者，如公入庠，與徐淑人來歸，子困、因並三女誕生，並嫁娶年月，及女兄弟所適何氏等，則俱付闕如。公之嘉言懿行堙沒者多矣，則茲編無乃蠡測管窺哉！雖然僅此寥寥數千言，已足見公之謨猷不愧開濟老臣，以視僥倖成名史上者，當何如也？則茲編亦不可緩也。

民國二十年秋十三世孫槙之謹編

第二節　藍田及其主要成就

藍田，字玉夫，又字玉甫，號北泉，生於明成化十三年（1477），卒於嘉靖三十四年（1555），是藍氏家族五世祖藍章的長子。藍田的一生跌宕起伏：他自幼聰慧，少年得志；科場不順，中年蹉跎；仕途短暫，轟轟烈烈；晚年閒適，師友唱和。由於藍田在文學、仕宦和家族建設等方面取得的突出成就，加上他對即墨地區文化發展及社會事務的貢獻，其事蹟被載入《明史》、《山東通志》、《萊州府志》、《即墨縣志》。

一、藍田的生平閱歷

根據其主要經歷，藍田的一生可以分成四個階段：少年讀書時期、漫長科考時期、短暫仕宦時期和田園閒居時期。

（一）少年讀書時期（1477～1492）

藍田自幼聰慧，因而早年便嶄露頭角。明李開先在《文林郎河南道監察

御史北泉藍公墓誌銘》中詳細記載了藍田早年的輝煌經歷，稱藍田：「聰穎不但童輩不及，雖同學冠者五六人，亦皆出其下。七歲善記誦，能詩對，從資善公於京師，福山孫內翰珪，以長對難之，不待思索，句奇絕而字的確。已又從寓婺源，吳江陳中丞元吉時猶未第，因受學於其門，聞教即書紳，雖題不窘筆，計年不過十二三耳，見者已許其為國器。學士程篁墩敏政，試以《梅花賦》，援筆立就。程乃歎曰：『吾舉神童日，亦不能過此子！』南直隸督學司馬御史亮，屢命陪諸生糊名試之，不出一等。歸而試於山東，沈提學鍾奇其，以為不類少年語，或記誦舊作不可知，三覆試之，始信而大喜，批其卷云：『不期即墨之鄉，而產藍田之玉』，由是名重齊魯。隨薦鄉書，年才十六，乃弘治壬子科也。」〔註53〕清同治版《即墨縣志》稱藍田：「自小神穎天成，日誦數千言，為文宏肆奇拔。」〔註54〕萊陽宋璉在《蔭君藍公啓亮暨配楊孺人合傳》中也稱：「余聞之先人有言，當弘治壬戌時，康對山先生相天下士，足稱拔尤一人者曰：『非即墨之藍田，則三原之馬理，不即海矣』。」〔註55〕

從中可見，藍田自幼聰穎，又受到父親藍章及吳江陳元吉等名師的悉心教導，早年便顯示出超人的文學才華，尤其擅長詩歌和對子，深得孫珪、陳元吉、程敏政、司馬亮、沉鐘等時賢的賞識，年僅十六歲即考中舉人，被目以神童、小聖人，從此名揚齊魯，可謂少年得志。

（二）漫長科考時期（1493～1523）

藍田中舉後，進入太學，跟從李東陽、楊一清、楊廷和等名師讀書，並結識了楊慎、劉天和、張鳳翔等青年才俊。他們相互切磋，吟詠唱和，因此文采大增。李開先稱藍田：「入太學，不誤學規，以其餘日，從師於李西涯東陽、楊邃庵一清、楊石齋廷和，取友於楊升庵慎、劉松石天和、張伎陵鳳翔，不惟文筆縱橫，而國體亦通達矣。」〔註56〕藍田勤奮好學，熟讀經史子集，旁究稗官野史，深諳天文律曆，善詩對韻律、牛經馬譜，琴棋書畫無不精通，可謂學富五車、才高八斗。時人楊宏曾作詩讚他「學冠群經稱八斗，文成倚馬

〔註53〕〔明〕李開先：《文林郎河南道監察御史北泉藍公墓誌銘》，藍田《北泉集》，民國二十七年，第4頁。

〔註54〕〔清〕林溥：《即墨縣志》，中國和平出版社，2005年點校本，第223頁。

〔註55〕〔清〕宋璉：《蔭君藍公啓亮暨配楊孺人合傳》，《藍氏族譜》不分卷，河北大學圖書館藏清鈔本，第47頁。

〔註56〕〔明〕李開先：《文林郎河南道監察御史北泉藍公墓誌銘》，藍田《北泉集》，民國二十七年，第4頁。

擅三長。」友人楊武《送東厓藍玉夫北上序》中稱藍田：「玉夫，天下士。器宇莊雅溫潤，於書無所不讀。雖天文律曆，地理山經，兵農醫卜，野史小說，亦皆窮探飽索，歷究靡遺。久畜而遲發，不啻海停山積，無津厓畔岸。此行茂封大庭，魁名天下者，必玉夫也。」〔註57〕友人張鳳翔《送即墨鄉進士藍玉甫氏下第東歸序》也稱藍田：「予考其所得，自六籍而下凡諸吏牒子集，天文律曆，梵旨道籙，下逮牛經馬譜，稗史小說，要皆胸中故物也。與之談道理，辯論古今，或評品人物高下，嗒乎如宏鐘響畢，而大小各隨其叩也。如熟讀《禹貢》而知水之原委，讀《本草經》而各知其地，及其時與其色味，性傚之何如也。」〔註58〕從中可見，藍田博學多才，深受師友贊許。

雖然藍田才華橫溢，學識淵博，但他性情灑脫，而又恃才傲物。這種性格表現在文學創作方面，便是爲文暢所欲言、汪洋恣肆，對唐宋文風頗爲欣賞，而對當時科舉八股深惡痛絕。然而，明代八股取士，尊奉四書五經，死守八股格式。而藍田不滿於場屋浮靡之風，爲詩作文力求高古，因此不合時宜，所以他科考屢遭挫敗。張鳳翔稱：「予自少時已知厭其非矣，已而於玉甫氏合亦嘗占其不利，而玉甫氏日工古作，益力未能低昂瓢斛間，以迎合時人繩尺，其屢失也。」〔註59〕爲求功名，藍田不得不屈己求全，自明孝宗弘治六年（1493）始，至正德十五年（1520），在近三十年的進士科考中，藍田「十赴春闈而不第」，直至嘉靖二年（1523）第十一次應試才以二甲中式，年已四十七歲，可謂科途不順。萊陽宋璉在《蔭君藍公啓亮暨配楊孺人合傳》中稱藍田：「而即墨之藍則淹滯二十餘載，越兩朝始成進士。」〔註60〕其間，藍田先後參與了楊慎的「麗澤會」等詩社，與楊慎、張含、劉子靜等相互唱和，創作了大量的詩篇。

（三）短暫仕途時期（1524～1525）

明嘉靖三年（1524），藍田被任命爲河南道監察御史。時值「大議禮」事

〔註57〕〔明〕楊武：《送東厓藍玉夫北上序》，藍田《北泉集》，民國二十七年，第2頁。

〔註58〕〔明〕張鳳翔：《送即墨鄉進士藍玉甫氏下第東歸序》，藍田《北泉集》，民國二十七年，第3頁。

〔註59〕〔明〕張鳳翔：《送即墨鄉進士藍玉甫氏下第東歸序》，藍田《北泉集》，民國二十七年，第3頁。

〔註60〕〔清〕宋璉：《蔭君藍公啓亮暨配楊孺人合傳》，《藍氏族譜》不分卷，河北大學圖書館藏清鈔本，第25頁。

件爆發，藍田七上奏疏，忤逆龍鱗，抗言大禮，被施以杖刑，幾乎喪命。李開先稱：「適值大禮議起，（藍田）疏凡七上，不合聖心。又同群臣伏闕痛哭，詔獄，翌日，廷杖幾殆，呻吟枕席，月餘始出而視事。」〔註61〕《四庫全書》集部《北泉集》提要也稱：「當張璁等希旨議大禮，田反覆抗論，凡七上章，受廷杖幾殆。」〔註62〕藍田傷剛愈就持疏痛斥陳洸、席書等人「訕君上、欺朝廷、肆奸言、植私黨」等奸貪惡行，一時轟動了整個京城。潘允端在《藍侍御集》序中也稱藍田：「亡何，授河南道監察御史，彈劾百僚，悉協公論，一時輦轂下翕然稱名直指。」〔註63〕繼而，藍田轉任陝西巡按。其父藍章曾巡撫陝西，多有惠政。藍田修其父藍章舊政，革除時弊，抵禦外寇，安撫百姓。百姓盛讚稱其父子：「一按一撫，一子一父，虜不犯邊，民得安堵」。〔註64〕

　　嘉靖四年（1524），其父藍章辭世，藍田丁外艱。曾被他參劾過的陳洸（已升爲左給事）、張璁（已執掌監察院事）等人，趁機累上奏疏，捏造誣陷對其進行報復，藍田被逮入濟南獄，太常青州劉鈗等多方營救。據太僕寺卿李舜臣《劉鈗事狀續遺》記載，劉鈗得知藍田被逮入濟南獄後，不顧個人安危，面見朝廷，爲藍田辯護，並對張璁曰：「藍御史不過論陳洸，顧洸何如人哉，而公終爲之何？今人莫不賢藍御史，公何不爲賢者，而洸爲何？公今即何如法藍御史，公能使人不曰藍御史人賢者乎！」李開先在《文林郎河南道監察御史北泉藍公墓誌銘》中也記載稱：「執政欲爲洸報復無由，乃窮索所上累疏，巧詆中之，將執下錦衣獄。西橋劉太常鈗及數相知多方解說，止擬本省會勘，回奏爲民。」〔註65〕經過多方營救，藍田遂得獲釋。

（四）田園閒居時期（1526～1555）

　　藍田免官返鄉後，決意仕途，不與公事，不交權貴，在後花園築可止軒，誦詩讀書，撫琴作畫，自娛其樂，過著閒居生活。並時常與好友黃作孚、楊

〔註61〕〔明〕李開先：《文林郎河南道監察御史北泉藍公墓誌銘》，藍田《北泉集》，民國二十七年，第4頁。

〔註62〕肖冰主編：《藍田詩選》，青島出版社，1992年，第14頁。

〔註63〕〔明〕潘允端：《藍侍御集序》，藍潤《餘澤錄》，藍氏家印本，順治十六年，卷三，第82頁。

〔註64〕〔明〕李開先：《文林郎河南道監察御史北泉藍公墓誌銘》，藍田《北泉集》，民國二十七年，第4頁。

〔註65〕〔明〕李開先：《文林郎河南道監察御史北泉藍公墓誌銘》，藍田《北泉集》，民國二十七年，第4頁。

鹽等相唱和。李開先《文林郎河南道監察御史北泉藍公墓誌銘》記載稱藍田：「遂作可止軒於後苑，遊衍誦讀其中，口談不及官事，足跡不入公門。縉紳有造其廬者，懇請始一出見，否則託疾辭之。」〔註66〕潘允端在《藍侍御集》序中記載藍田：「探討古今，絕戶外事不與。搦管呻吟，傾刻盈紙，爛焉五色，觀者從旁吐舌，謂『萬言倚馬才也！』」〔註67〕在藍田歸養期間，朝廷大臣屢屢上奏舉薦藍田，並對他才華和能力予以高度評價。李開先稱：「其間，兩京臺諫、山東撫按、閣部大臣，前後薦者二十餘疏，竟不獲用。止得遇恩詔，冠帶閒住而已。薦辭雖多，就中蔡都御史經、胡都御史纘宗、李御史復初、許太宰贊，爲能得其眞而概其索。如曰『學博而才優，氣剛而志銳』；如曰『德望更重於時，才識有裨於政』；又曰『文行無慚於上世，聲光有益於東萊』；又曰『義氣振揚於臺憲，清風表正乎鄉閭』。」〔註68〕但藍田心意已決，早已無意仕途。晚年，藍田因其女嫁於劉澄甫之子劉士雲爲妻，而時常往來青州。嘉靖十四年（1535），於青州北郭禪林之大雲寺與石存禮、馮裕、劉澄甫、陳經、劉淵甫、黃卿、楊應奎等八人成立「海岱會」詩社，進行詩歌創作。藍思紹在《書先侍御集後》稱：「晚年與青郡山泉劉公、閭山馮公輩立海岱尙友會，命題分作，因事倡和，幾無隙月，箋筒相屬，不啻萬有餘言矣。客有求覽者輒應之曰：吾所作不過口占遣情耳，何足以煩口吻也。率棄去不存。」〔註69〕

　　明嘉靖三十四年（1555），藍田病逝於即墨故里，終年七十九歲。

二、藍田的社會交遊

　　由於藍田早負盛名，再加上其父藍章的關係，藍田得以廣泛結交社會賢達、文化名流，並與當時主流文壇聯繫密切。這些經歷對藍田的科舉、仕宦和文學創作都產生了重要影響。弘治六年（1493），藍田中壬子科舉人，入太學，得以師從李東陽、楊廷和、楊一清等讀書習文，並結識了楊愼、劉天和、

〔註66〕〔明〕李開先：《文林郎河南道監察御史北泉藍公墓誌銘》，藍田《北泉集》，民國二十七年，第4頁。

〔註67〕〔明〕潘允端：《藍侍御集序》，藍潤《餘澤錄》，藍氏家印本，順治十六年，卷三，第82頁。

〔註68〕〔明〕李開先：《文林郎河南道監察御史北泉藍公墓誌銘》，藍田《北泉集》，民國二十七年，第4頁。

〔註69〕〔明〕藍思紹：《書先侍御集後》，藍潤《餘澤錄》，藍氏家印本，順治十六年，卷三，第84頁。

張鳳翔等青年才俊，因而學問日進。李開先在《文林郎河南道監察御史北泉藍公墓誌銘》中稱藍田：「入太學，不誤學規。以其餘日，從師於李西涯東陽、楊邃庵一清、楊石齋廷和，取友於楊升庵愼、劉松石天和、張伎陵鳳翔，不惟文筆縱橫，而國體亦通達矣。」〔註70〕

　　李東陽（1447～1516），字賓之，號西涯，諡文正，明朝中葉重臣，文學家，書法家，茶陵詩派的核心人物。李東陽生活的時代，「臺閣體」詩歌仍然盛行，但愈發顯出其弊端：內容貧弱冗贅，形式雍容典雅，既缺乏對自我內在情感的切入，也缺乏對社會生活的關懷，把文學引向絕境。李東陽上承臺閣體，下啓前後七子，在成化、弘治年間，以朝廷大臣地位主持詩壇，獎勵後進，頗具聲望及影響，形成了以他爲首的「茶陵詩派」。李東陽認爲，詩歌貴情思，充分肯定詩歌的抒情屬性。其詩則力主宗法杜甫，強調法度音調，又寫擬古樂府詩百首。其散文追求典雅流麗，主張師法先秦古文，雖未完全脫臺閣體風，但對臺閣體有一定衝擊，並開前後七子創作趨向之先河，對前後七子有明顯影響。藍田在太學期間跟從李東陽讀書，其爲詩作文中透露出李東陽對他的影響。

　　楊廷和既是藍章的好友，又是藍田的老師，還是藍田好友楊愼的父親。藍田在太學讀書期間，得以受教於楊廷和。楊廷和在與藍章的書信中六次提及藍田的學業進展情況。楊廷和《與藍司寇書》稱：「日者令似玉夫（藍田字）事都下，辱雅愛」〔註71〕；又稱：「玉夫近修益富，來年狀元及第，亦今日之報也一笑」〔註72〕；又稱：「令似玉夫猶未北上，到時再奏報也」〔註73〕；又稱：「令郎玉夫尙未到京」〔註74〕；又稱：「玉夫造詣益深，兒輩書來，敬服敬服」〔註75〕；又曰：「令郎玉夫，此時想已北上，拱聽春官之捷，爲通家同

〔註70〕〔明〕李開先：《文林郎河南道監察御史北泉藍公墓誌銘》，藍田《北泉集》，民國二十七年，第4頁。

〔註71〕〔明〕楊廷和：《與先司寇公書》，《大嶗山人集》，藍氏家印本，1996年，第163頁。

〔註72〕〔明〕楊廷和：《與先司寇公書》，《大嶗山人集》，藍氏家印本，1996年，第164頁。

〔註73〕〔明〕楊廷和：《與先司寇公書》，《大嶗山人集》，藍氏家印本，1996年，第164頁。

〔註74〕〔明〕楊廷和：《與先司寇公書》，《大嶗山人集》，藍氏家印本，1996年，第165頁。

〔註75〕〔明〕楊廷和：《與先司寇公書》，《大嶗山人集》，藍氏家印本，1996年，第166頁。

業喜也。」〔註 76〕從中可見，由於楊廷和與藍章相友善，故而楊廷和對藍田倍加關愛，悉心指導。

劉鈗（1476～1541），字汝忠，號西橋，青州人，歷官三朝的內閣宰輔劉珝之子。劉鈗少時即聰敏過人，深受憲宗帝厚愛，蔭封其為中書舍人，劉鈗歷官五十餘年，官至太常寺卿兼翰林院五經博士，進階資善大夫。劉鈗為官期間，不但忠心輔君，而且尊重同僚，對有才華的官員極力推薦，為國家招募了大量人才，並勇於同姦臣權貴作鬥爭。劉鈗文采出眾，其詩文清新自然，空靈飄逸，與關中李夢陽、康海，信陽何大復，濟南邊華泉等倡酬往來，時稱「五才子」。藍田因為姻親關係得以與劉鈗交遊，其為官及文學創作都受到劉鈗的影響。尤其是在藍田被誣陷入獄期間，正是得到劉鈗的全力營救，才得以免罪。

同時，藍田與楊慎、劉子靜等相友善。藍田十二世孫藍水的《藍侍御公年譜》中記載：「正德元年（1506），公三十歲。先是侍郎公自丙辰由潛山知縣歷升監察御史，巡按太僕寺少卿、大理寺右廷尉、都察院右僉都御史。自癸亥至是，四年間，公常在京奉侍。」其間，楊慎隨父親楊廷和、劉子靜隨叔父劉鈗在京城。藍田與楊慎、劉子靜三人在太學讀書，得以結識，他們出身、經歷相似，性情相投，時常唱和往來，為莫逆之交。同時，藍章、楊廷和、劉鈗三公同朝為官，相友善，均以正直耿介著稱，又以文學見長。因此，藍田與楊慎、劉子靜在為官和詩文創作等方面，都深受父輩的影響，並相互學習借鑒。梁招孟在《東歸唱和序》中稱：「三公子皆事其三大人於燕京，其三大人，俱以文章斐靈梗概宣洽道德契符同朝，稱三君子交。三公子年相次，讀父書，稟父風，敦父誼，而相善如之。」〔註77〕

藍田與楊慎。藍田與楊慎相識於總角之年，同受業於李東陽、楊廷和及楊一清等。二人文學交流頻繁，「大儀禮」事件中，二人同受廷杖，可謂志同道合，患難與共。一方面，藍田與楊慎詩文往來頻繁，他曾參與了楊慎等組織的「麗澤會」。簡少芳編纂《贈光祿卿前翰林修撰升菴年譜》記載：「明武宗正德元年（1506），（楊慎）與同鄉馮馴、石天柱、夏邦謨、劉景宇、程啓允為麗澤會，即墨藍田、永昌張含結社唱和。」同時，藍田還與楊慎、劉子

〔註76〕〔明〕楊慎和：《與先司寇公書》，《大嶗山人集》，藍氏家印本，1996 年，第 167 頁。
〔註77〕〔明〕梁招孟：《東歸唱和序》，藍潤《餘澤錄》，藍氏家印本，順治十六年，卷三，第 48 頁。

靜相互唱和，並留下了《東歸唱和集》。梁招孟在《東歸唱和序》中稱：「楊用修、劉子靜獲雋南宮，藍玉甫下第東歸，兩進士送之柳郊，爲竟夕飲，贈答以詩，一夜遂成百首，藍公子拾之綴於奚囊。」〔註78〕藍水在《藍御史公年譜》中對此作了詳細記載，稱：「公三十二歲，六赴春闈不第。將東歸，楊太史用修愼、劉侍御子靜澄甫，同餞別蕭寺，各賦送行詩二首，分用原韻和之。次日聯句，一夜成三十首。用修意未足，復自成三十首，再步韻和之，並求和於子靜，合之爲《東歸唱和集》，計百首，俱七律。」〔註79〕

晚年，藍田與好友楊愼等仍保持聯繫，互敍衷腸。藍水《藍御史公年譜》記載藍田六十七歲時與楊愼書信往來之事：「公與楊用修書稱：『癸卯孟秋，賤子繼室又棄世，衰殘之年，復作鰥居，家務又縈心曲，不知造物之於賤子何若是其酷也。』楊寄詩曰：『四海風紀藍御史，廿年逃名即墨城』。」〔註80〕

另一方面，楊愼一生博覽群書，勤於著述，是明代著名學者。他在長期流放中，仍然「好學窮理，老而彌篤。」（《明史·楊愼傳》）他不僅對經史、詩文、詞曲、音韻、金石、書畫無所不通，而且對天文、地理、生物、醫學等也有很深的造詣。據《升菴楊愼年譜》記載，楊愼平生著作有四百餘種。楊愼在《升菴詩話》中提出一系列的詩歌創作主張。在前七子倡導「文必秦漢、詩必盛唐」，復古風氣較爲流行的時候，能別張壘壁。他廣泛吸收六朝、初唐詩歌的一些長處，形成他「濃麗婉至」的詩歌風格。楊愼存詩約 2300 首，內容極爲廣泛。楊愼詩歌創作推崇盛唐，並尊李杜，並且由盛唐上溯到六朝。他重視詩歌的感情，推崇精練含蓄的詩歌風格，強調詩人和評詩者的博學素養。楊愼《雨夕夢安公石張習之覺而有述因寄》篇中寫到：「執鞭從李杜，傾蓋許班揚。」〔註81〕楊愼稱李白詩歌「泣鬼神而冠古今。」〔註82〕他對杜甫所主張的「別裁僞體親風雅，轉益多師是汝師」給予高度評價。

楊愼論詩主張「詩主情」、「詩以道性情」。楊愼稱：「六情靜於中，萬物

〔註78〕〔明〕梁招孟：《東歸唱和序》，藍潤《餘澤錄》，藍氏家印本，順治十六年，卷三，第 48 頁。

〔註79〕藍水：《藍侍御公年譜》，肖冰等主編《藍田詩選》，青島出版社，1992 年，第 257 頁。

〔註80〕藍水：《藍侍御公年譜》，肖冰等主編《藍田詩選》，青島出版社，1992 年，第 261 頁。

〔註81〕〔明〕楊愼：《升菴集》卷二十一《雨夕夢安公石張習之覺而有述因寄》，四庫全書本。

〔註82〕〔明〕張含輯：楊愼等評《李杜詩選十一首》卷首《李詩選題詞》。

蕩於外，情緣物而動，物感情而遷，是發諸性情而協於律呂，非先協律呂而發性情也。」〔註83〕楊慎推崇精練的語言，他稱讚李白詩歌：「太白號斗酒百篇，而其詩精練若此，所以不可及也。」〔註84〕楊慎推崇含蓄風格。楊慎重視詩人及評詩者的博學，稱：「詩之盛衰，繫乎人之才與學」。楊慎說：「讀書雖不為作詩設，然胸中有萬卷書，則筆下自無一點塵。」〔註85〕楊慎的這些主張對藍田有相當的影響，在藍田詩文中都有所體現。

藍田與張含。張含之父張志淳為成化二十年進士，為藍章的同年友。藍田得以與張含父子交遊，並與張含一起參與「麗澤會」，開展詩歌創作。藍田《送永昌張氏伯仲下第南歸序》稱：「南園公（張志淳），某家司寇公同年友也，視某猶子也，必有教以教子也者矣。」又稱「司徒南園公之伯子曰愈光，仲子曰愈乎。愈光少時，以豪俠聞於滇南，及壯，奉太夫人來京，侍公於宦邸，乃折節讀書，從諸老先生遊，為文賦詩，以秦漢自期許，視南北朝以下漠如也。」〔註86〕

藍田與各級官員過從甚密，在藍田所交遊的各級官員中，比較密切的如下：

鄒臣，字汝忠，號柏庵，安陽舉人，嘉靖三十二年（1553）任即墨縣令，嚴明廉政，豪強為之斂跡。藍田《賦送鄒令君西歸》稱讚他曰「柏庵鄒子人中龍，鄴下詞賦摩蒼穹。」另有《墨民謠為即墨大夫鄒令作也大夫意外艱聞書謠五解》。

喬宇（1457～1524），字希大，號白岩，山西樂平人。與藍田之父藍章同年中進士，授禮部主事，官至兵部尚書，參贊機務。因平息寧王朱宸濠謀反有功，加太子太保、少保。世宗即位，召為吏部尚書。大禮議起，因忤帝意，遂於明嘉靖三年（1524）致仕。他詩文雄雋，通篆籀，著有《喬莊簡公集》。藍田有《送太常喬先生代祀序》《求壽文與白岩書》二文，也有《次喬白岩村居韻》等唱和之作。

〔註83〕〔明〕楊慎著：《升菴全集》卷3《李前渠詩引》文淵閣四庫全書本。
〔註84〕〔明〕楊慎著：王仲鏞箋證《升菴詩話箋證李太白相逢行》，上海古籍出版社，1987年，第214頁。
〔註85〕〔明〕楊慎著：王仲鏞箋證《升菴詩話箋證》，上海古籍出版社，1987年，第578頁。
〔註86〕〔明〕藍田：《北泉集》，《四庫全書存目叢書》集部第83冊，齊魯書社，1997年，第356頁。

胡纘宗（1480～1560），字世甫，原字孝思，號可泉，別號鳥鼠山人，陝西秦安縣（今甘肅天水）人。正德三年（1508）進士，任翰林院檢討，官至巡撫。有《鳥鼠山人集》等著作傳世。嘉靖十五年（1536）冬，胡纘宗升任都察院右副都御史，巡撫山東，在山東任職兩年有餘。嘉靖十七年（1538）二月，胡纘宗上疏開挖膠萊新河，朝廷准其疏。藍田當是因開挖膠萊運河之事與胡纘宗有了較多交往，他為胡纘宗寫了《題胡可泉樂府》與《書東巡十韻後》，藍田稱讚胡纘宗的詩「有風雅之遺音焉，可以傳矣」。

王獻（1487～1547），字帷臣，自號南澧。嘉靖二年（1523）進士，與藍田同科。嘉靖十四年（1535），王獻出任山東巡按副使巡察海道，提出疏通馬濠至麻灣的海道。為此，他諮詢過藍田的建議，獲得藍田及地方士紳的支持。藍田《馬濠宴集呈王南澧臺長》曰：「多情折簡能招我，尊酒論文似夢中。」嘉靖十六年（1537）王獻率領民眾成功開挖馬濠運河，藍田欣喜摯友的成功，題寫碑文《新開膠州馬濠記》。當王獻調離之時，藍田作《送大方伯南澧王老先生大人帳詞》，稱讚他「訪海運之舊跡，濬膠萊之新河，通賈通漕，足兵足食，聲譽上達於當寧，綸綍下頒於外臺，人望甚隆」。

毛紀（1463～1545），字維之，號海翁，又號礪菴、鼇峰逸叟，掖縣（今萊州市）人士。成化二十二年（1486）鄉試第一，次年登進士。改庶吉士，授檢討，歷任戶部尚書，武英殿大學士，贈少保，謚文簡。著有《密勿稿》《辭榮錄》《聯句私鈔》《歸田雜識》《鼇峰類稿》等。藍氏與毛氏為通世之誼，藍章與毛紀同朝為官，有書信往來，《大嶗山人集》中收錄毛紀與藍章的書信兩封。藍田的次女嫁給毛紀之孫、太僕寺卿毛渠之子毛延太。

叢蘭（1456～1523），字廷秀，號半山，山東文登人。明弘治三年（1490）進士，授戶科給事中，官至南京工部尚書，謚贈柱國太子少保。藍田為叢氏父子撰寫行狀和墓誌銘。

郭東山（1470～1530），字魯瞻，號石崖，萊州掖縣人，弘治九年（1496）進士，初授山陰知縣，官至四川右參政。郭魯瞻持法廉平，曾為瑾黨構陷，逮下詔獄。晚年家居，與毛紀等人結成「五老忘形會」，經常在野外飲酒賦詩，寄情山林。著有《石崖集》。藍田與郭東山為同年舉人，其《送郭魯瞻年丈尹山陰》云：「魯瞻別我去，沖風度浙東。照看扶桑日，夕望會稽峰。大禹知己遠，神氣猶鬱蔥。遺民在山下，讀書而力農。君子佩墨綬，種花理絲洞。政清訟自息，陶然遠古風。春日蘭亭飲，夜色鏡湖中。悠悠千載後，尋

我王賀蹤。逸興得佳句，寄以慰吾衷。」當是郭東山去山陰任職時所作。《寄郭魯瞻同年》云：「杏花欲放東風暖，黃鳥不鳴春意閒。寥落無人共杯酒，舉頭西望大伾山。」大伾山在河南濬縣城東，此首詩當是藍田在郭東山任職濬縣時所作。

邊貢（1476～1532），字庭實，號華泉子，歷城（今山東濟南市）人。弘治九年（1496）丙辰科進士，官至太常丞。邊貢以詩著稱於弘治、正德年間，與李夢陽、何景明、徐禎卿並稱「弘治四傑」，後與康海、王九思、王廷相等並稱爲明代文學「前七子」。楊還吉《重校藍北泉先生詩集序》稱藍田致仕後「與濟南邊華泉、青土劉山泉及同里載軒子，唱酬無虛日」。

王廷相（1474～1544），字子衡，號濬川，潞州人。弘治十五年（1502）進士，授庶吉士，入翰林院，曾任兵科給事中等職，官至南京兵部尚書。文有英氣，詩賦雅暢，是「前七子」之一。藍田與王廷相的書信有兩封：一是《答濬川書》，二是《謝濬川寄詩》。《答濬川書》曰：「奉別後，痰疾大作，不知公留滯少華之麓，及驛丞回，乃辱寄聲存問，⋯⋯又辱使來出示雅什，再拜只領，挑燈夜讀，頓覺頭目清爽。」《謝濬川寄詩》曰：「正爾耿耿，忽辱來使，賜手教，並雅什盈卷。再拜捧讀，感慰無已。公之《春興》何減少陵《秋興》《短歌行》《白頭吟》亦漢魏間語。」從中可見，兩人常在書信中探討詩歌，藍田對王廷相的詩歌創作給予很高的評價。

陳沂（1469～1538），字宗魯，後改魯南，號石亭，因好蘇氏學，又號小坡，浙江鄞縣人，家住南京。正德十三年（1518）進士。嘉靖年間，出任江西參議，又任山東參政。善詩工畫，早年與顧璘、王韋稱爲「金陵三俊」，後與李夢陽、何景明、康海、邊貢等人並稱「十才子」，著有《遂初齋集》。嘉靖十二年（1533）九月二十有二日，陳沂與藍田、藍因、藍困同遊嶗山，山遊凡五日，「所得詩二十餘首」，藍田則有《同陳石亭太史游鶴山洞次韻》《次石亭韻》等詩與陳沂唱和。朱應登先生撰《北泉草堂記》後附陳沂的一首詩，無詩題，詩曰：「山下清泉北郭流，功成於此築菟裘。池荒兩岸芙蓉老，原迥一亭楓葉秋。司寇遺蹤誰復繼，繡衣新構我來遊。君家慶澤從來遠，豈用重爲孫子謀。」當是陳沂來即墨時所作。

此外，詩壇前後七子中不少人都和藍田有淵源。前七子中李夢陽，後七子之首王世貞，都與藍田交往頗深。楊還吉在《重校藍北泉先生詩集序》中記載，藍田致仕返鄉後「與濟南邊華泉、青土劉山泉及同里載軒子唱酬無虛

日。」〔註87〕這些經歷和交遊都對藍田的文學觀點和詩歌創作等產生重要影響。

三、藍田的主要文學成就

（一）藍田文學作品的結集和流傳

藍田一生著述豐富，所著有《北泉集》、《東歸唱和集》、《白齋表話》、《隨筆》、《續筆》，奏疏五十餘條。影響最大的是《北泉集》（又稱《藍侍御集》）。藍氏後人雖然多次整理藍田的著作，但散佚仍然非常嚴重。藍水整理出版的家藏本《北泉集》有《跋先侍御集後》一文，系統追溯了藍田作品結集及流傳情況。其文曰：

> 《北泉集》者，先十二世祖侍御公著。北泉在邑北三里，先司寇辟為別墅，侍御退休後恒居，於是因以字號，故集亦曰《北泉集》，或稱之曰《藍侍御集》云。原有侍御手抄本，不知卷數，為族兄志荊殘毀無餘。又有楊煉庵鹽手錄侍御詩文七卷，今亦不知流落何處。黃梓山嘉善官吳郡時，持《侍御集》三十卷請長洲張獻翼為之選定，存十之四；萬曆間，先十世諱思紹公走江南乞序於雲間潘允端，而刊之姑蘇，蓋即獻翼選訂本也，集分五卷，詩文各數十首。又百餘年，先七世諱啟肅公以獻翼選本訛舛甚多，乃廣為搜輯，重加校正，定為文五卷、詩二卷，詩尚完好，文亦為志荊所殘毀。茲編詩仍先七世校本，文本獻翼選本，又請同族人各發舊麓，搜於殘編斷簡中，凡係侍御之片言隻字，畢為抄錄，久之得文數十首，編為四卷，遺文存目於後；又凡當日敕書並名人詩文之為侍御發者，載諸卷首，僅千百之一耳。昌黎云：『莫為之後，雖美而不彰』。先十世、七世之於《北泉集》，而刊之而重校之，所以顯揚之者至矣。然而傳於今也，散佚殘缺，岌岌乎殆哉！夫惟韓文得歐公而大著，則甚有望於當代大手筆云。〔註88〕

從中我們可以較為清晰地看到，藍田作品《北泉集》在流傳過程中幾經選編、傳抄、補充，形成了幾個不同的版本。

藍田抄本。藍水在跋文中記載：「原有侍御手抄本，不知卷數，為族兄志

〔註87〕 肖冰主編：《藍田詩選》，青島出版社，1992年，第12頁。
〔註88〕 〔明〕藍田《北泉集》，民國二十七年刊印本，第39頁。

弗殘毀無餘」。〔註89〕由此可見，藍田作品最早應有他自己的手抄本，或者是創作原稿。可能未經系統整理，故而卷數不詳。並且藍田手稿一直在藍氏家族中保存流傳到當代，只是被藍氏後人藍志弗毀壞殆盡，殘本現存山東博物館。

楊鹽抄本。藍水在跋文中稱：「又有楊煉庵鹽手錄侍御詩文七卷，今亦不知流落何處。」楊鹽，字爾貢，號煉庵，以嘉靖辛酉舉人授吉州學正，擢沛縣令，多惠政，清廉爲江北第一。著有《味道樓集》，祀吉州名宦，縣志有傳，是藍田的學生。藍田免職還鄉後，與楊鹽等交遊唱和。藍水在《藍御史公年譜》中記載：「既釋歸，乃作「可止軒」於後圃，日與知交黃作孚、楊鹽等遊衍講習其中。」〔註90〕楊鹽與藍田甚密，因此手錄侍御詩文。後藍田的五世孫藍啓肅搜集藍田遺著，楊鹽後人楊文敬將該鈔本贈予藍啓肅。楊中淇在《侍御文集序》中記載了這件事，稱：「先生（藍田）之沒也，嗣孫方在孩提，以故家乘散佚。吾八世祖沛縣（楊鹽）公兄弟與先生同時姻好，爲文字知己，有手錄侍御詩文七冊。後藍恭元先生搜羅先人遺稿，苦不可知，吾高叔祖文敬公持以相贈，而侍御集乃可全焉。」只是此本今亦不得見。

三十卷本。張獻翼在《藍侍御集序》中記載：「（藍田）所著詩文凡三十餘卷，侍御鄉里後賢黃公嘉善，適倅吾郡，一日攜以示予，乞爲之選。」〔註91〕此三十卷本即是即墨黃嘉善所持，請張獻翼刪選之前的本子。這也是收錄藍田作品比較齊全的本子。黃嘉善請張獻翼刪選《藍侍御集》時間當爲萬曆丙戌年（1585）前後，離藍田去世（1555 年）已三十餘年。此本應該是藍田之子藍史孫或者是其孫藍思紹等的整理本。

張獻翼本。此本是張獻翼在三十卷本基礎上的刪選本。張獻翼在《藍侍御集序》中記載：「所著詩文凡三十餘卷，侍御鄉里後賢黃公嘉善，適倅吾郡，一日攜以示予，乞爲之選；余識非仲偉，賞乏元禮，敢謂操龍淵以議割哉？然尼父刪書，悉剪蕪累；梁昭選藝，特採菁英。故至寶必稀，用多爲拙，闖諸人文，誰曰不然！於是僅存其十之四。」〔註92〕張序沒有署明時間。但結

〔註89〕〔明〕藍田《北泉集》，民國二十七年刊印本，第 39 頁。

〔註90〕藍水：《藍侍御公年譜》，肖冰主編《藍田詩選》，青島出版社，1992 年，第259 頁。

〔註91〕〔明〕張獻翼：《藍侍御集序》，肖冰主編《藍田詩選》，青島出版社，1992年，第 8～9 頁。

〔註92〕〔明〕張獻翼：《藍侍御集序》，肖冰主編《藍田詩選》，青島出版社，1992

合潘允端《藍侍御集序》署明時間可以推斷，張獻翼選定藍田作品集當在明萬曆乙酉年（1585）。明潘允端在《藍侍御集序》中稱：「後數年，公之家孫，儼然來海上，出公集示予，已知裒然成帙矣。」〔註93〕此年為明萬曆丁亥年（1587）。公之家孫，是指藍田的長孫藍思紹。潘允端稱：「王孫名思紹，慷慨嗜義，不愧家學云。」〔註94〕而在張獻翼在《藍侍御集序》中稱：「再逾年，而公之家孫過吳，請為序而刊焉。」〔註95〕《七世貞節孌孺人八世孝行公合傳》也記載：「嗣人即如侍御公舉進士高第，雄文博學，卓越海內，海內翕然稱之曰：小聖人，小聖人云。然向非厥孫，藍伯子搜其遺草，跋涉吳下，剞劂成書，亦幾遐佚矣。」〔註96〕楊鹽在《八世贈按察公孝行公指揮公合傳》中記載：「一旦即塋墓，哭奠而辭，（藍思紹）乃齎先大父侍御公文稿走吳下，禮聘名家張長洲次序其列，而付之梓鏹即竣。」〔註97〕這裡記載的正是藍思紹整理藍田遺著，並請潘允端撰寫序文之事。藍水在《跋先侍御集後》中稱：「黃梓山嘉善官吳郡時，持《侍御集》三十卷請長洲張獻翼為之選定，存十之四；萬曆間，先十世諱思紹公走江南乞序於雲間潘允端，而刊之姑蘇，蓋即獻翼選訂本也，集分五卷，詩文各數十首。」〔註98〕

可見，藍思紹過吳郡當是在1587年，黃嘉善請張獻翼選定《藍侍御集》當在此前二年，即1585年。張獻翼對藍田三十卷本進行刪減，僅存十之四，即十卷本。此本有張獻翼序和潘允端序。

藍啓肅本。清康熙癸酉年（1693）前後，藍田的五世孫藍啓肅對《北泉集》進行整理刻印，並請邑人楊還吉作《重校北泉先生詩集序》。楊還吉在序中記載了藍啓肅整理刻印藍田詩集的情況，曰：「時在萬曆丁亥，其（藍田）集尚存三十餘卷，而長洲張君身任校理，自言存其十之四，然其中訛謬不可

年，第8～9頁。

〔註93〕〔明〕潘允端：《藍侍御集序》，藍潤《餘澤錄》，藍氏家印本，順治十六年，卷三，第83頁。

〔註94〕〔明〕潘允端：《藍侍御集序》，藍潤《餘澤錄》，藍氏家印本，順治十六年，卷三，第83頁。

〔註95〕〔明〕張獻翼：《藍侍御集序》，肖冰主編《藍田詩選》，青島出版社，1992年，第8～9頁。

〔註96〕〔明〕周如砥：《七世貞節孌孺人八世孝行公合傳》，藍氏家藏刊本，光緒丙戌增修《即墨藍氏族譜》，卷五，第20頁。

〔註97〕〔明〕楊鹽：《八世贈按察公孝行公指揮公合傳》，藍氏家藏刊本，光緒丙戌增修《即墨藍氏族譜》，卷五，第18頁。

〔註98〕肖冰主編：《藍田詩選》，青島出版社，1992年，第12頁。

更僕。……恭元孝廉每與余太息痛悼於此事。恭元蓋先生五世孫也，有志集校。予因憶總角時，家藏《燕山漫稿》一冊，相傳為北泉作，恒秘惜之，五十年來不以示人，當舉以歸君，恭元驚喜再拜。益以卷冊圖畫又十餘首，俾盡錄以歸。《燕山稿》，考其年月，蓋弘治乙丑（1505）下第時都門所作也，迨今百六十餘年矣。因取集中詩，與今所增入，分為上下卷。而文稿別有專集，託余重校，並請序於予。」〔註99〕從中可知，此本是對張獻翼刪定本進行校正、補充。在校正訛誤的基礎上，補入《燕山漫稿》一冊，「卷冊圖畫又十餘首」。序中楊還吉提到：「而文稿別有專集，託余重校」。從中可知，此次整理是詩集和文集分開整理。分為文五卷，詩歌二卷。楊還吉在《大嶗山人集序》中也記載了藍啓肅整理《藍侍御集》之事，稱：「予又聞恭元取侍御集，將重加參校，謂其訛也，又懼其舛，庶幾無過，佚前人光乎。」〔註100〕此本是目前能見到藍田作品較全的本子。

　　齊魯書社本。齊魯書社於 1997 年收錄藍田著作三種進行印發：《藍侍御集》十卷（重慶市圖書館藏明萬曆十五年藍思紹刻本），《北泉草堂詩集》二卷（復旦大學圖書館藏清鈔本），《北泉文集》五卷（天津圖書館藏清鈔本）。卷首有明潘允端《藍侍御集選序》一篇，長洲張獻翼《藍侍御集選序》一篇。

　　《藍侍御集》卷一（詩部）：樂府十首，四言詩一首，七言詩二十首，五言排律一首，五言律詩十七首，聯句二首，七言律詩九首；卷二：五言絕句三十六首，七言絕句二十三首，六言絕句十首，七言絕句（集古）五十五首；卷三（文部）：序八篇；卷四：記九篇；卷五：傳六篇，墓誌九篇；卷六：行狀三篇，上樑文三篇；卷七：帳詞七篇，銘二篇，箴一篇；卷八：祭文十篇，題五篇，跋二篇，說一篇；卷九：書一十九篇；卷十書啓十七篇。

　　《北泉草堂詩集》上卷：擬古詩四首，四言古詩三首，五言詩六首，七言詩二十二首，五言律三十三首。下卷：五言絕句五十二首，六言絕句二首，七言絕句六十八首。

　　《北泉文集》卷一：疏一篇，書一篇，記十三篇；卷二：序三十二篇；卷三：書後四篇，題十四篇，跋四篇，說一篇，銘四篇，箴一篇，頌一篇，

〔註99〕　〔清〕楊還吉：《重校北泉先生詩集序》，肖冰主編《藍田詩選》，青島出版
　　　　　社，1992 年，第 13 頁。
〔註100〕　〔清〕楊還吉：《大嶗山人集序》，《大嶗山人集》，藍氏家印本，1996 年，第
　　　　　1 頁。

紀一篇，傳三篇；卷四：阡表一篇，誌銘二十篇，行狀三篇；卷五：祭文九篇，尺牘三十三篇，帳詞八篇，上樑文三篇。

藍水本。此是民國二十七年藍水整理本。藍水在《跋先侍御集後》中記述了此次整理的概況：「茲編詩仍先七世校本，文本獻翼選本，又請同族人各發舊籯，搜於殘編斷簡中，凡係侍御之片言隻字，畢爲抄錄，久之得文數十首，編爲四卷，遺文存目於後；又凡當日敕書並名人詩文之爲侍御發者，載諸卷首，僅千百之一耳。昌黎云：莫爲之後，雖美而不彰。先十世、七世之於《北泉集》，而刊之而重校之，所以顯揚之者至矣，然而傳於今也，散佚殘缺，岌岌乎殆哉。夫惟韓文得歐公而大著，則甚有望於當代大手筆云。」從中可見，民國二十七年，藍水對藍田作品進行整理，詩歌採用藍啓肅整理本，文選用張獻翼整理本，同時又廣泛搜集，得文數十篇，又將藍田遺文目錄附於其後。這是一次較爲全面的整理，但書中訛誤頗多。

此外，即墨藍氏家族九世祖藍再茂整理刻印了藍田的《東歸唱和》。時間當在崇禎五年前後。明梁招孟在《東歸倡和序》中記載了藍再茂持《東歸倡和》請梁招孟作序一事，稱：「（藍再茂）既領選南皮事，於別也，出其先大夫詩一集授余，乃三公子唱和詩。」〔註101〕序言還追述了《東歸倡和》撰寫的背景和基本情況，稱：「後先舉孝廉，楊用修、劉子靜獲雋南宮，藍玉甫下第東歸，兩進士送之柳郊，爲竟夕飲，贈答以詩，一夜遂成百首，藍公子拾之綴於奚囊。比癸未春，藍孝廉掇高魁，都人相賀爲得人，此三公子文章可無忝於三大人之世業矣。」〔註102〕

（二）藍田的詩歌

1、藍田詩歌創作概況

藍田自幼才華出眾，擅長詩對，一生與師友相互唱和，不廢吟詠。從時間上來看，藍田最早的文學作品當屬九歲時應程敏政之試而作的《梅花賦》，今已佚。嘉靖三十四年（1555），藍田在即墨故里病逝，享年七十九歲。《藍氏家乘》稱，藍田卒時神氣不亂，口占詩一首，聲律不減未病時，自名之曰《泉翁絕筆》。如此算來，藍田的詩歌創作前後達七十年之久。藍田的詩歌、

〔註101〕〔明〕梁招孟：《東歸唱和序》，藍潤《餘澤錄》，藍氏家印本，順治十六年，卷三，第48頁。

〔註102〕〔明〕梁招孟：《東歸唱和序》，藍潤《餘澤錄》，藍氏家印本，順治十六年，卷三，第48頁。

文章不僅數量大，而文學藝術水平高，他是一位名副其實的高產、高質作家。尤其是他科場受挫，仕途不順，被陷害而入獄罷官等經歷，使得藍田對生活有著更加深刻的體悟。另外，藍田仕途短暫，晚年較長時間過著田園山居的生活，以耕讀為生。閑暇之際，得以廣泛遊覽即墨及周邊名勝景觀，結交志同道合的文友，他寄情山水，抒發情懷，寫出了不少膾炙人口的優秀詩篇。

藍田詩歌兼備眾體，尤以律詩見長。詩歌作品包括古體詩（四言、五言、七言）、律詩（五言、七言）、絕句（五言、六言、七言）以及聯句詩。肖冰主編的《藍田詩選》（1992 年版），以《北泉集》為基礎，又從藍氏家族後人藍水處搜集佚詩數十篇，是目前收錄藍田詩歌最全的版本。于正偶在《即墨有藍田——〈藍田詩選〉序》中稱：「這次編選，修訂了原集中的明顯謬誤，又在藍田十二世後人藍水老先生的協助下，搜集了流散的詩作 52 首，增補於各篇中去。」〔註103〕其中收錄藍田擬古詩 6 首，四言古詩 5 首，五言古詩 10 首，七言古詩 35 首，五言律詩 47 首，七言律詩 95 首，五言絕句 101 首，六言絕句 10 首，七言絕句 163 首，聯句詩 33 首，共計 505 首詩歌。

2、藍田詩歌主要內容

藍田生活閱歷豐富，交友廣泛，所以其詩歌內容也非常豐富，概括起來主要有：田園詩、唱和詩、登遊詩、抒懷詩、題畫詩、閒遣詩等。

（1）田園詩

藍田仕途短暫，雖曾在太學讀書數年，並曾隨父赴任所有年，但其一生大部分時間還是在即墨家鄉度過。尤其是獲罪被免職之後，藍田長期過著平靜的田園耕讀生活，直至去世，前後達二十餘年。因此，藍田詩歌中有大量的田園詩。這些詩歌，有不少描寫了田園生活的寧靜與恬意。如《村居自適》：

> 濁醪飲半醺，袒腹繩床宿。裹足木棉衣，枕頭採野菊。
> 檢點妄想心，自然能合目。晨起讀楚騷，兒供菰米粥。
> 惟我素心人，可共此清福。

詩中描述的是一種恬淡、平靜、自由而愜意的田園生活。詩歌的前四句用白描的手法，生動地描繪了詩人無拘無束、灑脫自由的田園生活：幾杯濁

〔註103〕肖冰主編：《藍田詩選》，青島出版社，1992 年，第 4 頁。

酒下肚，詩人酒意朦朧，敞著衣襟躺在草繩拉起的床上，把採來的野菊花當了枕頭，拿木棉被蓋住腿腳，這樣就睡著了。第五六句：作者自問自答，為什麼在這樣簡陋的地方就能酣然入睡呢？只因詩人息心寧想，淡然寡欲，故而在任何地方都能坦然處之，隨遇而安。第七八句，清晨醒來，讀讀詩文，該吃飯時兒子端上菰米粥。最後兩句，詩人點明主題，認為這樣的生活非常的愜意，並指出只有像詩人這樣淡然寡欲的人才能享受這樣的清福。整首詩始終洋溢著詩人超然世外、灑脫恬淡的精神。

　　田園生活有歡樂、愜意，不過也有艱辛和困苦。尤其是晚年，藍田雖然嘯傲山林，參與詩社與詩友相唱和，但詩中寂寞困頓之況仍大量流露。在《夢中得梅花笑我寒徹骨卻乃哦詩慰爾窮之句醒後足成短歌呈載軒子求和》中，詩人備述了田園生活的艱辛：

> 鼇峰夜半三尺雪，冰合東浦潮汐輟。
> 猛虎兩兩思食人，樵蘇道上已斷絕。
> 野翁閉門臥如弓，敗絮破帽畏晨風。
> 梅花笑我寒徹骨，卻乃哦詩慰爾窮。
> 欲招載軒楊仲子，和我長歌應滿紙。
> 東家濁酒不肯賒，一笑掀髯且爾爾。
> 烹茶掃雪石鼎鳴，射虎之念不復生。
> 冰筋簷頭看落地，與子共賞金石聲。

　　詩歌前四句，極寫冬天的寒冷。大雪彌漫，寒氣逼人，積雪三尺，河流冰封。老虎長時間吃不上東西，飢餓難耐要吃人充饑，可是樵蘇道上已經人煙斷絕。接著兩句，詩人描寫了自己窮困潦倒的生活現實。在這寒冷的時節，詩人蓋著破爛的被子、帶著舊帽子，凍得縮成一團。儘管生活困苦，但詩人仍能坦然對待，接著六句以樂觀的精神看待困苦的生活。設想梅花善意取笑詩人生活的艱辛落魄，並賦詩加以安慰。此情此景，設想招來好友載軒子，朋友之間還能唱和一番。生活貧窮，到東鄰去賒酒，主人不肯，一笑了之。整首詩歌，透過詩人甘於貧寒的灑脫表面，我們看到的是詩人真實生活狀態——艱難、落魄與清貧。

（2）交遊詩

　　藍田才藝出眾，文采斐然，而又性喜交遊，友朋眾多，所以藍田詩歌中的唱和詩數量之多，幾乎占全部詩歌的四分之一。從內容上看，主要包括唱

和詩、贈送詩、悼亡詩等。

唱和詩，是指詩人在交遊過程中與師友相互唱和的詩作。其中《東歸倡和集》，是藍田唱和詩的代表作。正德三年（1508），詩人第六次參加進士考試，最終又以失敗告終。詩人東歸返鄉時，好友楊慎、劉子靜為他送行，並徹夜宴飲唱和，詩人一夜寫成詩歌三十首。這些詩歌通過描繪好友送別的場景，表達了詩人與友人的深情厚誼。如《東歸夜步用修韻三十首兼呈子靜》之十九：

> 騷客燈前笑染毫，百篇一夜不知勞。
> 劉郎圍裏真麟角，楊子池頭是鳳毛。
> 談塵驚筵須似戟，愁魔退舍酒如刀。
> 曉來肺渴呼新火，碧玉鐺中鬥素濤。

落榜是失落的，送別是傷感的，該詩通過描寫執燈夜談、把酒言歡、賦詩唱和，描繪了朋友送別的場面，表達了詩人複雜的情感。

恭賀詩。藍田詩歌中也有些應酬制作之類的作品，較多的是賀壽、賀升遷一類的作品，這類作品語言華麗，多溢美之詞。如《壽匡侍御母郭太夫人》：

> 萱堂老人太白晶，黃髮方瞳雙眉青。
> 朝餐芝英暮食髓，雲裾霞裳佩玲玲。
> 魚軒駕鹿來瀛島，手植玉田拾瑤草。
> 紫泥封誥下鑾坡，報導玉兒為國寶。
> 玉兒螭頭冠鐵冠，豸衣白簡飛霜寒。
> 關西越南持繡斧，海岱雲橫鎮日看。
> 新賜金緋按巴蜀，過家正值蒲艾綠。
> 薰風吹榴照眼明，老人初度添壽籙。
> 七十已稱古稀年，況今八十鳩杖蹁。
> 簾鉤海月陳華席，孫子振振紛後先。
> 太華十丈芙蓉藕，麻姑百斛洞庭酒。
> 青鳥飛來銜蟠桃，雙成起舞獻眉壽。
> 壽觴頻舉慈顏酡，龍簫鳳笙抗雅歌。
> 酒酣載獻長生頌，歡聲四沸天地和。
> 人生宇宙皆夢幻，如此真樂能幾多。

> 嗟我有母不及養，爲子賦詩淚翻河。
>
> 勸子兄弟愛此日，羲和走馭如頹波。

詩中極盡讚美之詞，運用了誇張、想像等多種手法，讚美了老婦人鶴髮童顏，衣著華美，描述了慶壽宏大的場面。

悼亡詩。藍田享年七十九歲，當時算是高齡，故而不少昔日好友先他而去，所以藍田詩歌中有一部分是悼念好友的詩歌，如《挽宋西野良貴四首》〔註104〕之四：

> 海岱從遊日，神交我與生。乞棺斂手足，作誄播聲名。
>
> 長夜何時曉，悲風此夜鳴。磷磷釣磯水，西逝恨難平。

詩歌前四句，詩人追憶昔日與宋生交遊唱和的情景，感歎與宋生神交之深。如今宋生已去，詩人能做的只有以棺木斂其手足，撰寫誄文爲友人傳揚聲名。今昔對比，詩人悲傷不已。詩歌後四句，詩人通過「長夜」、「悲風」、「磯水」等事物，集中描寫了詩人喪友之痛，體現了詩人與朋友的深厚感情。整首詩，格調哀婉，感情眞摯。

贈送詩，是指詩人在與友人的交往中贈送給友人的詩歌。其中《載軒子歌》〔註105〕就是著名的一首：

> 載軒睡起輒飲酒，酒後哦詩不輟口。
>
> 且哦且飲發孤嘯，雲雨翻覆我何有！
>
> 有人以之爲狂生，有人以之爲木偶。
>
> 載軒頹然不肯應，醉鄉詩社卻奔走。
>
> 何時召獻清平調，沉香亭上識楊某。

載軒子是即墨名門楊氏第六代楊良臣次子，名舟，字爾浮。他性情豪邁離奇，科門不售，隱居鄉間；在墨水上游築廬曰「載軒」，種黍釀醪，會友觀嶽、鼓琴唱合；藍田是他的常客和摯友。在這首詩中，詩人生動地刻畫了摯友楊爾浮的形象，其灑脫曠達之態躍然紙上：這是一個善詩好飲的狂生，他酒不離手，詩不輟口，舉止豪放無拘，性情率眞灑脫，俗人或目之爲狂生，或視之爲木偶，但他置若罔聞，不予理睬，只是沉溺於吟詠唱和。整首詩歌，描寫生動形象，語言自然貼切，風格輕鬆明快。

〔註104〕宋西野生平不詳，爲藍田友人，藍田稱其爲「宋生」，年輩應小於藍田。

〔註105〕載軒子是即墨名門楊氏第六代楊良臣次子，名舟，字爾浮，性情豪邁離奇，科門不售，隱居鄉間；在墨水上游築廬曰「載軒」，種黍釀醪，會友觀嶽、鼓琴唱合；藍田是他的常客和摯友。

　　藍田與寺僧多有交往，晚年更加頻繁，這在藍田的詩歌創作中多有體現。這些詩歌記述了詩人與僧侶的交遊，言語之中也滲透著濃鬱的佛機禪理。如《山行雜興八首》之五：

　　　　南山北山嵐氣，東澗西澗水聲。

　　　　拄杖問詢精舍，攜酒試聽倉庚。

　　詩中描述了一種平和而深邃的意境，其中有動有靜，禪機理趣充滿其中，體現出詩人心若止水、意超塵俗的精神追求。南山北山的嵐氣悄無聲息地湧動，山澗溪水嘩嘩地流淌，在這樣絕美的環境中，白髮老者執杖而行，飲酒閒聽倉庚鳴叫，這是何等的境界。詩歌對仗也相當工整。一二句，南對東，北對西，嵐氣對水聲；三四句，拄杖對攜酒，問詢對試聽，精舍對倉庚。無論從形式還是內容乃至意境的營造上，該詩都堪稱是上乘之作。

　　（3）詠懷詩

　　藍田早年順達，中年科場困頓，仕途短暫而坎坷，晚年遭免職閒居，他的一生跌宕起伏。複雜的經歷和跌宕的生活爲詩人創作提供豐富的素材。

　　科舉挫敗之苦。藍田早負盛名，十六歲中舉，十七歲參加進士考試。試前，武功康海報其父書曰：「是科掄元，非即墨之藍田，即三原之馬理，否則海也。」〔註106〕本來應該是一帆風順，平雲直上。可命運弄人，藍田的進士科考竟然持續三十年之久，直到第十一次春闈方才以二甲中式，時年四十七歲。也就是說藍田的青年中年大部分時間，是在備考和遭受科考失敗的狀態下度過的。他期盼科舉成功的心情是急切的，遭受失敗的感受是痛苦的，屢遭挫敗是無奈的。這些情緒在詩歌中都有體現。如第三次春闈失敗後，藍田寫給弟弟的詩歌《下第寄弟二首》。其一前四句集中描寫了詩人的這種情感：

　　　　布衣紅點帝城埃，三上南宮又放回。

　　　　雨露汪洋春變化，江山應喜我歸來。

　　一四九九年，藍田二十三歲，第三次參加進士考試，結果再次名落孫山。詩人失落的情感在詩中自然流露，卻又一層層加重。看似輕鬆，實則沉重。詩人自稱布衣，又稱帝城埃，極言自己微不足道；「三上」和「又」字進一步強調了詩人的失望之情。第三四句，筆鋒一轉，寫到這個時節本是大地復蘇、春意盎然的季節，這種時節家鄉的山本應該迎接我科考勝利歸來。而

────────────

〔註106〕肖冰主編：《藍田詩選》，青島出版社，1992 年，第 256 頁。

事實上，詩人再次落榜，這就更增加了詩人失敗的痛苦。

另外還有《東歸夜步用修韻三十首兼呈子靜》之六：

野子書淫亦蠹蟲，歸來不歎出無車。

挑燈自校十九史，載酒誰過六一廬。

途老龍媒憐伯樂，賦因狗監恥相如。

求田有計從今定，細雨微風荷曉鋤。

這首詩歌是詩人第六次春闈失敗後，回鄉之際，友人楊慎、劉子靜爲他送行時，詩人所寫的唱和詩。屢經挫敗，詩人已經習慣這種命運，對於科考失敗，反應比較平淡。從詩中我們可以看到，不少的新鮮內容如「自校十九史」、「載酒」、「求田」、「荷曉鋤」等內容進入了詩人的生活。這些內容豐富了詩人的生活，深化了詩人的思想，增加了其詩歌的深度。詩人在詩中自稱「歸來不歎出無車」，似乎表明了自己不慕權貴，而實際上，只是對自己科考失敗的無奈之論。

遭受放逐之痛。嘉靖二年（1523），藍田第十一次春闈舉進士。嘉靖三年（1524），任河南道監察御史。這一年，明廷發生了一件震驚朝野的大事——「廷議大禮」事件。明正德十六年（1521），明代第十位皇帝正德帝朱厚照駕崩，享年三十一歲。由於正德帝沒有子嗣，皇位由興獻王朱祐杬之子朱厚熜繼承，是爲嘉靖帝。嘉靖帝即位後，在席書、張璁、桂萼等人的鼓動下欲立生身父親興獻王朱祐杬爲太上皇。當時，藍田身爲監察御史認爲這種做法於禮不合。主張立正德帝爲太上皇，並要求嚴懲獻媚亂禮的席書等人。爲此，藍田七次上疏，據理力爭，慷慨直言。同年（1524 年）七月十二日，明世宗詔諭禮部，十四日爲父母上冊文、祭告天地、宗廟、社稷，群臣譁然。在楊廷和之子、狀元楊慎的倡導下，兩百餘位朝廷大臣在左順門跪請世宗改變旨意，伏闕痛哭，藍田也參與了這場聲勢浩大的勸諫活動。結果惹惱了嘉靖帝，朱厚熜再下令將五品以下官員一百三十四人下獄拷訊，四品以上官員八十六人停職待罪。藍田幾乎喪命於廷杖之下，在床上躺了一個多月才能下床走動。儘管受到打擊，但是藍田仍不屈不撓。這一年十月，藍田再次上書劾姦佞大臣禮部尚書席書等。嘉靖四年（1525），藍田的父親藍章去世，藍田丁外艱。由於席書等陷害，藍田入濟南大獄，後經劉鈗等多方營救，獲釋，但除名閒居。

藍田仕途短暫，卻屢遭磨難。一受廷杖，一入大獄，最終被除名。後來，

兩京臺諫、山東撫按、閣部大臣，前後薦者二十餘疏，其中蔡都御史經、胡都御史纘宗、李御史復初、許太宰贊等都高度讚揚了藍田的才能和風範，如曰「學博而才優，氣剛而志銳」；如曰「德望更重於時，才識有裨於政」；又曰「文行無慚於上世，聲光有益於東萊」；又曰「義氣振揚於臺憲，清風表正乎鄉閭」。然而，藍田最終沒有得到朝廷啓用，止得遇恩詔，冠帶閑住而已。三十年的苦讀科舉，換來數年的坎坷仕途，這沉重地打擊了藍田，加深了他對官場的認識，從而也堅定了他退出官場的決心。所以，藍田退居家鄉之後，每天與黃作孚、楊鹽等交遊唱和，後雖有朝臣屢屢舉薦，但他不爲所動，而終老田園。但是詩人身在鄉野，卻心念廟堂，尤其是對仕途經歷及遭遇放逐之事難以釋懷。這種失落、悲涼情感，不時閃現在他退居故里以及晚年詩歌中。如：

> 放臣逐客眞好儔，嚴霜烈日何足憂。（《臘日東厓草堂山茶花初放仲氏深甫邀賞》）
> 放歸故山麋鹿伴，君恩浩浩闊如瀚。（《少勞山居圖》）
> 放臣草葉敢忘君，五夜深衣禮北辰。（《丙申元日試筆》）
> 孰謂黨人非俊物，自憐逐客豈良臣！（《管秋江憲副訊予海上步韻答之兼呈辛嵩臺侍御四首》之一）
> 東海彷徨依鹿豕，南柯魂夢識君臣。（同上之二）
> 嚴遣當年悲命薄，生還此日感新恩。（同上之三）
> 漫漫芳杜思公子，靡靡幽蘭泣放臣。（同上之四）
> 宦海無情波已定，泰山有暇豸安眠。（《寫懷》）
> 臣觸逆鱗應賜死，帝憐華髮不加髡。（《寄友人》）
> 峴川放歸膠水東，焚卻諫草囊空空。（《馬濠會峴川舊臺次前韻贈之》）
> 十五年來放逐臣，往年曾醉杏園春。（《杏華》）
> 放臣漂泊醉荒村，海上禪僧贈衲裙。（《慧炬院上人四首》之四）

在這些詩歌中，我們看到詩人使用最頻繁的詞語是「放臣」、「逐臣」、「放歸」、「逐客」等詞語，藍田在離開官場以後的大量詩作中，大都表現了其對官場的失望、冷漠和看破紅塵、心生出世之念，但他仍心繫朝堂，對被放逐一事耿耿於懷。

藍田雖然身處田園，無意仕途，但回首往事，依然感慨良多。如《少勞

山居圖》深刻反映出詩人這種思想：

> 巨屏之山深更深，杏花萬樹茅屋陰。
> 東風一夜雲錦侵，山翁少年不解事。
> 談笑功名可立致，挾策走赴長安試。
> 一朝賜宴杏園中，豸袍五夜朝法官。
> 叩首請劍誅奸雄，孤臣不向嶺表竄。
> 放歸故山麋鹿伴，君恩浩浩闊如瀚。
> 回頭二十四番春，卻憶同時看花人。
> 八尺俄成一聚塵，山人日日坐花下。
> 一醉須傾三百斝，澹白昨日是殷赭。
> 何人畫出山居圖，誰識今吾即故吾。
> 霜髯真稱山澤臞，日食萬錢亦何有。
> 何如白衣人送酒，是耶非耶付身後。

前四句，詩人描寫了居住地的景物：偏僻深遠的巨屏山，成片的杏林遮住了茅草屋光明。春天到了，美麗的杏花像錦繡的雲朵一樣開滿了枝頭。眼前美景讓詩人想起了往事。五至十六句，詩人概括了自己科舉中試、做官從政及被罷官歸里的過程。「談笑功名可立致，挾策走赴長安試」，這裡詩人用了兩句詩涵蓋了他漫長的科考之路。詩人早有盛名，十六歲中鄉舉，自十七歲考試直到四十七歲第十一次春闈才考取進士，前後凡三十年。其中甘苦不言而喻。「一朝賜宴杏園中，豸袍五夜朝法官」，一朝中進士，參加了瓊林宴，詩人意氣風發，雄心壯志。「叩首請劍誅奸雄，孤臣不向嶺表竄。放歸故山麋鹿伴，君恩浩浩闊如瀚」，概括了自己忠於君事，敢於鋤奸，直言進諫，不避權貴，最後不願屈膝服弱，只因君恩浩蕩才免於一死，被放歸故里，成了個與野獸為伍的村夫。這幾句詩，表面上看似詩人自我反省，稱讚君王浩蕩皇恩，言稱自己年少氣盛，不諳世事，實際言語之中包含著詩人對官場的厭倦，對君王的不滿。緊接著四句，詩人用對比的方式，將自己和同時中式的同年們作了比較。二十多年過去了，遙想當年和自己一起中進士參加瓊林宴、一起賞花的人，他們中有不少身居高官，仕途順達。可不少人早已成了腐屍朽骨，化作了塵土。而自己雖被除名，成了山野村夫，可還好端端得坐在花下欣賞美景。接下來四句詩人感慨世事變遷，昨日的殷赭變成了今日的澹白，又有誰能夠畫出山居圖，誰能想到現在這個垂垂老矣的老者就是當年那個意

氣風發的我呢？最後四句，表明了詩人的生活態度，到了雪染雙鬢的年紀，再昂貴的山珍海味又有什麼用呢，哪如白衣人送酒，痛飲一番，哪管他是是非非，讓後人去評價去吧。

（4）題詠詩

藍田不僅是描物寫景的高手，又是非常出色的畫家。在他詩歌中有著不少詠物詩和題畫詩，體現了他敏銳的觀察力、精到的表現力和高超的鑒賞力。

如在詠物詩《梅》中，詩人以梅自況，表達了自己耿介的性格和高潔的志向：

> 冷澀風欺瘦，寒香雪壓微。深山甘寂寞，不逐百花飛。

儘管環境非常的惡劣，冬風蕭瑟，雪壓枝頭，但是梅花不屈不撓依然盡情綻放，在嚴寒中散發出幽香。它甘願冬季裏在深山中忍受寂寞之苦，也不願意在春天裏和百花去爭奇鬥豔。這是詩人以梅花自況，表達了自己甘於寂寞，不願趨炎附勢，迎合世俗權貴的高貴品格。

在《題李白夢筆生花圖》中，詩人通過寥寥數語，凸顯了大詩人李白妙筆生花，天才卓著，是一首出色的題畫詩：

> 金鑾供奉謫仙人，毛穎生花入夢新。
>
> 吟就宮中飛燕句〔註107〕，太真姊妹便生嗔。

李白是唐代偉大得浪漫主義詩人，藍田不僅仰慕他的人格，也虛心學習大詩人的詩歌創作風格。這首《題李白夢筆生花圖》，充滿著詩人對李白的深深的仰慕和熱情的讚美。金鑾殿堂上供奉的天上下凡的偉大詩人，他妙筆生花，他的一句「借問漢宮誰得似，可憐飛燕倚新妝」，惹得楊貴妃姊妹嗔怪。

（5）登遊詩

藍田性喜登遊，登臨必賦，寫下了不少優美的登遊詩。如《登獅子峰》一詩，寫出了詩人對人生的深切體悟：「高風危坐臨滄海，暮雨蕭騷冷似秋。潮落潮生天地老，月圓月缺古今愁。金丹負我何時就，碧樹娛人可暫留。誰識遠遊輕舉意，請從漁子買扁舟。」尤其是前四句，格律嚴正，對仗工勻，是描寫觀海、秋愁等方面經典句子。大有杜甫「無邊落木蕭蕭下，不盡長江

〔註107〕此指李白《清平調詞三首》之二「一枝紅豔露凝香，雲雨巫山枉斷腸。借問漢宮誰得似，可憐飛燕倚新妝」之句。此是李白讚美楊貴妃之詩。

滾滾來」的氣勢和境界。此詩現鑴刻於今嶗山獅子峰前。

同時，詩人足跡遍及各地名勝，並留下了《西湖堤上》、《遊三祖塔》、《登功德寺閣》、《宿永壽寺》等優美的登遊詩。

（6）閒遣詩

藍田詩中也有文人閑暇閒遣的詩篇，如《青樓曲二首》之一：

> 柳舞花飛鶯語輕，高樓獨倚弄秦箏。
>
> 隔溪有客可人意，日暮不來眞薄情。

《宮詞二首》之一：

> 紅紫紛紛都豔陽，君王無暇按披香。
>
> 春深花老無人見，空對東風舞幾場。

這些詩歌或描寫男女情愛，或寫青樓懷思，或寫宮女哀愁，雖然不脫傳統藩籬，但也自然清新，別有一番趣味。

此外，藍田的《採蓮曲》十首，如其一：「採蓮復採蓮，日暮不盈把。欲寄遼西人，我心誰與寫！」雖有明顯的模擬跡象，但仍不失爲清新自然，意趣橫生之作。

藍田的詩歌中還有一些反映當時勞動人民苦難生活，揭露封建官吏罪行的詩句，如「可憐雙鯉魚，不易一斗粟。生計只長竿，官租何日足」（《題畫》）；「夫錢料價複重重，催科縱橫無有終。觀風使者尊且行，銖兩盡付吏手中。」（《賦送鄒令君西歸》）這些詩歌深刻揭露了社會現實中尖銳的階級矛盾，憤怒斥責了貪官污吏魚肉百姓的罪行，抒發了他憂國憂民的思想感情。

此外，藍田詩集中存在著錯收前人詩歌入集的現象。如《題畫竹三首》、《題畫八首》中多是錯收元代詩人倪瓚的詩作。這種現象早已有人發現，清人楊還吉在《重校北泉先生詩集序》中便提及：「甚至竄前人之詩於集中，吾不知長洲之去取，陵陽之參考，其義何居？」〔註108〕

3、藍田詩歌的藝術特色

藍田詩歌風格清新，感情眞摯，即景言情，感事而發，不雕不琢，不嬌不豔，清新流暢，鮮活靈動，語言凝練，格律嚴正，極具自然之趣。對於藍田的詩歌成就和藝術特色，張鳳翼、楊還吉等都作了精到的概括。張鳳翔在

〔註108〕〔清〕楊還吉：《重校北泉詩集序》，肖冰主編《藍田詩選》，青島出版社，1992年，第13頁。

《送即墨鄉進士藍玉甫氏下第東歸序》中稱：「其爲詩酷愛漢魏名作，而陶韋沈宋諸家擬之逼眞。其聲律也，清而婉典而奧，出入少陵後山之間，而跌宕穎發有李之風焉。」〔註109〕楊還吉《重校北泉先生詩集序》中對藍田的文學成就和特色進行了總結：「即以詩論，明詩之盛，莫隆於嘉隆。嘉隆七子，尤推于鱗。先生語不經意而興象幽然。窺其意不有歷下，何論宗王。然後知其可傳者在此而不在彼也。」〔註110〕概括起來，藍田詩歌的主要特色有以下幾個方面：

首先，不逐時風，獨抒性情。對於文學創作，藍田只是當作一種抒發自己情感的消遣。這種對待文學的態度，源自他的父親藍章。藍思紹、藍思繼在《書先侍御集後》記載了藍章教育其子藍田不要在文學這種「雕蟲小技」方面浪費精力，稱：「先大父侍御公年甫垂髫，即能爲古文詞，篁墩程公見而奇之，曾大父侍郎公時勖之曰：丈夫生而當振拔流俗，雕蟲小藝，壯夫所恥。汝其勉之。」〔註111〕父親的教導深深影響到藍田，他雖然一生吟詠不輟，但卻始終認爲這只是「口占遣情」。藍思紹、藍思繼《書先侍御集後》稱藍田：「歸即日與同好交遊賦詩飲酒，殆無間日。晚年與青郡山泉劉公閬山馮公輩立海岱尚友會，命題分作，因事唱和，幾無隙月，箋筒相屬，不啻萬有餘言矣。客有求覽者，則應之曰：吾所做不過口占遣情耳，何足以煩口吻也。率棄去不存。」〔註112〕然而，正是由於藍田這種對待詩歌的態度，使其詩歌不落俗套，不追時風，獨抒性情，自成一體。

此外，藍田一生仕途短暫，多數時間居家閒處，以吟詠自娛。詩人時常徜徉於碧水青山之間，感受田園生活的閒適與愜意。那種輕鬆舒暢的心情，無需雕琢，發而爲詩。故而，藍田詩歌其詩歌恬淡灑脫，自然清新。《四庫全書總目提要》在評價海岱詩社的詩歌創作時，盛讚藍田、石存禮、馮裕、陳經、楊應奎、劉澄甫等八人，稱：「蓋山間林下，自適性情，不復以文壇名譽爲事，故不隨風氣爲轉移。而八人皆閒散之身，自吟詠外，別無餘事；故互相推敲，自少疵類。其斐然可誦，良亦有由矣。」魏允貞也在《海岱會集序》

〔註109〕〔明〕張鳳翔：《送即墨鄉進士藍玉甫氏下第東歸序》，藍氏家印本，《北泉集》，民國二十七年，第3頁。

〔註110〕〔清〕楊還吉：《重校北泉詩集序》，肖冰主編《藍田詩選》，青島出版社，1992年，第13頁。

〔註111〕〔明〕藍思紹、藍思繼：《書先侍御集後》，民國二十七年，第37頁。

〔註112〕〔明〕藍思紹、藍思繼：《書先侍御集後》，民國二十七年，第37頁。

中說：「《海岱會集》自遠寄至，讀一再，而其對景言情，即事屬辭，質而葩，逸而典，清新而暢，不矯不豔，異乎今君子詩矣。」〔註113〕這寫評論既是對海岱詩人創作的整體評價，也正是藍田詩歌風格的眞實寫照。

其次，師眾出新，擬古不拘。藍田詩歌創作博採眾長，廣泛學習前人的創作技巧，但又能做到模擬古人而不爲所拘，兼師眾長而能推陳出新。雖然，藍田打破明初「臺閣體」的桎梏，也不盲目追隨「前七子」模擬復古的潮流。但是，他對「臺閣體」及前後七子文學都有所借鑒。臺閣體雖然內容空乏，但詩風典雅，形式工麗。藍田借鑒臺閣體長處，注重格律和形式。

同時，藍田酷愛漢魏詩風，學習模擬陶淵明、沈約、宋之問等人及樂府詩歌創作風格。友人張鳳翔在《送即墨鄉進士藍玉甫氏下第東歸序》中稱：「其（藍田）爲詩酷愛漢魏名作，而陶韋沈宋諸家擬之逼眞；其聲律也清而婉、典而奧，出入少陵後山之間，而跌宕穎發有李之風焉。」〔註114〕漢魏六朝時期是文學覺醒的時期，期間名家輩出，詩風各異，詩體兼備，思潮湧動，詩派蜂起，一時間百花綻放。詩歌以五言詩爲主。此外，也有四言詩、六言詩、七言詩、雜言詩等。文人詩與樂府詩、玄言詩、遊仙詩、田園詩、山水詩並行。從詩風上來看，建安風骨慷慨悲涼，正始之音「多抒感憤」（陳祚明《采菽堂古詩選》卷八），太康詩風繁縟，玄言詩風理過其辭，田園詩風樸素中見綺麗。隨著駢體文的寫起，魏晉以後的詩比較多用對仗。藍田詩歌創作明顯受到漢魏詩歌的影響，如其《採蓮曲》帶有明顯模仿樂府詩歌的痕跡。其《村居自適》：「濁醪飲半醺，袒腹繩床宿。裹足木棉衾，枕頭採野菊。檢點妄想心，自然能合目。晨起讀楚騷，兒供菰米粥。惟我素心人，可共此清福」，語言清新，詩風淡然，與陶淵明的陶淵明的《飲酒·其五》有異曲同工之妙。其詩歌《次康湖西韻》：「晚來山氣佳堪愛，風送晴雲畫不如。海岱歸來洗凡目，東崖春雨帶經鋤」，在寫景抒情及意境營造方面都堪與陶淵明的《飲酒》相媲美。

同時，藍田詩歌又明顯受到唐代大詩人李白和杜甫的影響。在藍田的詩歌中隨處可見李白的影子，粗略統計，直接提及李白的詩歌就有十餘首。如「安期生笑語，誰識謫仙來」（《秋日同翟中丞青石登華樓次韻二首》之一）、

〔註113〕〔明〕魏允貞：《海岱會集序》，隋同文、劉序勤《海岱會集》，中國社會出版社，2006年，第12頁。
〔註114〕〔明〕張鳳翔：《送即墨鄉進士藍玉甫氏下第東歸序》，藍氏家印本，《北泉集》，民國二十七年，第3頁。

「餐霞李太白，千載看重來」（《秋日同翟中丞青石登華樓次韻二首》之二）、「南歸太白如相見，爲誦新詩肯憶不」（《出郭送長垣劉君歸兼寄李士延》）、「山中逐客夢李白，孤舟雪夜定爾從」（《東岡草堂次喬太宰白岩先生韻二首》之一）、「太白錦袍多被妒，少陵破帽每遭嗔」（《東歸夜步用修韻三十首兼呈子靜》之十一、十六）、「欲起青蓮李謫仙，禪房斗酒背花眠」（《山居二首》之二）、「共追太白餐金液，曾識安期賦遠遊」（《和石亭見訪韻》）、「青氈寒透元龍榻，彩筆捶翻李白樓」（《宿濟南同年周公全舍》）、「三年不得謫仙書，千里夷門念起居」（《寄同年李夷門二首》之一）等等。這些詩歌充分表達了藍田對大詩人李白的敬仰，反映了李白對藍田詩歌創作的深刻影響。

在李白詩歌的影響下，藍田的不少詩歌充滿著強烈的浪漫主義傾向，他的詩歌創作自由，描寫自然，以大膽的想像和誇張，描寫奇特的情節，塑造非凡的形象和意境。其中以《漁樵》、《遊仙歌贈彭九臯》、《壽匡侍御母郭太夫人》等爲代表。

同時，藍田詩歌受杜甫影響較爲顯著。其詩歌格律嚴正，語言凝練，充滿濃鬱的現實主義特色。藍田將自己對生活的感受和人生的體驗，融入敘事寫景之中，創作了一批紀實、述懷、題贈等現實主義很強的詩歌作品。尤其在晚年詩作中，藍田詩歌的現實主義色彩更爲濃厚。一方面，他用詩歌表達自己矛盾的心理和複雜的情感：他對官場失望、看破紅塵、無心仕途。他在《生孫》詩中沉痛地告訴子孫「但求續書種，不敢望興門」；但他又時時追憶往事，念念不忘遭受放逐之辱；他每每稱自己爲放臣，自責當年自己不更世事，卻又在詩裏行間表達出生不逢時、懷才不遇之情。另一方面，藍田的詩歌中還有一些反映當時勞動人民苦難生活、揭露封建官吏罪行的詩句。如「可憐雙鯉魚，不易一斗粟。生計只長竿，官租何日足」（《題畫》）、「夫錢料價複重重，催科縱橫無有終。觀風使者尊且行，銖兩盡付吏手中」（《賦送鄒令君西歸》）等，都深刻揭露了社會現實中尖銳的階級矛盾，憤怒斥責了貪官污吏魚肉百姓的罪行，抒發了他憂國憂民的思想感情。

其次，長於用典，工於對仗。藍田博學多才，以文學見長，表現在詩歌創作中一個特點就是長於用典、工於對仗。如「對面獨懸徐孺榻，臨軒誰共謝安棋」（《憶友》）、「翻笑楚人悲有璞，卻憐齊女愧無鹽」（《再步子靜韻二首之二》）、「謝家燕子猶衣黑，樂部王孫亦賜緋」（《東歸夜步用修韻三十首兼呈子靜》）等，或直接用典，或者化用典故，或者暗用典故。形式自由，運用自

然。再如「一徑嶙岣月，三更斷續鐘」(《嶗山》)、「貝葉風翻禪室靜，漁歌月落釣灘幽」(《宿甕山寺次劉子靜韻》)、「日射湖光天上下，風搖竹影月東南」(《望湖亭》)等，對仗嚴整工允。

再次，擅長寫景造境。藍田詩歌，尤其是晚年詩歌，在意境的營造上達到了爐火純青的地步。如「笙簧雜奏林中鳥，環佩時聞石上泉」(《登華樓絕頂二首》之一)、「漫漫桃李東風暖，潑潑鳶魚夜雨喧」(《送王生司訓淇縣》)、「葉落千林秋意晚，煙橫九點夕陽明」(《次石亭韻》)等，通過自然純熟的筆法，描繪了一個又一個恬靜、平和、悠遠的境界。

(三)藍田的文章

1、藍田文章的概況

藍田算是一位高產的作家，他的文章數量可觀。其五世孫藍啓肅在《北泉集跋》中稱：「先侍御文稿汗牛充棟。」〔註115〕只是在流傳過程中，藍田的文章散佚嚴重。究其原因，主要有兩個方面：一方面，因爲家道中衰，家族文獻散佚。明嘉靖三十四年(1555)，藍田去世。五年後，其子藍史孫也英年早逝，家道衰落。此時，藍史孫之子藍思紹兄弟四人年幼，藍史孫妻欒氏艱難持家，無力顧及先人文學作品，藍章藍田兩世的著作大量散失。藍啓肅在《北泉集跋》中稱：「先侍御文稿汗牛充棟。未幾而先高祖早年不錄，先曾祖尚在襁褓。一切家藏化爲烏有。以故先司寇、先侍御兩世著作無一存者。」〔註116〕另一方面，藍田也存在著自焚作品的可能，尤其是對他仕途人生影響較大的諫書。藍田在任期間，先後上諫書五十餘條，也正是這些諫書讓藍田遭受廷杖之苦，並得罪於權臣最終被誣陷入獄，雖經多方營救而得釋，但就此結束了仕途生涯。所以，藍田對待這些諫草作品的態度是矛盾的。在他的詩句中，多次提及諫草以及焚毀諫草之事，如《生孫二首》之二有「傳家諫草在，休似太翁惛」之句，《除夕二首》之二有「從來焚諫草，慚負獸樽頭」之句，《寄友人》中有「臣觸逆鱗應賜死，帝憐華髮不加髡。休向篋中尋諫草，臺評當日竟成惛」之句，《馬濠會現川舊臺長次前韻贈之》有「現川放歸膠水東，焚卻諫草囊空空」之句，這些都證明了藍田曾經焚燒了自己的部分

〔註115〕〔清〕藍啓肅：《侍御文集跋》，《北泉集》，藍氏家印本，民國二十七年，第11頁。

〔註116〕〔清〕藍啓肅：《侍御文集跋》，《北泉集》，藍氏家印本，民國二十七年，第11頁。

文稿。

由此可見，由於家族中衰等原因，再加上藍田可能自毀作品，藍田的文章散佚嚴重。儘管如此，至今藍田仍有一百二十餘篇文章存世。民國二十七年，藍田十二世孫藍水整理印發了《北泉集》，其中收錄藍田文章 121 篇：疏 1 篇，序言 17 篇，記 11 篇，帳詞 7 篇，行狀 3 篇，傳 2 篇，墓誌銘 13 篇，祭文 10 篇，雜文 24 篇，書 33 篇。另佚文存目共計 46 篇：序 16 篇，表 1 篇，墓誌、銘、碑銘等 9 篇，頌 1 篇，題跋 7 篇，小傳 1 篇，書 11 篇。

2、藍田文章的主要內容

藍田的文章內容豐富，涉及到師友交遊、科舉仕宦、生活的各個方面。藍田在任期間，剛正不阿，不避權貴，有諫草五十餘條。李開先《文林郎河南道監察御史北泉藍公墓誌銘》中也記載：「（藍田）奏疏五十餘條。」〔註117〕但現僅存《糾劾姦佞大臣書》一篇。《四庫全書》集部《北泉集》提要曰：「今集中惟錄《劾禮部尚書席書》一疏，不知何故。其他古近體詩及書記、雜文，亦未分卷。考《千頃堂書目》，田有《侍御集》十卷，又《東歸唱和》一卷，則此本已非完書，且田生平可傳者在諸諫草，今章疏闕佚，則此本，非菁華所在矣。」〔註118〕《劾禮部尚書席書》，是藍田在嘉靖三年十月初九日彈劾吏部尚書席書的奏摺。該奏摺暢快淋漓，不遮不掩，篇首便開門見山指出作為大臣，有「訕君上，欺朝廷，肆奸言，植私黨」四項大罪，其中一項便是罪不容誅。藍田進一步指出，席書一身兼有四罪，並實例舉證席書的罪行。最終指出「書無執政之才，而濫具瞻之地，遇堯舜之主而懷共鯀之凶，欺世希寵要君賣名，皆王法之所必誅，而聖明之所不赦者也。」整篇諫書結構嚴謹，語言犀利，慷慨淋漓。邑人楊還吉在《重校北泉先生詩集序》中盛讚稱：「予謂先生之可傳者諫草也。其謇謇諤諤，難進易退之風，固已天下後世共為志之矣，又何論其語言文字哉！」〔註119〕

記序。藍田的記序共二十八篇。其中序十七篇：贈別序九篇，賀序六篇，詩序一篇，書序一篇；記十一篇。藍田文章，語言凝練典雅，邏輯嚴密，縱橫捭闔，整篇文章渾然一體，讓人讀來朗朗上口，可謂篇篇精闢絕倫。張獻

〔註117〕肖冰主編：《藍田詩選》，青島出版社，1992 年，第 8 頁。

〔註118〕《四庫全書存目叢書》，齊魯書社，1997 年，集部第八十三冊，第 450 頁。

〔註119〕〔清〕楊還吉：《重校北泉詩集序》，肖冰主編《藍田詩選》，青島出版社，1992 年，第 13 頁。

翼在《藍侍御集序》中稱讚曰：「其記序咸閎大暢朗，多禆世教，端風軌。」
〔註120〕以《送周禎甫學論赴永明縣令序》篇首爲例，作者對閩中的概述堪稱
精練準確：「閩中山丹水碧，雄深秀拔，爲東南之冠」。其中山丹水碧抓住了
閩中的主要景觀，而雄深秀拔四字，極其準確形象地描述了閩中景觀的主要
特徵。接著作者以極其簡潔的語言高度讚揚了永明地區歷史悠久、文化先
進、英才輩出，繼而引入對周禎甫的讚美。文章邏輯嚴密，語言精練，圍繞
主題，層層遞進，開闔自如。

　　藍田的記共十一篇，以《勞山巨峰白雲洞記》爲例，語言清新，堪與柳
宗元《小石潭記》相媲美。該文記敘了作者遊玩的整個過程，以優美的語言
描寫了白雲洞的景色，描繪景物細緻入微，比喻的運用巧妙、形象，含蓄地
抒發了作者被貶後無法排遣的憂傷淒苦的感情，是一篇語言精美，含義豐富，
形象生動，情景交融的優秀山水遊記。

　　墓誌銘。墓誌銘，是古代文體的一種，通常由誌和銘兩部分組成：第一
部分，記敘死者世系、名字、爵位及生平事蹟等稱爲「誌」；後一部分是
「銘」，多用韻文，表示對死者的悼念和讚頌。藍田撰寫墓誌銘共十三篇，多
爲親友、同僚，或者應親友、同僚之邀爲他人撰寫墓誌銘。一類是爲家人撰
寫：《先叔父宣義郎藍公墓誌銘》爲叔父藍竟撰寫；《亡從妹墓誌銘》爲其
叔父藍奇之女撰寫。二類是爲姻親撰寫：《明故武略將軍錦衣衛千戶劉府君墓
誌銘》、《錦衣衛千戶劉府君元配趙氏墓誌銘》是爲其岳父錦衣衛千戶劉綺
及其妻趙氏所撰；《青州左衛指揮王將軍墓誌銘》爲其嗣子藍柱孫之妻兄青
州左衛指揮王道所撰。三類是爲同僚友人及其家人撰寫：《文林郎浙江道監
察御史浦先生墓誌銘》、《監察御史浦公元配任孺人合葬墓誌銘》，爲同僚浙
江道監察御史浦宏及其妻任氏撰寫；《兵部侍郎李公元配昝淑人墓誌銘》爲
同僚李昆之妻昝淑人撰寫；《明故奉議大夫懷慶府同知周君墓誌銘》爲同年
友懷慶府同知周秀撰寫；《承直郎鞏昌府通判監督甘肅糧儲致仕叢公墓誌銘》
爲友人鞏昌府通判監督甘肅糧儲叢盤撰寫；《故臨縣教諭王京夫墓誌銘》爲友
人臨縣教諭王京夫撰寫。四類是爲其他人撰寫：《明故承德郎直隸順德府通
判致仕於先生墓誌銘》爲於訓撰寫；《安人孟氏墓誌銘》爲登州周瑄之妻孟氏
所作。

〔註120〕〔明〕張獻翼：《藍侍御集序》，肖冰主編《藍田詩選》，青島出版社，1992
　　　　年，第8～9頁。

　　藍田所作墓誌銘敘事清晰，語言簡潔，娓娓道來。既能抓住人物的主要特點，又能準確精要地概括主人的一生。張獻翼在《藍侍御集序》評價藍田所作的墓誌銘稱：「碑銘，將昭潛於蓋棺，非溢美於譽墓。」〔註121〕

　　書信。藍田現存書信共計三十三篇。一類是與友人書：其中以《與楊升庵書》爲代表。藍田與楊升庵是摯友，相識於總角之年，爲同學友。後爲官，同在大議禮事件中受廷杖。大議禮事件之後不久，楊慎被放逐滇南，而藍田被免職遣返。二人同遭貶斥，卻相隔萬里，二十年不得一見。所以書信開頭藍田稱：「一別二十餘年，相望一萬餘里。賤子放逐東海，吾兄留滯滇南。雲泥懸隔無握手之期，每一念及輒數夕不寐，計吾兄亦同此懷也。」這短短的幾句話，寫出了藍田與友人深厚的感情，不盡的思念，同命相憐的哀傷。書信中，藍田向友人傾訴了晚年生活的淒涼哀傷，稱：「癸卯孟秋賤子繼室人又棄世，衰殘之年復值鰥居。雖有兩小兒已納婦，然年幼無知識，瑣屑家務又縈心曲，不知造物者之於賤子何若是其酷也。」整封書信，藍田娓娓道來，語言平實，感情眞摯。

　　二類是與家人書：以給三弟藍因的《與季弟徵甫書》爲代表。徵甫，爲藍因的字，這是藍田書信中的一封家書。在藍田給藍因的信中，主要寫了三件事：一是對藍因爲官成績給予肯定，並告誡他要謹愼；二是對藍因寄來的文學作品給予充分肯定；三是委託藍因爲其購置部分圖書。這封信，沒有其他書信的客套話，直陳其事，娓娓道來，如敘家常。故而，張獻翼在《藍侍御集序》評價藍田的書信稱：「書，亮直有藉，爲南車較若左券者。」〔註122〕

　　祭文。祭祀或祭奠時表示哀悼或禱祝的文章。內容主要爲哀悼、禱祝、追念死者生前主要經歷，頌揚他的品德業績，寄託哀思，激勵生者。同時，祭文也是爲祭奠死者而寫的哀悼文章，是供祭祀時誦讀的。它是由古時祝文演變而來，其辭有散文，有韻語，有儷語。藍田作品中祭文共有十篇，從對象上來看，主要分爲兩類。一類是祭家人文。如《祭季弟通判東泉徵甫氏文》、《祭從弟謙齋訓術京甫氏文》；二類是祭親友及其家人文，如《祭楊甥任大文》、《祭李夫人文》、《祭王明府文》（司寇公命作）、《祭劉侍御夫人文》、《祭韓孺人孔氏文（御史普之妻）》、《祭鄭東谷文》、《祭南莊楊公文》、《祭趙

〔註121〕〔明〕張獻翼：《藍侍御集序》，肖冰主編《藍田詩選》，青島出版社，1992年，第8～9頁。

〔註122〕〔明〕張獻翼：《藍侍御集序》，肖冰主編《藍田詩選》，青島出版社，1992年，第8～9頁。

夫人文》。

　　由於與被祭人關係不同，藍田祭文在表達的情感也有所不同。祭家人的祭文詞真意切，哀傷不已。而為親友尤其是對親友家人的祭文，重在彰顯他們的功績和德行。以《祭季弟通判東泉徵甫氏文》和《祭李夫人文》為例。藍田與其弟藍因兄弟情深，而藍因卻先其兄藍田而死，藍田悲痛不已。在《祭季弟通判東泉徵甫氏文》中，藍田用了一系列的悲切的語句，表達了失去弟弟肝腸寸斷的悲傷：「嗚呼痛哉！吾弟棄我而長往今已七日矣，扣棺呼弟，弟不應我。酌酒薦弟，弟不我飲。何忍棄我而長往耶！」接著作者高度讚揚了弟弟清雅博學，回顧了與弟弟在一起你唱我和的美好的生活場景。這些美好的回憶，更增加了作者失去弟弟的悲痛之情。在祭文結尾，作者再一次表達了悲切之情：「今則已矣，涕淚零落。嗚呼痛哉！吾弟何忍棄我而往耶！嗚呼，溟溟漠漠塵世永隔，其有知耶！其無知耶，同氣之悲，何時已耶。嗚呼痛哉！」整篇祭文，三次使用「嗚呼痛哉」、兩次叩問「何忍棄我而長往」，同時使用「扣棺呼弟」、「酌酒薦弟」等詞語，藍田的悲痛之情溢於言表。而在《祭李夫人文》中，藍田重在讚揚了李夫人恪守婦道，稱讚她是母儀的典範。同時讚揚她治家有方，教導子孫各有所成。整篇祭文，讚揚多而悲傷少，與《祭季弟通判東泉徵甫氏文》風格迥異。

　　小傳。藍田有小傳六篇：《載軒子小傳》、《月泉子小傳》、《張三豐真人小傳》、《藍采和》、《藍方》、《藍喬》。其中除載軒子為作者朋友外，其他五篇均是記載傳說中的藍氏家族人物，後三篇合稱《藍氏三仙小傳》。《藍采和》一文，僅僅二百五十餘字，卻生動形象地描繪了一個衣衫襤褸，性情放達，機捷戲謔的仙人形象。《藍方》、《藍喬》篇幅較長。

　　行狀。共三篇：《叔母劉孺人行狀》、《故資德大夫正治上卿南京工部尚書贈太子少保從公行狀》、《明故朝列大夫山西布政司左參議劉君行狀》。第一篇是為其叔藍竟之妻劉孺人所作，第二篇是為父親同僚、老友南京工部尚書叢蘭所作，第三篇是為摯友亦是親家劉澄甫所作。藍田的行狀不溢美，不奢誇，突出重點，彰顯特徵，語言凝練，文風樸實。

　　3、藍田文章的藝術風格

　　藍田的文章以氣為主，以學為輔，渾厚透貼精細，雖激卻不為過，讀起來猶如凜凜清風，可以鼓天下之正氣，激天下之義風，被稱為四書經義也不及。其文名與關中康海，山右馬理相鼎峙。御史蔡經、胡纘宗等讚其：「文行

無愧於上世，聲光有益於東萊」。楊宏曾寫詩讚揚他稱：「學貫群經稱八斗，文成依馬擅三長」。明潘允端在《藍侍御集》序中也給予他高度評價，曰：「余嘗覽史，如屈大夫之騷，賈長沙之疏，讀其文想見其為人。蓋本剛烈之行，而以問學佐之者也。……益讀公之文，益想見公之懿行，有不與賈屈輩共垂不朽哉！」〔註123〕張鳳翔在《送即墨鄉進士藍玉甫氏下第東歸序》中稱藍田：「至其制作文，則得左之瞻深，得莊之曠而典而豪放；瑰奇如司馬子長韓退之。隨其所感，而各出一機軸焉。固非規規行墨者。」〔註124〕張獻翼《藍侍御集》序也概括了藍田文章特色，並將藍田與漢誼唐邕相媲美，稱：「至誦其文，猶凜凜足以鼓天下之正氣，激天下之義風。雖被笞棰關木索，暴體裂膚而志不為亂，氣不為阻，非素養有定而能然耶！東萊即墨藍侍御田者，漢誼唐邕之倫也。」〔註125〕楊中淇在《侍御文集序》中稱：「昌黎曰思古人而不得見，學其道則欲兼通其辭。以知為古文者，其人必行古道者。……即不文先生固不朽，而況其文，乃無愧於昌黎所云耶。」又稱：「受而讀之，慨然曰：『此韓歐嫡傳也。吾鄉自有明至今所未有也。』」〔註126〕藍思繼、藍思紹在《書先侍御集後》也稱：「先大父侍御公年甫垂髫，即能為古文詞。……然性實博雅好古，自志學至耄耋，於世物一無所嗜，未嘗須臾去左右者，史籍而已，自六經諸史、稗官百家之言，靡不兼收而博採之。」〔註127〕

　　從中可見，藍田的文章既彰顯剛烈之性，又以廣博的學問為輔助，文章和德行互為表裏，相得益彰。

四、藍田的主要仕宦成就

　　藍田從政時間短暫，職務也不高，官居六品，但是卻能名動朝野，載入正史。其仕途中影響最大的莫過於「大議禮」事件中七上奏疏、逆鱗進諫，以及此後的不避權貴、彈劾權臣等。

〔註123〕《四庫全書存目叢書》，齊魯書社，1997年，集部第八十三冊，第187～188頁。

〔註124〕〔明〕張鳳翔：《送即墨鄉進士藍玉甫氏下第東歸序》，藍氏家印本，《北泉集》，民國二十七年，第3頁。

〔註125〕《四庫全書存目叢書》，齊魯書社，1997年，集部第八十三冊，第189頁。

〔註126〕〔清〕楊中淇：《藍侍御文集序》，藍氏家印本，《北泉集》，民國二十七年，第10頁。

〔註127〕〔明〕藍思繼、藍思紹：《書先侍御集後》，藍潤《餘澤錄》，藍氏家刻本，順治十六年，卷三，第84頁。

（一）逆鱗進諫

嘉靖三年（1524），藍田被任命為河南道監察御史。這一年大議禮起，因正德帝無子，由其堂弟嘉靖帝繼位，執掌院事的張璁、桂萼等人奏諫封嘉靖帝的生父為太上皇。藍田認為繼統不能繼嗣，繼嗣亂大統，竟七上奏疏抗議，同群臣撼承天門伏闕大哭，聖心大怒，即詔下獄，翌日受廷杖，呻吟床席月餘。李開先記載稱：「適值大禮議起，疏凡七上，不合聖心。又同群臣伏闕痛哭，詔獄，翌日，廷杖，幾殆。呻吟枕席，月餘始出而視事。」〔註128〕膠州張謙宜在《藍北泉先生集序》中詳細記述了這事件：

> 嘉靖大禮之爭，何其紛紜乎。當武宗崩，承太后命遠召興王者，楊石齋者，亦於詔內明言，王以孝宗為父，不得顧私親，如其不顧，別選宗支，豈不光明果斷哉！不謹其始，而遇其萌，固已失策。彼世宗者，以狼戾之資，藉姦邪之助，其逐首相，如拉朽耳，大臣去而小臣恣。楊升庵、藍北泉同申大義，約會臺諫郎官，撼門大哭，聲振內外。世宗積怒，戊杖有差，卒不敢殺，自愧於心也。彼張璁、桂萼、方獻夫、席書輩，饕餮富貴，諂佞逢君，其言曰：「世宗承統非承嗣，夫不承嗣，焉得承統。」又曰：「孝宗自有子，夫有子絕後，焉得不繼其猶子，匹夫匹婦莫不通曉，乃欲欺天下後世耶。」其尤悖者。以孝宗為伯父，太后為伯母，是繼世之君，竟臣妄其先帝母后，則父子之恩絕，祖宗世嫡之脈舛。興獻王稱宗入廟，與武宗君臣之義斬，故曰人倫不明，由於理學弗講，此非其彰彰者歟。當其時，權臣之勢如山海，暴王之威如雷霆，楊藍諸君子出萬死一生之身，力與天子宰相抗，非特為大宗纘緒計，非直為太祖世系計，為周公孔子所定之大宗計，為程子朱子扶持名教計。楊藍二賢，豈僅以詩文傳哉！今去先生之世百餘年，間嘗考其軼事矣。洪武不知理學，見大學衍義以為至矣，孝宗有親序之，天下尊為國典，其實尚多滲漏，丘濬僻謬，取漢唐宋元事蹟，牽引補綴。何者為關雎麟趾之德行，何者為周官周禮之法度。甚至生財條下，引元人納錢免丁憂，此示法乎？示戒乎？吾嘗惡其無識，而不敢言。藍先生對策禮部，歷詆其非，公論大快，焦弱侯著在《獻徵錄》，偉哉！先生理學

卓然，宜其侃侃於人倫之大也，惜乎失於摭拾，未入集中，吾為補
而表於此云。

從中可見，當時針對嘉靖帝繼嗣繼統之事，形成針鋒相對的兩派，以張
璁、桂萼登為代表的一派迎合嘉靖帝的意願欲封嘉靖帝的生父為太上皇。
而以藍田和楊慎為代表的一派，認為繼統不能繼嗣，繼嗣會破壞大統，有違
君臣之道。雙方據理力爭，反覆辯駁。然而，張璁、桂萼等是投嘉靖帝所
好，而藍、楊雖然依禮而論，但是與聖心不合。惹怒了嘉靖帝，受廷杖、
下密獄，九死一生。但是藍田、楊慎敢于堅持真理，不畏君威，冒死直言
進諫，表現出了凌然的氣節和高尚的情操，震驚朝野，受到社會各界的廣泛
尊重。

（二）彈劾權臣

以議禮得幸的給事中陳洸阿附張璁、桂萼等人，先後彈劾大學士費宏、
尚書楊旦等十餘人。藍田杖傷剛愈就上疏為其鳴不平，並痛斥席書、陳洸等
人「訕君上、欺朝遷、肆奸言、植私黨」等奸貪惡行，一時轟動了整個京城。
《四庫全書》集部《北泉集》提要稱：「當張璁等希旨議大禮，田反覆抗論，
凡七上章，受廷杖幾殆。復糾劾陳洸不法事，直聲動一時。」〔註129〕潘允端
在《藍侍御集》序中稱藍田：「亡何授河南道監察御史，彈劾百僚，悉協公
論，一時輦轂下翕然稱名直指。」〔註130〕李開先《文林郎河南道監察御史北
泉藍公墓誌銘》也盛讚藍田稱：「然其皂囊奏而奸諛落膽，白簡飛而臺閣生
風，有埋輪橫劍之雄，持戟避驄之烈。內外震肅，如傳宣而山嶽動搖，則韋
思謙矣。至於老成持重，務存大體，非若新進之士賣直生事、沽名塞責者。
雖一御史終身，而多歷年所薦登顯要者，烏能及哉！」〔註131〕藍田在議大禮
受廷杖之後，仍然剛直不阿、不畏強權、敢於直言，表現出凌然正氣和不屈
不撓的鬥爭精神。

（三）鎮撫百姓

後藍田出任陝西巡按，其父藍章曾巡撫陝西四年之久，藍田到任後修其
父藍章舊政，條陳時弊，抵禦外寇，安撫百姓。當地人盛讚曰：「一按一撫，

〔註129〕肖冰主編：《藍田詩選》，青島出版社，1992年，卷首第14頁。
〔註130〕〔明〕潘允端：《藍侍御集序》，藍潤《餘澤錄》，藍氏家印本，順治十六年，
　　　　卷三，第82頁。
〔註131〕〔明〕藍田：《北泉集》，藍氏家印本，民國二十七年，第4頁。

一子一父，虜不犯邊，民得安堵。」〔註132〕

五、藍田對家族及地方建設貢獻

（一）藍田對家族建設的貢獻

1、再振家聲

藍田對家族最大的貢獻在於，他在文學及科宦方面的卓越成就，極大地提高了藍氏家族的聲望，豐富了藍氏家族文化的內涵。首先，就科舉而言，藍田自幼聰慧，少有才名，深得侍郎程敏政、南直隸提學司馬亮、山東提學沉鐘等賞識，十六歲舉鄉薦，名揚齊魯，被目為「小聖人」，與康海、馬理齊名。與其父藍章科第成功，父子相隨，明楊循吉盛讚：「蓋不二十年而成名者兩世」。〔註133〕後進士及第，實現父子進士蟬聯，創造了藍氏家族科舉的第一次高峰，在即墨地區一時傳為美談。其次，就仕宦而言，藍田從政後，雖職官不高，但不畏強權，忠於職守。尤其在「大議禮」事件中，七上奏疏，逆鱗進諫，繼而又彈劾權貴，雖然進秘獄，受廷杖，被免職歸里，但以直節著稱，名震朝野。與其父藍章父子相映，彪炳千秋。藍啓肅在《祭歷代鄉賢暨崇祀先侍郎先御史先贈按察公文》中稱：「若顯六世祖考侍郎府君（藍章），平寇漢中，功業爛然。顯五世祖考御史府君（藍田），建言議禮，忠義凜凜，一時父子相繼炳炳乎，稱名賢。」〔註134〕再次，就文學而言，藍田才華洋溢，博文廣識，其詩文博採眾長而獨具一格，無論是從詩文內容、風格，還是藝術水平方面來看，都達到了藍氏家族文學的頂峰，成為藍氏家族文學發展方面不可逾越的豐碑。由此可見，藍田在繼其父藍章之後，在科舉、仕宦和文學方面所取得的重要成就，再振藍氏家聲，將藍氏家族發展推到了一個新的高度。

2、教導子弟

藍田不僅重視對子弟的教育，而且又非常善於施教，讓受教者如沐春風，在潛移默化中受到教育。李開先《文林郎河南道監察御史北泉藍公墓誌

〔註132〕〔明〕李開先：《文林郎河南道監察御史北泉藍公墓誌銘》，藍田《北泉集》，民國二十七年，第 4 頁。

〔註133〕〔明〕楊循吉：《東厓書屋詩序》，《大嶗山人集》，藍氏家印本，1996 年，第131 頁。

〔註134〕〔清〕藍啓肅：《清貽居集》，藍氏家印本，2012 年，第 100 頁。

銘》稱他：「受性勸學，老而彌篤，能作小楷，篆隸尤工。善談性命與世務，耳聞者如傾化日，面領者如坐春風」。〔註135〕歸里後，建「可止軒」，聚友誦詠，教導子弟。在他的悉心教導下，其子藍柱孫、藍史孫均以文學見長，入庠序，皆名列前茅。

3、積累家乘

在藍田的文章中，有幾篇是寫給親人的書信、家族建築上樑文或者是為親人撰寫的墓誌、行狀、祭文。弘治十年（1497）五月九日，藍田的叔父藍竟之妻劉氏卒，藍田作《叔母劉夫人行狀》；正德七年（1512），藍田受父命建世鷹堂、世慶樓於城裏祖宅裏，蓋望後人之能繩其武，作《世鷹堂上樑文》；重修東厓書屋，撰《東厓書屋上樑文》；嘉靖四年（1525），六月十六日，藍田的叔父藍竟卒，藍田為作《宣義郎藍公墓誌銘》；藍田的弟弟藍因去世，藍田作《祭季弟通判東泉徵甫氏文》；妹妹去世，藍田作《亡妹墓誌銘》。此外，藍田為侄子藍菴作《薰庵箴》。這些文章既是出色的文學作品，也是重要的家族文獻。尤其是關於藍竟、藍竟之妻劉氏、藍田之妹、藍菴的文章，幾乎是記述他們生平事蹟的唯一材料。

（二）藍田對地方建設的貢獻

藍田繼承家族傳統，賑濟貧弱，慷慨好義，為即墨地方建設作出貢獻。明萬曆版《即墨縣志·節義傳》載藍田：「修孔廟，開神路，建啓聖祠、聖門坊，俱捐己資。嘉靖戊戌瘟疫大作，貧死甚多，捐棺林賻之，又捐城南地十畝葬埋，有《義冢碑記》。」李開先《文林郎河南道監察御史北泉藍公墓誌銘》中也記載稱：「（藍田）以儒學地狹，櫺星門壞，遂捐金廣其地，而易以石門，兼建啓聖祠三楹。歲歉，生者給粟，死者給棺，無葬所者，出負郭田二十畝，募工聚葬者歲千人，且為文以祭之。」〔註136〕

綜上所述，藍田繼其父踵武，在科舉、文學、仕宦等方面都取得了重要成就，尤其是在仕宦和文學方面的突出貢獻，推動了即墨藍氏家族的發展，為即墨藍氏家族贏得了榮譽。

〔註135〕〔明〕李開先：《文林郎河南道監察御史北泉藍公墓誌銘》，藍氏家印本，《北泉集》，民國二十七年，第4頁。

〔註136〕〔明〕李開先：《文林郎河南道監察御史北泉藍公墓誌銘》，藍氏家藏刊本，光緒丙戌增修《即墨藍氏族譜》，卷五，第10頁。

附：藍田年譜

弁言

藍田，字玉甫，號北泉，生於明成化十三年（1477 年），卒於嘉靖三十四年（1555 年），爲即墨藍氏家族五世祖藍章長子。他自幼聰慧，被目爲小聖人，十六歲中舉，少年得志，名重齊魯；但科場不順，屢遭挫敗，直至第十一次赴春闈，始第。年已四十七，距中舉已三十一年；他初任河南監察御史，逆鱗直言，抗言大禮，受廷杖，月餘乃蘇。又參奏權臣。後在丁父憂期間，遭誣陷報復，被革職遣返；晚年生活閒適，師友唱和。他在文學、仕宦和家族文化建設等方面成就突出，尤其是在文學創作方面成就卓著，爲藍氏家族成就最高的一個。初娶范氏，繼劉氏。有子二人，嗣子柱孫，子史孫。俱有才名，惜皆早亡。

明成化十三年（1477）丁酉二月初六，藍田生於萊州府即墨縣藍氏家族。父藍章，母徐氏。是年八月其父藍章鄉薦中式。

幼年，跟隨父親讀書於藍氏東崖書院、華陽書院。

明成化十八年（1482）壬寅　六歲。日誦千言，善詩對。

明成化十九年（1483）癸卯　七歲。

明成化二十年（1484）甲辰　八歲。其父藍章入京進春闈，舉進士。藍田隨父入京，父親好友翰林孫珪考之以長對，應對如流，得孫珪賞識。

明成化二十一年（1485）乙巳　九歲。侍郎程敏政以《梅花賦》試之，田揮筆而就，程稱讚：「吾舉神童時，不能過也。」其作今不存。

明成化二十二年（1486）丙午　十歲。秋，其父藍章除婺源知縣，藍田隨同赴任。吳江陳中丞元吉時猶未第，因受學於其門，聞教即書紳，雖題不窘筆，見者已許其爲國器。

明成化二十三年（1487）丁未　十一歲。

明弘治元年（1488）戊申　十二歲。藍田入庠讀書。南直隸提學司馬亮屢試糊名試諸生，藍田均名列一等。

明弘治二年（1489）己酉　十三歲。其祖父藍銅自藍章官邸返鄉途中病故，年六十八。膠西官賢爲撰行狀，洛陽侍郎劉健爲撰墓誌，太原尚書周經爲撰墓表。其父藍章返鄉守制，田隨歸鄉。

明弘治三年（1490）庚戌　十四歲。九月二十一日，啓其祖母於太淑人之竁與其祖父藍銅合葬於華樓山東鳳山之陽。

明弘治四年（1491）辛亥　十五歲。其父藍章常攜田及鄉俊彥講習於東厓書屋。

明弘治五年（1492）壬子　十六歲。壬子科鄉試中舉。時任山東提學沉鐘奇之，再三復試，始信。感歎：「不期即墨之鄉，而產藍田之玉。」同年，被舉薦入京師太學，師從李西涯、楊廷和、楊一清等，與楊升庵、劉天和、張鳳翔等爲同學。

明弘治六年（1493）癸丑　十七歲。首赴春闈，不第。因藍田早有才名，試前，武功康海曾寫信對他父親稱：「是刻掄元，非即墨之藍田，即三原之馬理，否則海也。」春，其父藍章任潛山縣令，六月起修「便民倉」。

明弘治七年（1494）甲寅　十八歲。七月「便民倉」修訖。受父命作《便民倉記》。前一年，於京師有客送鸚鵡，是年冬不食而死，作《埋鸚鵡銘》。

明弘治八年（1495）乙卯　十九歲。

明弘治九年（1496）丙辰　二十歲。二赴春闈，不第。春，其父藍章入覲，已而還任，兩臺交薦公爲循吏最，升貴州道試監察御史。

明弘治十年（1497）丁巳　二十一歲。五月九日，其叔父藍竟之妻劉氏卒，田作《劉孺人行狀》。

明弘治十一年（1498）戊午　二十二歲。

明弘治十二年（1499）己未　二十三歲。三赴春闈，不第。作《下第寄弟二首》，有「布衣紅點帝城埃，三上南宮又放回」之句。

明弘治十三年（1500）庚申　二十四歲。其父藍章還朝稱旨，未及初考，即敕授文林郎，其母徐氏封孺人，其祖父藍銅贈文林郎、貴州道監察御史，祖母贈孺人。

明弘治十四年（1501）辛酉　二十五歲。

明弘治十五年（1502）壬戌　二十六歲。四赴春闈，不第。同學友賜進士第戶部主事洵陽張鳳翔作《送即墨鄉進士藍玉甫氏下第東歸序》，高度評價了藍田的學問及文學成就，並分析了科舉不第的原因。

明弘治十六年（1503）癸亥　二十七歲。其父藍章升太僕寺少卿，隨父入京。興唐寺僧人太祥來京師，請作《興唐寺半間處記》。

明弘治十七年（1504）甲子　二十八歲。

明弘治十八年（1505）乙丑　二十九歲。五赴春闈，不第。

明正德元年（1506）丙寅　三十歲。與張含、楊慎、馮馴、馬天柱、夏

邦謨、劉景宇、程啓充等在南京結成麗澤會，相互唱和。

明正德二年（1507）丁卯　三十一歲。其父遭劉瑾誣陷下獄，藍田多方營救。後被貶江西撫州通判，尋擢陝西金州道僉事。將行，別駕范太沖贈以樟木舊鼓腔，鞃而攜之以行，藍章命藍田代作「舊鼓腔記」文記之。

明正德三年（1508）戊辰　三十二歲。第六次赴春闈不第。田下第東歸，楊用修、劉子靜送之柳郊，相互唱和。楊用修作《送東厓先生玉夫東歸》二首，藍田與劉子靜作詩唱和。劉子靜作《奉餞玉父老兄》二首，楊用修、藍田唱和。藍田與楊、劉作聯句詩《東歸夜步用修韻三十首兼呈子靜》。楊用修、劉子靜又各成詩三十首。一夜遂成百首。

明正德四年（1509）己巳　三十三歲。十一月二十七日，其妻范氏卒。范氏爲同邑雲南五井鹽課提舉范志之女。

明正德五年（1510）庚午　三十四歲。是年其父升任陝西巡撫，鎮守關中。田多次前往關中。十二月十七日，楊廷和在給其父藍章的信中稱：「令郎玉父尚未到京，未間惟是愛重不具。」十二月二十一日信中又稱：「令似玉夫猶未北上，到時再奏報也。」又稱：「玉夫近修益富，來年狀元及第，亦今日之報也一笑。」

明正德六年（1511）辛未　三十五歲。七赴春闈，不第。繼室劉氏來歸。劉氏爲郴州戶部尚書劉昭的孫女，錦衣衛千戶劉綺之女，年十九。

明正德七年（1512）壬申　三十六歲。受父命建世廌堂、世慶樓於城裏祖宅裏，蓋望後人之能繩其武，作《世廌堂上梁文》。

明正德八年（1513）癸酉　三十七歲。

明正德九年（1514）甲戌　三十八歲。八赴春闈，不第。即墨知縣高允中因墨水河洪水氾濫、爲患鄉里，徵募修治墨河護城河堤，藍田作《新修淮涉河高堤頌》以歌頌之。是年，其父藍章升任南京刑部右侍郎。

明正德十年（1515）乙亥　三十九歲。

明正德十一年（1516）丙子　四十歲。

明正德十二年（1517）丁丑　四十一歲。九赴春闈，不第。其父藍章致仕返鄉。

明正德十三年（1518）戊寅　四十二歲。

明正德十四年（1519）己卯　四十三歲。

明正德十五年（1520）庚辰　四十四歲。十赴春闈，不第。十月廿六日，

與摯友青州劉澄甫遊華樓山，劉澄甫有《登華樓崮》詩二首。

明正德十六年（1521）辛巳　四十五歲。

明嘉靖元年（1522）壬午　四十六歲。遊嶗山，作《宿巨峰白雲洞》、《勞山巨峰白雲洞記》。其《嶗山巨峰白雲洞記》，是現存的第一篇嶗山遊記。

明嘉靖二年（1523）癸未　四十七歲。第十一次赴春闈，登癸未科二甲進士。作《瓊林宴口占誌喜》：「敕史傳宣赴御宴，宮花簪映杏花鮮。笙簧吹得群仙醉，拜賦吾皇天保篇。」欣喜之情溢於言表。

明嘉靖三年（1524）甲申　四十八歲。任河南道監察御史。陪同嘉靖帝南郊祭祀，作《端陽賜扇賜角黍恭紀》、《甲申陪祀南郊恭紀四首》。是年，發生「大議禮」事件。藍田七上奏疏，逆鱗進諫，被廷杖，幾至斃命，臥床月餘乃蘇。十月復彈劾權臣大學士費宏、尚書席書等，聲動朝野。十二月，朝廷起用致仕歸田的大學士楊一清爲兵部尚書，總制三邊。藍田有詩《邃庵少傅節制三秦用邊華泉太常韻》七律詩二首。

明嘉靖四年（1525）乙酉　四十九歲。六月十六日，其叔父藍竟卒，爲作墓誌銘。秋，奉召按隴右河西，其父藍章曾任陝西巡撫，有惠政。藍田沿其父舊政，安定百姓，廢除弊端，深受百姓愛戴。當地人稱讚：「一按一撫，一子一父，虜不犯邊，民得安堵。」途經邠縣，瞻拜岳父劉綺之墓。受內弟劉孟延之託，爲岳父撰寫《明故武略將軍錦衣衛千戶劉府君墓誌銘》。另作《乙酉之秋余奉使隴右道出陝州觀砥柱謁禹廟次金人韻二首》。十一月初六日，其父藍章逝世，年七十三歲。藍田由陝西奔喪歸，丁父憂。曾被他參劾過、已掌都察院務的張璁、給事中陳洸等乘機羅織罪名，上疏參劾藍田。其中罪名之一是「不謹閒居」。《明實錄》記載嘉靖六年九月對藍田的考評是：「不謹閒居……丁憂藍田。」後藍田被逮入濟南大獄，經太常寺少卿劉銃及朝中賢良多方解救，方得獲釋，遂被罷歸鄉里。

明嘉靖五年（1526）丙戌　五十歲。

明嘉靖六年（1527）丁亥　五十一歲。子史孫出生。

明嘉靖七年（1528）戊子　五十二歲。

明嘉靖八年（1529）己丑　五十三歲。子史孫三歲，藍田作《五日偶詠》：「學語兒三歲，攤書女十齡。羅裳曉露潤，彩索午風馨。綠艾懸無恙，丹符佩有靈。太翁獻蒲酒，抱爾過前庭。」

明嘉靖九年（1530）庚寅　五十四歲。

明嘉靖十年（1531）辛卯　五十五歲。

明嘉靖十一年（1532）壬辰　五十六歲。

明嘉靖十二年（1533）癸巳　五十七歲。作《自題小像二首》，有「杏園花發十年前，曾伴群仙醉御筵。華髮放歸春夢覺，數枝惆悵楚江邊」之句。

明嘉靖十三年（1534）甲午　五十八歲。

明嘉靖十四年（1535）乙未　五十九歲。作《己酉登金山己未復登金山順流而東登焦山宿於三召洞迄今思之如昨日耳因觀扇頭畫感懷漫賦四首》。11月，同好友馮裕、劉澄甫等在青州北郭禪林成立「海岱會」詩社，訂有社規，並相約不許將社內詩稿外洩，違者有罰，只借詩抒懷，陶冶性情，自此不談官事，不入公門。

明嘉靖十五年（1536）丙申　六十歲。作《丙申元日試筆二首》，有「放臣草野敢忘君，五夜深衣禮北辰。去國十年雙鬢老，憂才一夕九回辛」之句。

明嘉靖十六年（1537）丁酉　六十一歲。山東按察使王獻開鑿膠萊運河，公爲作《新開膠州馬濠記》（碑現存於黃島開發區馬濠公園內），及《馬濠宴集呈王南灃臺長》與《馬濠曾現川舊臺長次前韻贈之》二詩。同年，作《安人孟氏墓誌銘》、《青州左衛指揮王將軍墓誌銘》、《錦衣衛千戶劉府君原配趙氏墓誌銘》。

明嘉靖十七年（1538）戊戌　六十二歲。

明嘉靖十八年（1539）己亥　六十三歲。

明嘉靖十九年（1540）庚子　六十四歲。作《杏華》：「十五年來放逐臣，往年曾醉杏園春。殘紅今見添惆悵，蜂蝶無端也更嗔！」又作《夢與舊院長聯詩》：「放逐深山十五春，蘭臺還憶舊同寅。夢中相過聯詩句，無復揮毫似有神。」兩詩均表達了對被放逐一事耿耿於懷。

明嘉靖二十年（1541）辛丑　六十五歲。作《賀即墨令王安山襃賚序》。

明嘉靖二十一年（1542）壬寅　六十六歲。作《文林郎浙江道監察御史浦先生墓誌銘》。

明嘉靖二十二年（1543）癸卯　六十七歲。七月二十二日，劉孺人卒，年五十一。是秋，藍田致函楊升庵（慎），有「一別二十餘年，相望一萬餘里」之句。又稱：「癸卯孟秋，賤子繼室又棄世，衰殘之年，復作鰥居，家務又縈心曲，不知造物之於賤子何若是其酷也。」楊寄詩曰：「四海風紀藍御史，廿年逃名即墨城。」又爲文登尚書叢蘭作《監察御史浦君妻任孺人合葬

墓誌銘》。

明嘉靖二十三年（1544）甲辰　六十八歲。作《蟠桃篇壽宋母八十》，有序稱：「嘉靖甲辰之歲，即墨藍某之外姑曰宋孺人楊氏，壽登八秩矣。十月十一日其生辰也，某繪蟠桃圖，請余賦之。」又作《匡石泉八十壽序》、《登州府新遷察院記》。

明嘉靖二十四年（1545）乙巳　六十九歲。

明嘉靖二十五年（1546）丙午　七十歲。

明嘉靖二十六年（1547）丁未　七十一歲。作《少勞山居圖》，其中回憶當年中式時不禁流露出無限感慨，有「叩首請劍誅奸雄，孤臣不向嶺表竄。放歸故山麋鹿伴，君恩浩浩闊如瀚。回頭二十四番春，卻憶同時看花人」之句。

明嘉靖二十七年（1548）戊申　七十二歲。

明嘉靖二十八年（1549）己酉　七十三。

明嘉靖二十九年（1550）庚戌　七十四歲。邑人臨縣教諭王鎬卒，爲作《墓誌銘》。

明嘉靖三十年（1551）辛亥　七十五歲。二月十四日，藍史孫妻欒氏生藍思紹，爲田長孫，爲藍史孫妻欒氏出。作《海上舟中看月》：「東海中秋月出林，舫居老子酒須斟。請看七十五年事，只有蟾光照我心。」夏五日作《己酉登金山己未復登金山順流而東登焦山宿於三召洞迄今思之如昨日耳因觀扇頭畫感懷漫賦四首》，又作《承直郎鞏昌府通監甘肅糧儲致仕叢公墓誌銘》。

明嘉靖三十一年（1552）壬子　七十六歲。重陽節，好友解載卿、劉公弼、杜道隆、江體昆、楊爾浮聚集在可止軒書屋，作《壬子九日賞菊與解載卿劉公弼杜道隆江體昆楊爾浮期集於百福庵以雨不果乃小酌於家園可止軒爾浮賦詩》。十一月十一日，欒氏又生藍思繼。外甥楊任大死，作《祭楊甥任大》。

明嘉靖三十二年（1553）癸丑　七十七歲。藍史孫副室生藍思統。田作《生孫二首》。有：「泉翁七十七，三歲得三孫」之句，喜悅之情溢於言表。另有四孫藍思續，史氏生，生卒年月不詳。應在藍田去世之後所生。

明嘉靖三十三年（1554）甲寅　七十八歲。

明嘉靖三十四年（1555）乙卯　七十九歲。正月十二日，病逝於即墨故

里。卒時神氣不亂，口占詩一首，聲律不減未病時，自名之曰《泉翁絕筆》。葬於是年十二月壬寅，附於資善公賜兆之左。十餘年後，章丘李開先作《文林郎河南道監察御史北泉藍公墓誌銘》。

跋

藍田十二世孫藍水先生，曾於戊辰年（1988）正月撰寫《藍田年譜》一篇，語言簡潔典雅，敘事條理清晰，藍田生平事蹟梗概已具，只是稍顯單薄。筆者參考藍氏家族相關文獻，擇取藍田生平重要事蹟，進行充實完善，以成本篇《藍田年譜》。

丙申年初冬　張華清敬撰

第三節　藍再茂及其主要成就

即墨藍氏家族經過七世、八世的中衰之後，至九世得以復興，並實現了近二百年的持續發展。在即墨藍氏家族的復興過程中，九世祖藍再茂作出了多方面的重要貢獻。

藍再茂，字青初，號雨蒼，生於萬曆癸未年（1583）二月十七日，終於順治丙申年（1656）閏五月二十六日，享年七十四歲。藍再茂生於藍氏家族中衰之際，面對內困外侵，他過早地擔負起維護家族穩定、重振藍氏家聲的重任。面對外侮，他挺身而出，智鬥惡道，維護家族利益；他繼承祖業，扶弱濟困，維護了家族敦睦。崇禎元年（1628），以選貢任南皮縣知縣。在任期間，他革除弊政，肅清吏治，屢受朝廷嘉獎，深得百姓愛戴。尤其在「吳橋兵變」之際，以身涉險，勸退寇亂，保全南皮，使得南皮滿城百姓免於塗炭。百姓感激涕零，建生祠立像祭祀，藍再茂也得以入祀南皮名宦；辭官歸養之後，藍再茂整修祖塋，翻新祠堂，撰修族譜，修繕書院，教導子弟，整理刻印高曾祖父遺稿，在家族發展及家族文化的傳承方面作出突出貢獻。因此，藍再茂被即墨藍氏家族尊奉爲「中興之祖」。

同時，藍再茂在時局變亂之時，賑救災民，扶助貧弱，復葺文廟，置田贍士，在即墨地方建設、穩定方面作出了重要貢獻。尤其面對寇亂，藍再茂積蓄力量，率眾守城，鄰邑皆被攻陷，而即墨最終得以保全。爲表彰其功德，即墨地方爲其立「開天恩寵坊」、「松露琳宮坊」兩座坊表，並將其列入即墨先賢之列，世代祭祀。藍再茂的一生，可謂成就卓著，功德圓滿。清人傅以

漸概括藍再茂的主要成就，稱：「我青初（藍再茂的字）老年伯，承鴻績藻燕芑，孝以豫上，友以治昆，卓然自立。丕丕基業，不爲勢董。所克守創，兼隆家庭，嚴訓規模，固已弘遠矣。」〔註137〕又曰：「公（藍再茂）之德澤，孚於邦家，足以昭垂不朽，名宦鄉賢，春秋祀典，又何憾焉。」〔註138〕

一、藍再茂對家族建設的貢獻

藍再茂生活的時期，即墨藍氏家族正處於中衰期，外有惡徒侵凌，族內氣氛萎靡，整個家族處於發展的低谷之中。清人王鐸描述當時的局面稱藍氏家族：「承四百年赫煥之餘，習欲多凌暴，交臂攘挩。」〔註139〕藍深、藍潤在《封太史公行述》中稱：「我諸叔祖各憺於世務，遭家多難，運際式微。勞山有先人遺產數處，贈侍郎公安厝於中，道士孿道明等糾黨侵寇，上鱓諸臺司，不逞之徒將屬厭焉。」〔註140〕面臨著內憂外患的艱難局面，藍再茂勵精圖治，自強不息。對外堅決打擊惡意侵凌，保護藍氏族產不受損害；對內發展祖業，敦睦宗族，整理文獻，翻修宅堂，使藍氏家族家聲重振，面貌煥然一新。

（一）抵禦外侮

九世祖藍再茂生活的時期，正是藍氏家族家道中衰、內外交困的階段。由於藍氏家族第七世藍柱孫、藍史孫英年早逝，第八世藍思紹兄弟不善於治家理政，所以藍再茂過早地擔負起反抗外侮、維護家族利益的重任。在他十二歲時，嶗山惡道孿道明等意圖霸佔藍氏族產，他勇鬥惡道，維護了家族利益。藍氏家族諸多文獻均記載了此事。傅以漸在《皇清敕封文林郎內翰林國史院檢討加一級詔贈中大夫前南皮令青初藍公暨元配孫氏繼配崔氏墓誌銘》中記載：「公方十二齡，門戶已紛紛多事矣。公色養事父葬母，而奉繼母者，誠慎有加。讀高曾之書，傅洽簡奧，文追左國，侵牟凌侮，概置不計；不意惡橫，發於道士，孿道明等糾黨聚眾，輒欲奪嶗山數處之遺產而甘心焉。公

〔註137〕 〔清〕傅以漸：《賀藍老年伯初度序》，藍潤《餘澤錄》，藍氏家刻本，順治十六年，卷四，第15頁。

〔註138〕 〔清〕傅以漸：《前南皮令藍公墓誌銘》，藍潤《餘澤錄》，藍氏家刻本，順治十六年，卷四，第55頁。

〔註139〕 〔清〕王鐸：《賀藍老年翁初度序》，藍潤《餘澤錄》，藍氏家刻本，順治十六年，卷四，第18頁。

〔註140〕 〔清〕藍深、藍潤：《封太史公行述》，《藍氏族譜》不分卷，河北大學圖書館藏清鈔本，第3頁。

乃毅然身當質訟，司臺履境親驗，置道明於法不逞之徒，驚服其膽智，而公志氣彌厲，謂：『不涉世不可以入道』。」〔註141〕藍深、藍潤《封太史公行狀》也稱：「府君（藍再茂）毅然支撐，輒以身當詣，臺司履境親驗，得保故業，縷道明等置之於法，府君志氣彌厲，而膽智亦以是益奇，……府君不茹柔，不吐剛，飲泣前人之緒，誓以不墜，勉圖恢復，即豪強亦未得遂其吞併。」〔註142〕面對家族內外交困的局面，藍再茂敢於擔當，毫不畏懼，表現出超常的能力和膽識。萊陽宋璉在《封太史公傳》中稱讚藍再茂：「遭逢多在艱苦，而挺然獨立，不少委曲，頗有先世氣概，俗自凌暴詬戾，而公之琴書如故也。」〔註143〕

（二）敦睦宗族

即墨藍氏家族支系繁富，人口眾多，其中不乏貧寒困頓的族人。藍氏家族十一世藍啓晃在《義莊記》中稱：「及我九世祖兄弟二人，長則我贈侍郎祖，次則城外我九世叔祖也。兩支子孫迄今益蕃，但無居址者有之，無地土者有之。」《南皮令藍公月旦頌》也記載曰：「藍宗巨族也，中有貧而絕粟者，死而乏棺者，欲葬而無墓者，婚姻之不給者。」〔註144〕足見，即墨藍氏家族中，貧困族人不在少數。爲維護家族穩定，使族人免於淪落，藍再茂繼承家族傳統，總是慷慨解囊，不遺餘力地接濟貧弱族人，不少族人依靠藍再茂周濟過活。王鐸稱藍再茂：「素好義，慷慨周人之急，恤人之事，解衣推食親族每待以舉火者。又培本根，篤宗姓，脫數兄弟於寒貧，後扶其子有成就。」〔註145〕又稱：「從兄弟或蕩徒產，輒分予以畝子，其子六七人皆賦青衿。族有婺貧，……爲會計相周，而藍氏之宗以不墜。」〔註146〕傅以漸也記載曰：「如從弟之廢萬金產，而無尺寸土，公（藍再茂）贍恤其家，撫其諸子，終身如

〔註141〕〔清〕傅以漸：《前南皮令藍公墓誌銘》，藍潤《餘澤錄》，藍氏家刻本，順治十六年，卷四，第51～52頁。

〔註142〕〔清〕藍深、藍潤：《封太史公行狀》，《藍氏族譜》不分卷，河北大學圖書館藏清鈔本，第4頁。

〔註143〕〔清〕宋璉：《封太史公傳》，《藍氏族譜》不分卷，河北大學圖書館藏清手抄本，第47頁。

〔註144〕〔明〕藍再茂：《世鷹堂遺稿》，藍氏家印本，2014年，第97頁。

〔註145〕〔清〕王鐸：《賀藍老年翁初度序》，藍潤《餘澤錄》，藍氏家刻本，順治十六年，卷四，第18頁。

〔註146〕〔清〕王鐸：《賀藍老年翁初度序》，藍潤《餘澤錄》，藍氏家刻本，順治十六年，卷四，第18頁。

一日。父母養老，公產盡讓幼弟。敦宗睦族，每當歲時伏臘，輸粟捐資，賴以舉火者不一而足。」〔註147〕藍深、藍潤在《封太史公行述》中甚至詳細記載了藍再茂接濟的族人之事，稱藍再茂：「敬宗睦族，加意生成，有賦青衿者，有食大官者。猶子則濟、溥、沐、澈、湄，姪孫啓泰、啓華、啓新等，同族則弘祐、璵等，親友則黃甲、劉運隆、崔怡等」。正是由於藍再茂的慷慨救助和多方周濟，即墨藍氏家族才得以穩定和睦，並持續發展。

（三）培養子弟

藍再茂非常注重對子弟的教育，尤其是致仕歸田後，更是細心教導子弟。清人高爾儼《賀藍老父母初度序》稱：「太翁（藍再茂）遂解組歸里，種術蒔菊，盟鷗鷺而紉蘿薜，抽先人架上縹湘課子若孫，粹掌下帷，星燈雨檠，意甚適也。」〔註148〕不僅如此，藍再茂還延請名師教導子弟讀書。藍深、藍潤在《封太史公行述》記述稱：「（藍再茂）延師友，令子孫肄業於內。」〔註149〕

在嚴格而系統的家族教育下，這一時期藍氏家族人才輩出，成就斐然。藍再茂之子藍深、藍潤，其孫藍啓肅、藍啓延、藍啓蕊、藍啓華等都在科舉、文學等方面取得了突出成就。魏天賞稱讚藍再茂：「教長郎毓宗（藍深）兄，舉經學簡，授大尹。仲即鳧渚（藍潤）兄，成皇清首科，進士起家。太史諸孫，森森玉樹，或弱冠食廩餼，或孟年拔冑監、補弟子員者，且抱曾孫焉。所謂文德武功世其家，世其德，世其功業榮名，真易世未艾也。」〔註150〕清人高爾儼《賀藍老父母初度序》也盛讚稱：「太翁即以鳧渚公貴，龍章寵錫，晉秩太史，可稱特恩殊榮。而長公毓宗，翹楚藝壇，飛鳴佇見驚人。諸孫森森玉立，髫年已食餼王家，則天之酬太翁，正日升月恒，方興未艾也。」〔註151〕一時間，即墨藍氏家族人才濟濟，聲名再起，創造了家族第

〔註147〕〔清〕傳以漸：《前南皮令藍公墓誌銘》，藍潤《餘澤錄》，藍氏家刻本，順治十六年，卷四，第52頁。

〔註148〕〔清〕高爾儼：《賀藍老父母初度序》，藍潤《餘澤錄》，藍氏家刻本，順治十六年，卷四，第33～34頁。

〔註149〕〔清〕藍深、藍潤：《封太史公行述》，《藍氏族譜》不分卷，河北大學圖書館藏清鈔本，第17頁。

〔註150〕〔清〕魏天賞：《賀藍老先生七十有一初度序》，藍潤《餘澤錄》，藍氏家刻本，順治十六年，卷四，第37頁。

〔註151〕〔清〕高爾儼：《賀藍老父母初度序》，藍潤《餘澤錄》，藍氏家刻本，順治十六年，卷四，第33～34頁。

二次發展高峰。

（四）整修宅堂

即墨藍氏家族發展至藍再茂時，已有三百餘年歷史，家族的祠堂、書院、祖宅等建築多經過百年風雨，尤其是家族中衰之時未加修繕，皆已嚴重殘損。藍再茂組織人員、集中財力對家族老建築進行全面修繕，使百年建築煥然一新。藍深、藍潤在《封太史公行述》記載稱：「先侍郎公（藍章）奉勅建祠堂兆域百餘載，不無因循之感。府君篤木本水源，重新廟貌，高廓營牆，松楸改觀。郭外東厓書院、嶗山華陽書院，先人發跡勝地，府君費數年辛苦，漸次整理，建亭池樓臺，種竹灌花，以樂餘年，邀窮親故交盤桓，延師友，令子孫肄業於內。城裏大宅，世鷹堂、世慶樓，正德丙子先侍郎公創立者，府君建重樓一座，名「收遠樓」，且高大其門，以守兼創。」〔註152〕可見，藍再茂不僅全面整修家族的祖宅、祠堂、書院等老建築，而且又著手擴建、增建樓宇，高大門庭，美化宅院，壯大了即墨藍氏家族門庭。

（五）贏得榮譽

由於藍再茂在仕宦、家族建設及維護即墨地方安定諸多方面都作出了突出貢獻，他得到了明清政府、即墨當地給予的諸多褒獎和社會各界的廣泛讚譽，爲即墨藍氏家族贏得了榮譽。

1、朝廷褒獎

藍再茂於崇禎二年（1629）任南皮縣令，至崇禎八年（1635）致仕，在任雖然時間不長，但政治卓著。不僅受到朝廷的褒獎，也得到了同僚們的廣泛舉薦讚譽。清人張琛稱讚他：「至於公之居官，惠流一方，尸祝百世，尤多焯焯可紀。」〔註153〕王鐸在《賀藍老年翁初度序》中稱藍再茂：「公奏績三載，按部交章薦者歷二十二人，部議紀功者四，膺上賞者二。」〔註154〕藍深、藍潤在《封太史公行述》中詳細記載了當時朝臣舉薦藍再茂的情況，稱：「先後

〔註152〕〔清〕藍深、藍潤：《封太史公行述》，《藍氏族譜》不分卷，河北大學圖書館藏清鈔本，第16～17頁。

〔註153〕〔清〕張琛：《皇清敕封文林郎內翰林國史院檢討加一級詔贈中大夫前南皮縣大尹青翁藍老先生崇祀鄉賢序》，藍潤《餘澤錄》，藍氏家刻本，順治十六年，卷四，第46頁。

〔註154〕〔清〕王鐸：《賀藍老年翁初度序》，藍潤《餘澤錄》，藍氏家刻本，順治十六年，卷四，第19頁。

薦揚者，按院甘公學闊，巡青科道傅公朝祐、梁公元柱，鹽院楊公方盛，總河部院朱公光祚，太僕寺卿賀公世壽，巡青科道葛公應斗、陳公奇猷，餉院吳公煥，按院吳公阿衡，漕院余公城，鹽院張公學周，太僕寺卿楊公方盛，天津部院鄭公宗周，巡青科道王公猷、周公堪賡，太僕寺卿馬公名世，總督倉場、戶部尚書錢公春，餉院王公邦柱，屯院黨公崇稚，學院袁公鯨也。爲捐犒援兵，特薦者巡視登島太監呂公直，巡視寧錦太監高公起，潛山東撫院朱公大典，按院謝公三寶也。題河工告成，奉欽獎賞銀十兩，總河部院朱公光祚也。題薦紀錄者，總河部院朱公光祚，餉院吳公煥，撫院丁公魁楚，按院吳公阿衡，天津部院鄭公宗周也。行文優獎者，漕院王公邦柱、趙公振業，關院王公道直，屯院姜公思睿，總河部院朱公光祚，薊遼部院曹公文衡也。計薦二十二次，欽賞一次，紀錄四次，優獎六次，三載考績，癸酉八月，撫院丁公魁楚題留擢用，考功張公其平，覆勘候封典矣。」〔註155〕從中可見，藍再茂爲官一任，惠澤一方。由於政績卓著，受到當朝的褒獎，得到同僚們的普遍讚譽。

2、地方褒獎

藍再茂對即墨地方建設和穩定也作出了突出貢獻，爲表彰其功績，清政府授予藍再茂即墨「封君」之稱，開即墨史上封君之先。藍深、藍潤在《封太史公行述》稱：「戊子，恭遇覃恩，府君於癸巳夏蒙銓部具題受封，是墨邑之封君，自府君以開先。」〔註156〕藍再茂又是繼其曾祖藍章、祖父藍田之後，第三個入祀即墨鄉賢的藍氏族人。時任即墨知縣的張琛在《皇清敕封文林郎內翰林國史院檢討加一級詔贈中大夫前南皮縣大尹青翁藍老先生崇祀鄉賢序》中盛讚：「茲青翁夫子從祀於鄉，其淵源之美，猶可悉稽。自其少司寇公以及侍御公，以及公之身，百餘年間，盛典三舉，信其家之多賢也。不然何慕之者之眾也。豈第鄉里之光，誠有國者所深願也。」〔註157〕萊陽宋璉也在《封太史公傳》中稱：「公沒之後，墨水及南皮思公之德澤，不忍磨滅，各彙

〔註155〕〔清〕藍深、藍潤：《封太史公行述》，《藍氏族譜》不分卷，河北大學圖書館藏清鈔本，第14～15頁。

〔註156〕〔清〕藍深、藍潤：《封太史公行述》，《藍氏族譜》不分卷，河北大學圖書館藏清鈔本，第23頁。

〔註157〕〔清〕張琛：《皇清敕封文林郎內翰林國史院檢討加一級詔贈中大夫前南皮縣大尹青翁藍老先生崇祀鄉賢序》，藍潤《餘澤錄》，藍氏家刻本，順治十六年，卷四，第46頁。

其事蹟，請於上，得奉主鄉賢名宦，使春秋享祀弗絕云。」清康熙壬寅年（1662），即墨縣又在縣十字街西爲藍再茂立「開天恩寵坊」；清康熙丁巳年（1677），在盟旺山塋爲藍再茂立「松露琳宮坊」。

同時，由於藍再茂勤政愛民，造福南皮，故而深得南皮百姓愛戴。南皮地方建生祠立像祭祀，清人呂纘祖稱：「凡舊列編氓，無不想公之德政，歌頌不忘，業爲崇祀名宦，建立生祠」〔註158〕，其名也被列入南皮名宦之列，傳略載於清《南皮縣志》。

二、藍再茂的主要仕宦成就

明崇禎元年（1628），藍再茂恩選貢生，崇禎三年（1630）冬，出任南皮縣知縣，至崇禎八年（1635）辭官歸養，在任六年。時間雖短，但成就卓著。南皮縣地處偏遠，土地積薄，百姓貧困，難以治理。呂纘祖在《敕封文林郎內翰林國史院檢討加一級邑侯名宦藍公生祠記》中備述南皮貧瘠及治理之難，稱：「（南皮）地瘠民貧，生理鮮少，與滄等。但無鹽商大賈華麗奢靡、騁奇盈以耀人心，敧民業而風俗倍樸，至爲南北衝衢則無異。有所急惟與嫈嫈士庶相謀念，宰是邑者往往甚難之。時當明末，廟堂之上有君無臣，軍興旁午，悉索敝賦以困小民。爲有司者，救過不暇，違爲地方安危計。」〔註159〕藍再茂上任後，肅清吏治，審理訴訟，輕繇薄賦，尊儒敬賢，講修武備，在短暫的時間內，革除弊政，平反冤獄，實現了文治。尤其在吳橋兵變危急時刻，藍再茂以身涉險，深入敵營，力勸叛賊，保全南皮，免萬民受兵亂之苦，屢受朝廷褒獎，百姓世代感恩，立肖像祀之。其主要功績主要有五個方面：

（一）革除弊政

南皮縣地處河北省東部，本是偏遠小邑，加上「前任透支，吏胥侵欺，至三千三百餘兩」〔註160〕，造成邑貧民困。謝三賓《藍公實政序》稱：「皮故劇邑，兵興以來，輪蹄輪挽，徵發期會，日無寧咱，民疲奔命。」〔註161〕藍

〔註158〕〔清〕呂纘祖：《敕封文林郎內翰林國史院檢討加一級邑侯名宦藍公生祠記》，藍潤《餘澤錄》，藍氏家刻本，順治十六年，卷四，第43頁。

〔註159〕〔清〕呂纘祖：《敕封文林郎內翰林國史院檢討加一級邑侯名宦藍公生祠記》，藍潤《餘澤錄》，藍氏家刻本，順治十六年，卷四，第41頁。

〔註160〕〔清〕傅以漸：《前南皮令藍公墓誌銘》，藍潤《餘澤錄》，藍氏家刻本，順治十六年，卷四，第53頁。

〔註161〕〔清〕謝三賓：《藍公實政序》，藍潤《餘澤錄》，藍氏家刻本，順治十六年，卷四，第39頁。

再茂初到南皮後，通過抵補錢糧、清查倉庫、清審編戶、均丈地畝、分理詞訟等一系列的措施，緩解了百姓的壓力，扭轉了困頓局面。謝三賓稱：「公本以至誠，動必體物，調停斟酌，皆有妙用，事克舉而民不勞。」〔註162〕傅以漸也稱藍再茂：「申各臺院，續為抵補，經徵條銀、漕糧，先其報完。盡革侵挪之陋。」〔註163〕清人孟兆祥作《抵補錢糧》、《清查倉庫》、《清審編戶》等詩歌記述藍再茂功績。

（二）明於斷訟

在任南皮令期間，藍再茂秉公執法，明察秋毫，清正廉潔，不懼權貴，處理了大量積壓案件，對冤假獄案進行平反，百姓信服，稱讚他神明決斷。傅以漸記載：「（藍再茂）斷訟片言立解。初，鞫富戶於大禮暨富衿崔蛟騰兩家疑案，皆係重獄。有以暮夜金進者，公怒而卻之，旋集紳衿，焚香籲誓，決大事，剖大疑。風行電爍，物無遁情，豪族且相戒斂手，鄰封百姓服聽斷之明。借籍貫而訴上求批者累累，疏冤豁滯，歲且十百，上臺曾未駁一。詳甫期月，蒙甘御史學闓薦牘曰：『聽訟一見即決，人頌神明』。」〔註164〕由於他的縝密細緻和公正無私，冤案得以糾正，姦邪難以容身，百姓的利益得到保障。張師度稱藍再茂：「以才華不齕筒而察，不鈎巨而精，不搏擊而威。左右有受取、請求，絲髮之奸靡所不爍。懲一儆百，肘腋為之一清，常與民期於無訟。」〔註165〕

（三）講修武備

明代末年，變亂四起，百姓生命和財產受到嚴重威脅。南皮作為邊遠小邑，更是變亂頻仍。高爾儼在《藍老父母初度序》中稱南皮：「土瘠平易近悍，賦逋而盜日充蹄旁午。」〔註166〕藍再茂秉承藍氏家族為官傳統，加強地

〔註162〕〔清〕謝三賓：《藍公實政序》，藍潤《餘澤錄》，藍氏家刻本，順治十六年，卷四，第39頁。

〔註163〕〔清〕傅以漸：《前南皮令藍公墓誌銘》，藍潤《餘澤錄》，藍氏家刻本，順治十六年，卷四，第53頁。

〔註164〕〔清〕傅以漸：《前南皮令藍公墓誌銘》，藍潤《餘澤錄》，藍氏家刻本，順治十六年，卷四，第53頁。

〔註165〕〔清〕張師度：《藍老年臺績滿序》，藍潤《餘澤錄》，藍氏家刻本，順治十六年，卷四，第12頁。

〔註166〕〔清〕高爾儼：《藍老父母初度序》，藍潤《餘澤錄》，藍氏家刻本，順治十六年，卷四，第33頁。

方武備，緝拿盜匪，實行保甲制度；增修河防，修城濬池，使得盜匪望風遠遁，城防固若金湯。傅以漸稱：「躬擒大盜，申十六條之保甲，練千餘人之鄉勇。」〔註167〕高爾儼稱：「太翁（藍再茂）下車寬猛適劑，擺佈並畫，治賦賦減，訊刑刑清，廨宇域垣，廢者舉，缺者葺。凡客旌漕舫過者，咸飽德以去。而探丸肱篋之徒，……聞太翁，夙遠遁，而行旅以安。」〔註168〕孟兆祥稱藍再茂：「築高鑿深，以壯金湯；修廢舉墜，以迓夙氣。」〔註169〕孟兆祥和石三畏分別作詩予以高度讚揚。

（四）尊賢重教

南皮作爲偏遠小邑，民風樸略，多乏文教。藍再茂在任期間，尊賢重教，「延問鄉賢，禁飭劣士」〔註170〕，整修學宮，「課士談經，以弘道化」〔註171〕，對南皮地方文化和教育事業作出了積極貢獻。孟兆祥在《崇新學宮》中稱：「日在中天吾道明，皮城比屋盡弦聲。橋門雄峙開賢路，奎閣高臨接鳳城。萬古貞元今間值，百年教化喜先成。於今文運增前盛，麟鳳郊遊播令名。」石三畏在《月課諸士》中描繪了藍再茂教導南皮士子的情形：「西蜀文翁化若何，至今士子詠菁莪。千秋寂寞誰爲繼，歎息槐南枯樹柯。趨來渤海神仙令，肩荷斯文鄰孔孟。手提尺鑊振衰頹，應與文翁稱比併。鶴料蕭條捐月俸，揖進青衿共弦誦。橋門燈火夜千星，樹兮人兮應孰種。當日狄門桃與李，於今盡在公門矣。計偕拜舞充庭實，英雄入彀天顏喜。願借魏文燕友臺，俎豆馨香歸若罍。」藍深、藍潤在《封太史公行述》中詳細記載了藍再茂的身體力行的倡導文教情形，其文曰：「（藍再茂）修學宮書院，興起學校，按月課，程列等第有賞賚，人文蔚起，相繼而發者進士劉深，舉人張茂華、湯淳、吳惟哲、湯裔振也；至於儲穀濟貧士，置學田不愛心力，扶進人才許獨步等二十餘人，從以舉火，湯鋐、張自成由以致身者

〔註167〕〔清〕傅以漸：《前南皮令藍公墓誌銘》，藍潤《餘澤錄》，藍氏家刻本，順治十六年，卷四，第53頁。

〔註168〕〔清〕高爾儼：《藍老父母初度序》，藍潤《餘澤錄》，藍氏家刻本，順治十六年，卷四，第33頁。

〔註169〕〔清〕孟兆祥：《賀藍老父母榮薦神明序》，藍潤《餘澤錄》，藍氏家刻本，順治十六年，卷四，第2頁。

〔註170〕〔清〕傅以漸：《前南皮令藍公墓誌銘》，藍潤《餘澤錄》，藍氏家刻本，順治十六年，卷四，第53頁。

〔註171〕〔清〕孟兆祥：《賀藍老父母榮薦神明序》，藍潤《餘澤錄》，藍氏家刻本，順治十六年，卷四，第2頁。

也。」

可見，藍再茂尊賢重教，在短短的時間裏，使南皮縣人文蔚起，人才輩出，為南皮縣的文化和教育事業做出了重要貢獻。

（五）實現文治

南皮縣地處偏遠，土地瘠薄。藍再茂上任時，由於過去地方官員重賦盤剝，民生凋敝。加上兵亂之禍，百姓疲於奔命，常有為非作亂之人，難以治理。藍再茂緝拿盜匪，革除弊政，加固城防，提倡文教，數年間，南皮地方社會安定，百姓和樂，實現了大治。張師度在《藍老年臺績滿序》中稱讚藍再茂：「一以寬大為務，本之以忠信，持之以勤慎，而出之……是以德政翔洽，治狀改觀，月異而歲不同。數載間，案無舞文之吏，郡無夜吠之犬，蔀屋無向隅之泣，萑苻無嘯聚之驚，圜圄無覆盆之冤，四境含膏飲醇，鼓腹擊壤衝疲之邑，另闢一景界，誰之力哉！」〔註172〕萊陽宋璉《封太史公傳》稱藍再茂：「人服其德化，向如流水直指。」〔註173〕呂纘祖也記載稱：「嘗記一日入其（藍再茂）境，登其堂，賓館滌除不異里門。別業壁間古畫，几上爐香，坐擁琴書，百城南面，蕭清之風藹藹襲人，睹一庭而四境可知。」〔註174〕又盛讚稱：「文治彬彬，如我藍公之宰是邑，則誠一時三代也。」〔註175〕孟兆祥也盛讚稱：「今日者天遺藍公，出宰是邑，福星垂耀，景物騰輝，三月而一變，期月而大治，越歲而騤騤呼報成績矣。民興召杜之歌，人起神明之頌。美哉！善政獨步一時，以故諸上臺同舌而賢之。譽走長安，名飛當寧，兩載之間，奉欽賞者二，登紀錄者三，循良之疏業經十上，褒嘉之檄未可指數，頃以旬日，臺薦三膺，華袞駢繁，爛焉奪目，而總之以神明為推重。」〔註176〕可見，藍再茂創造南皮的大治局面，對南皮百姓惠澤深遠，也贏得了百姓深深地愛戴和社會的廣泛讚譽。

〔註172〕〔清〕張師度：《藍老年臺績滿序》，藍潤《餘澤錄》，藍氏家刻本，順治十六年，卷四，第12～13頁。

〔註173〕〔清〕宋璉：《封太史公傳》，《藍氏族譜》不分卷，河北大學圖書館藏清鈔本，第51頁。

〔註174〕〔清〕呂纘祖：《敕封文林郎內翰林國史院檢討加一級邑侯名宦藍公生祠記》，藍潤《餘澤錄》，藍氏家刻本，順治十六年，卷四，第42頁。

〔註175〕〔清〕呂纘祖：《敕封文林郎內翰林國史院檢討加一級邑侯名宦藍公生祠記》，藍潤《餘澤錄》，藍氏家刻本，順治十六年，卷四，第41頁。

〔註176〕〔清〕孟兆祥：《賀藍老父母榮薦神明序》，藍潤《餘澤錄》，藍氏家刻本，順治十六年，卷四，第1頁。

（六）保全南皮

藍再茂在任期間，最大的功績在於「吳橋之變」時，保全南皮，使百姓免於生靈塗炭。兵變之時，情況萬分緊急，傅以漸稱藍再茂：「辛未登兵北發，吳橋激變，去南皮僅三舍，先過南皮者，歡嘩思動，士民震恐。」〔註177〕面對嚴峻的形勢，藍再茂深入叛軍營地，極力勸諫，又多方籌措錢糧，犒勞軍士，最終保全南皮，使百姓免於塗炭。孟兆祥稱：「吳川變後，滄津一帶，官之精神、民之命脈，……多方調善，犒役不下萬眾，選練幾至千人，而慷慨急公甚。且值變之初，單騎詣營，曉以大義，即前狂逞詾詾、到處蹂躪者，入我境而秋毫無犯也，偉哉大矣！」〔註178〕傅以漸對藍再茂的貢獻及能力更是給予高度評價，稱：「公（藍再茂）直入軍中，曉以大義，方撤營南下。而到處焚劫，數載荼毒，南皮獨得安全，公之功何如哉！援兵絡繹者五次，人將三萬，而備牛酒草豆以供應，不動公帑，不派民間，咄嗟立整，公之才又何如哉！」〔註179〕藍再茂為保全南皮作出突出貢獻，受到了南皮百姓的深深愛戴。謝三賓在《藍公實政序》中稱：「聞南皮之賢士大夫及父老子弟，思之不衰，相與屍而祝之，且歌而詠之，此豈智術權力之所能驅使哉！蓋公之清操如范萊蕪，其仁愛如魯中牟，盤錯如虞珂歌，而敬賢友仁如宓單父。被公之澤者，誠發於中，不能自己，是以時彌久而愛彌彰也。」〔註180〕

由此可見，藍再茂在仕宦方面做出了多方面的重要貢獻，也贏得了社會各界的廣泛讚譽。可以說，藍再茂一生功勳卓著，恩榮並獲。

三、藍再茂對地方建設方面貢獻

（一）捍衛即墨

明清易代之際，即墨地區先後為清兵、叛匪等所侵擾，百姓生命財產屢受威脅。藍再茂在整修城牆、加強城防、組織抵抗等方面都做出了突出貢獻。

〔註177〕 〔清〕傅以漸：《前南皮令藍公墓誌銘》，藍潤《餘澤錄》，藍氏家刻本，順治十六年，卷四，第53～54頁。
〔註178〕 〔清〕孟兆祥：賀藍老父母榮薦神明序》，藍潤《餘澤錄》，藍氏家刻本，順治十六年，卷四，第3頁。
〔註179〕 〔清〕傅以漸：《前南皮令藍公墓誌銘》，藍潤《餘澤錄》，藍氏家刻本，順治十六年，卷四，第53～54頁。
〔註180〕 〔清〕謝三賓：《藍公實政序》，藍潤《餘澤錄》，藍氏家刻本，順治十六年，卷四，第39～40頁。

明崇禎十五年（1642），藍再茂出資捐修損壞的東城，長九十尺。用銀五百餘兩，彌月告成。此時，由熱河等地流竄入山東境內的清軍隨至，圍攻即墨城，藍再茂又偕子藍深、藍滋（藍潤）專守東城門，捐銀捐糧，身先士卒，督率城中軍民鼎力拒守，使清兵久攻不克，迫使清兵撤走，即墨城得以保全。《縣親友敘先封太史公歷履》中對這件事作了記錄，稱：「獨是去冬，敵人叩關本縣東城。自門以北傾倒日久，尚未修理。乃不忍坐視，竭力任修，不動公帑，不派一夫，計修九十尺，用銀五百餘，彌月告成。東兵隨至矣，設不修破城，眾必棄城，雖捐多金，將誰與守，謂非其保障之功不可也。及其憂國憂民，殫精拮据，偕兩子廩生藍深、藍滋（藍潤）專守東城，督卒青衿，協力死守，晝夜巡察，衣不解帶者三閱月，而捐銀捐糧，不恤空囊。諸如雇覓壯丁，犒賞營兵，製炕炮造大藥器械等項，費銀五百餘兩。是以城頭嚴密，攻者三至城下，而東城屹如山立，不敢內窺者有，獨當一面之勢，運籌帷幄，鞏固封強，咸加人一等矣。」〔註181〕

明崇禎十七年（1644），李自成攻陷京都（今北京市）。崇禎皇帝朱由檢弔死在煤山（今北京市景山），明朝滅亡。即墨黃宗賢、郭爾標、周六等人，乘機煽動當地農民作亂。這年秋天，黃宗賢、郭爾標、周六等人率眾圍攻即墨城，即墨知縣倉皇逃竄。河北明軍前來增援，結果大敗而歸。藍再茂與黃宗昌等人組織城中豪紳士民，固守城門，頑強抵抗。黃宗賢、郭爾標、周六等率眾圍城三十餘天，攻城十幾次，均未成功。後楊遇吉乘夜出城趕赴萊州求助。當時萊州已歸順清廷，膠州總鎮柯永盛委參將楊遇明、孔國治、守備韓朝相等領兵至即墨，黃宗賢、郭爾標、周六等四散敗亡，即墨圍解，藍再茂又出囤粟百石爲鰲山衛戰守資。在整個抗匪保城戰鬥中，藍再茂組織人力，貢獻財物，運籌帷幄，指揮戰鬥，爲保衛即墨百姓生命財產作出了積極貢獻。

（二）賑濟貧弱

即墨藍氏家族作爲地方大族，家風仁厚。藍再茂經常接濟貧弱，賑救災荒，救生葬死，百姓深受其恩惠，不少人依靠藍再茂接濟得以度日。張琛稱藍再茂：「分財不怯，諸凡恰比其鄰，收恤其族，舉火者惟公，無告者惟公，捍患禦災者惟公。維繫風俗，轉移利害，成敗之惟公，此皆邦之人生而

〔註181〕〔明〕藍再茂：《世鷹堂遺稿》，藍氏家印本，2014年，第100頁。

仰其德，歿而懷其惠。故君子悉有眾善無弗，愛且敬焉。」〔註182〕宋澄嵐也稱讚藍再茂：「世其懿徽而益培之。大本在孝友，推之為施濟，完人室家，助人喪葬，資人俯仰，成人之德，免人之患，蓋不可舉數。至於重學敦儒，勤勤不倦，知人材之，自出風俗之�興，所以致其志也，誠處厚之君子哉！」〔註183〕藍啟肅在《祭歷代鄉賢暨崇祀先侍郎先御史先贈按察公文》中也指出：「（藍再茂）承前啟後，周人之急，恤人之困，扶危定傾，嘖嘖人口。」〔註184〕

　　明末清初，即墨地區災荒綿連。據《即墨縣志》及《藍氏族譜》記載：明萬曆四十三年（1615）、明崇禎十三年（1640）、清順治十二年（1655）短短四十年間，即墨地區就發生了三次嚴重的旱災，造成即墨大饑，一度出現人相食的慘劇。當時不少囤積穀物的人家高價出售，一夜暴富。而藍再茂，開倉賑災，救人無數。對於死後無以下葬之家，幫助安葬死者，辦理喪事。藍深、藍潤《封太史公行述》記載：「庚辰大祲，粟米如珠，餓殍載道，府君捐粟粥場賑饑民，掘萬人坑瘞枯骨，宗族鄉黨暨四方流離，有聞必賑，全活者不可數計，里中積穀之家，悉成巨富，府君施予一空。庚寅再饑，乙未又饑，賑之皆如初事。」〔註185〕

四、藍再茂的文學成就

　　藍再茂著作豐富，有《實政錄》四卷（一說二卷）、《讞牘初刻》二卷，《世鴈堂集》一卷、《家訓》一卷。但著作散佚嚴重，十不存一。目前所見，有藍氏家藏手鈔本《封太史公遺詩》，存五言律詩 10 首，七言律詩 5 首，五言絕句 3 首，七言絕句 4 首，共計 22 首。2014 年，藍信寧又廣泛搜集相關文獻，整理藍再茂詩作，印發了《世鴈堂遺稿》。該書在收錄藍再茂的二十二首詩歌的同時，又收錄了大量與藍再茂相關的史料、詩文等。卷首有邑人黃宗臣題《明南皮縣令再茂公七十一歲樂圖》一幅，《明南皮縣令再茂公墓誌》拓片一葉，清康熙壬寅建再茂公開天恩寵坊圖一幅，藍再茂題寫於嶗山華陽書院「重

〔註182〕〔清〕張琛：《前南皮縣大尹青翁藍老大人老先生崇祀鄉賢序》，藍潤《餘澤錄》，藍氏家刻本，順治十六年，卷四，第 46 頁。

〔註183〕〔清〕宋澄嵐：《前南皮縣大尹青翁藍老先生崇祀鄉賢序》，藍潤《餘澤錄》，順治十六年，卷四，第 49 頁。

〔註184〕〔清〕藍啟肅：《清貽居集》，藍氏家印本，2012 年，第 100 頁。

〔註185〕〔清〕藍深、藍潤：《封太史公行述》，《藍氏族譜》不分卷，河北大學圖書館藏清鈔本，第 17 頁。

遊舊地」石刻圖一幅，藍信寧《世鷹堂遺稿序》一篇，清《萊州府志・藍再茂傳》，清《即墨縣志・藍再茂傳》，清《南皮縣志・藍再茂傳》等，這些都是關於藍再茂的彌足珍貴的重要史料。

另外，該書還收錄了親朋師友爲藍再茂撰寫的壽詩、挽詩、生祠記、墓誌銘等詩文計一百餘篇（首）。這是目前收錄藍再茂詩作以及與藍再茂相關史料最全的版本。

藍再茂存世的詩歌數量不多，僅二十二首，但卻頗具特色。沙澄稱讚其詩「淹貫博洽，詩文有古人風味。」〔註186〕藍信寧《世鷹堂遺稿序》稱藍再茂詩詞：「清新自然，閒適恬淡，意境深遠。」〔註187〕從內容來看，略可分爲閒居詩、遊覽詩、贈別詩、賀詩、懷古詩、敘事詩等。

閒居詩。藍再茂雖然仕宦成就卓著，深受百姓愛戴，但後受奸紳陷害，於崇禎己亥（1635年）辭職歸田，過上了山居生活，《山居即事》正是其生活的眞實寫照。該詩被同治版《即墨縣志》及《即墨詩乘》收錄。

> 春入數峰晴，河流戶外聲。高懷雲淡落，靜目水空明。
>
> 草木宜清適，安閒足達生。卑藏成後老，不用杖浮名。
>
> ——《山居即事》

詩歌的前四句，細緻描繪了居所周圍優美的景色，以及詩人的深切感受。詩人的居所依山傍水，在晴朗的春日，天高雲淡，河水清澈有聲，這樣優美的環境讓人耳目清新，心情放鬆。詩歌的後四句，詩人表達了對清靜閒適生活的嚮往，以及對功名利祿的淡漠。整首詩清新自然，閒適恬淡，意境高遠。

遊覽詩。藍再茂的遊覽詩歌數量不多，《登蓬萊閣》是比較優美的一首：

> 高閣臨無際，憑欄望海天。長空拖白練，萬頃落銀川。
>
> 仙侶曾留跡，長蘇猶記年。驚波今不作，暫憩看鳶飛。

詩歌前四句，以極其簡潔的、生動的語言描繪了登臨蓬萊閣所看到的壯美的景觀：登上高閣，憑欄望海，海天相接，一望無際。既像長空拖著白練，又像萬頃銀河從天而降，這是多麼優美壯觀的畫面。詩歌後四句，運用對比的手法，前兩句追述了蓬萊閣的光輝歷史，指出蓬萊聖地仙侶曾經留跡，著

〔註186〕〔清〕沙澄：《皇清敕封文林郎内翰林國史院檢討加一級詔贈中大夫前南皮令藍公墓表》，藍潤《餘澤錄》，藍氏家刻本，順治十六年，卷四，第60頁。

〔註187〕〔明〕藍再茂：《世鷹堂遺稿》，即墨藍氏家印版本，2014年，卷首第2頁。

名詩人蘇軾曾題字。後兩句迅速將筆觸引至眼前，如今的蓬萊閣下，一片寧靜，波濤不驚，詩人可以憑欄遠看鷹飛翔。整首詩語言清新，格調簡潔，動靜結合，開闊自如，寫景抒情自然流暢，是一首出色的遊覽詩。

交遊詩。藍再茂的交遊詩，以《宿容堂上人禪房》、《贈別於萃齋還東車》、《送何少尹致政歸里》等爲代表。以《宿容堂上人禪房》爲例：

> 迷路聽鐘聲，禪林廚火青。堂寬偏聚客，僧靜帷談經。
>
> 妙數通天籟，圓光半月明。萬緣皆幻夢，一枕悟無生。

藍氏家族素與僧道過從甚密。這是一首記述詩人與僧人交遊的詩歌。前四句，描寫了詩人山行迷路，天色已晚，循著鐘聲來到寺院，容堂上人盛情款待，並與詩人暢談佛經。後四句，詩人高度讚揚了容堂上人精通佛理，也表達了自己對佛理、對人生的感悟。整首詩敘事抒情，彌漫著佛機禪理。

懷古詩。藍再茂的懷古抒情詩歌以《秋日壚里弔古》爲代表：

> 當年歌舞醉紅妝，多少春風桃李旁。
>
> 曉度池塘搖錦絹，夜開樓閣見輝光。
>
> 秦臺聲斷人何處，楚岫雲迷夢已荒。
>
> 自古銷魂行樂地，不關秋色正蒼凉。

這首詩懷古抒情。詩人運用古今對比的形式，以古代壚里的極盡繁華與今日的落魄蕭條形成鮮明的對照，表達出歷史興衰無常的無限感慨。詩歌前四句，極盡所能描繪了壚里昔日的豪奢與輝煌：遙想當年，才子佳人，偎依纏綿，燈紅酒綠，歌舞翩翩，日夜不息，燈火輝煌。詩歌後四句，與前四句形成鮮明對照，詩人借用秦臺、楚岫典故感贊壚里昔日輝煌不在。「自古銷魂行樂地，不關秋色正蒼凉」兩句抒發了對歷史滄桑變化的無限感慨。整首詩，概括精當，描寫生活，既有厚重的歷史感，又有對人生、對社會的深刻思考，是一首非常經典的懷古抒情詩。

此外，藍再茂的題畫詩如《題蘇子卿牧羝圖》、賀詩如《賀人生子》、《祝壽》，也都各有特色。

綜上所述，藍再茂在藍氏家族中衰之際，勇擔重任，振興家族，在仕宦、家族建設、文學創作等方面都取得重要成就，爲即墨地方穩定和發展作出積極貢獻，也爲藍氏家族贏得了諸多榮譽。他是藍氏家族發展史上最傑出的代表人物之一。

附：藍再茂年譜

弁言

公諱再茂，字青初，號雨蒼。明末清初即墨人。父諱思紹，號如泉，明禮部儒士，加銜光祿寺署丞。母王氏，膠州人，贈淑人；繼母焦氏，贈淑人。元配孺人孫氏，詔贈太淑人，同邑舉人孫公丕獻女；繼崔氏，詔贈太淑人，平度州人，河間府通判崔公校女；繼配孺人沈氏，敕封太淑人，京都錦衣衛百戶沈公世桂女；副孺人陳氏。弟愈茂，字清源，明庠生。女兄弟無考。子二：深，字明水，號毓宗，恩貢生，官江南臨淮縣知縣。潤，字海重，號梟渚，原名滋，順治皇帝御筆改名。丙戌進士，授庶吉士，福建右參政督糧道、前內翰林宏文院侍讀、提督江南學政，官至湖廣左布政使。女三：長適鎮西衛經歷焦公恩得男、鰲山衛掌印指揮使文運。次適太保兵部尚書黃公嘉善孫、提督街道錦衣衛管衛事都指揮使培。三字萊陽縣庠生王蘄潤，早卒。孫男五：長啓先，拔貢生，甲午病卒，娶太原府同知呂公希尚男、庠生仲生女，從夫殉節，潤出。次啓晃，歲貢生，娶平度州平山縣知縣崔公維尉男、庠生中行女，潤出，出嗣深子。次啓亮，官生，娶雲和縣知縣楊公兆鯤男、庠生遇吉女，潤出。次啓冕（啓肅），舉人，聘寧鄉縣知縣江公衍沂男、廩生連珠女，早卒，改聘南雄知府周公爆孫女、庠生世德女，深出。次啓延，進士，聘楊氏，潤出。孫女可考者三，長適廩生盧公楫男、庠生德徵，深出。次適鰲山衛指揮使廉公惟堯孫、增生士貞，潤出。次字癸未進士黃公宗庠孫貞敏，潤出。

年譜

明萬曆十一年（1583）癸未　公生於二月十七日卯時。

明萬曆十二年（1584）甲申　公二歲。

明萬曆十三年（1585）乙酉　公三歲。
學識字。

明萬曆十四年（1586）丙戌　公四歲。
能記誦唐詩宋詞。

明萬曆十五年（1587）丁亥　公五歲。

明萬曆十六年（1588）戊子　公六歲。

明萬曆十七年（1589）己丑　公七歲。

讀書於藍氏東厓書院，名師教讀。

明萬曆十八年（1590）庚寅　公八歲。

明萬曆十九年（1591）辛卯　公九歲。

明萬曆二十年（1592）壬辰　公十歲。

明萬曆二十一年（1593）癸巳　公十一歲。

明萬曆二十二年（1594）甲午　公十二歲。

二月初二日，母王氏卒，享年四十六歲，葬嶗山華樓河東畢家村南原。嶗山道士欒道明等糾黨聚眾，輒欲奪藍氏嶗山數處之遺產，公乃毅然身當質訟，司臺履境親驗，置欒道明等於法，不逞之徒，驚服其膽智，而公志氣彌屬，曰：「不涉世不可以入道」。於是奮圖祖業，剛柔並用，即有風波詬誶，而豪強究未得遂其吞併，諸兄弟坐享其利。

明萬曆二十三年（1595）乙未　公十三歲。

讀書鰲山衛衛學。

明萬曆二十四年（1596）丙申　公十四歲。

十一月十二日，弟愈茂生，焦孺人出。

明萬曆二十五年（1597）丁酉　公十五歲。

明萬曆二十六年（1598）戊戌　公十六歲。

娶同邑舉人孫公丕獻女。

明萬曆二十七年（1599）己亥　公十七歲。

明萬曆二十八年（1600）庚子　公十八歲。

明萬曆二十九年（1601）辛丑　公十九歲。

明萬曆三十年（1602）壬寅　公二十歲。

明萬曆三十一年（1603）癸卯　公二十一歲。

明萬曆三十二年（1604）甲辰　公二十二歲。

明萬曆三十三年（1605）乙巳　公二十三歲。

明萬曆三十四年（1606）丙午　公二十四歲。

十二月十三日，長子藍深生。

明萬曆三十五年（1607）丁未　公二十五歲。

明萬曆三十六年（1608）戊申　公二十六歲。

明萬曆三十七年（1609）己酉　公二十七歲。

明萬曆三十八年（1610）庚戌　公二十八歲。

九月十五日，次子藍滋生，字千水，號鳧渚。

明萬曆三十九年（1611）辛亥　公二十九歲。

明萬曆四十年（1612）壬子　公三十歲。

明萬曆四十一年（1613）癸丑　公三十一歲。

明萬曆四十二年（1614）甲寅　公三十二歲。

公與闔族同修《即墨藍氏族譜》，書有《即墨藍氏族譜》序文。

明萬曆四十三年（1615）乙卯　公三十三歲。

即墨大饑，人相食，公捐糧賑濟。

十二月十五日卯時，孫孺人卒，享年三十二歲。

明萬曆四十四年（1616）丙辰　公三十四歲。

清太祖努爾哈赤割據遼東，建立後金，建元天命。

明萬曆四十五年（1617）丁巳　公三十五歲。

明萬曆四十六年（1618）戊午　公三十六歲。

於膠西夜行歸家，見一人醉臥雪上，僅有氣息，公急令扶驢背上，檢視衣物送至店家，及此人蘇醒方才離去。

明萬曆四十七年（1619）己未　公三十七歲。

明萬曆四十八年（1620）庚申　公三十八歲。

七月二十一日，萬曆皇帝朱翊鈞病逝，十月葬於定陵。明光宗朱常洛繼位，在位一月，九月乙亥朔，崩於乾清宮，年三十九歲。熹宗即位，從廷臣議，改萬曆四十八年八月後為泰昌元年。冬十月，上尊諡，廟號光宗，葬於慶陵。

明天啓元年（1621）辛酉　公三十九歲。

明天啓二年（1622）壬戌　公四十歲。

明天啓三年（1623）癸亥　公四十一歲。

招遠縣庠生王賜佩、劉見龍二人，因條陳利弊，為衙蠹中傷，聳知縣申文革黜，將加極刑。公義憤不平，立糾十學諸生，謁山東學政項夢原，代為申雪，攜王賜佩歸即墨，給廬舍居之。公因城北明侍郎藍章賜兆事，書《為遵例優恤廣推憲典詞》文。

明天啓四年（1624）甲子　公四十二歲。

十二月十一日卯時，父思紹公卒，享年74歲。葬盟旺山祖塋。公丁父艱，內盡哀，外盡制，喪葬祭饗，觀者歡悅，是以孝友信義遠邇傳聞。

明天啓五年（1625）乙丑　公四十三歲。

明天啓六年（1626）丙寅　公四十四歲。

八月二十一日，後金努爾哈赤病死，皇太極繼承汗位

明天啓七年（1627）丁卯　公四十五歲。

八月二十二日，天啓皇帝朱由校病危，葬北京昌平德陵。崇禎皇帝朱由檢繼位。

明崇禎元年（1628）戊辰　公四十六歲。

公恩選貢生。

明崇禎二年（1629年）己巳　公四十七歲。

李自成投靠闖王高迎祥，爲其部將，勇猛有識略。

六月初七日，長孫啓先生，字長元。

明崇禎三年（1630）庚午　公四十八歲。

冬，任直隸南皮縣知縣。曰：「恤民經國，要在察核錢糧」。前任透支，吏胥侵欺，至三千三百餘兩，貧邑何措，申各臺院，續爲抵補，經徵條銀、漕糧，先其報完。盡革侵挪之陋，斷訟片言立解。有富戶於大禮暨富衿崔蛟騰兩家疑案，皆係重獄，有以黑夜送金銀於公者，公怒而卻之，旋集紳衿，焚香籲誓，決大事，剖大疑。風行電燭，物無遁情，豪族且相戒，斂手鄰封，百姓服聽斷之明。

明崇禎四年（1631）辛未　公四十九歲。

年末，駐紮山東登州的孔有德部，奉命回東北抵抗滿族人，當這些軍隊通過北直隸南部時，於吳橋發生兵變，先過南皮者，歡嘩思動，士民震恐。公單身直入軍中，曉以大義，叛軍方撤營南下，而到處焚劫，數載荼毒，南皮獨得安全。

明崇禎五年（1632）壬申　公五十歲。

孔有德部圍萊州，圍剿叛軍的官兵往返於南皮五次，人將三萬，公備牛酒草豆以供應，不動公帑，不派民丁，共費銀一千二百兩，自息抵補。任南皮令兩年間，公平反冤獄，斷案神明，借籍貫而訴上求批者累累，疏冤豁滯，歲且十百，上臺未曾駁一，御史甘學闊薦牘，曰：「聽訟一見即決，人頌神明」。吏部稽勳清吏司郎中孟兆祥爲撰《賀藍老父母榮薦神明序》及詩詞。皇帝欽賞公銀十兩。次孫啓晃生，字復元。

明崇禎六年（1633）癸酉　公五十一歲。

延問鄉賢，禁飭劣士，齋戒禱雨，鳩工修堤，挖淺通漕，躬擒大盜，申十六條之保甲，練千餘人之鄉勇等政，使南皮縣煥然維新，生機盎然，百姓聞之肅然起敬。公奏績三載，按部交章薦者歷二十二人，部議紀功者四次，膺上賞者二次，優獎六次。翰林院庶吉士張師度爲撰《賀藍老年臺績滿序》。

巡按御史謝三賓題太學生藍史孫妻欒氏貞節，太學生藍思繼母子節孝，公奉旨建坊旌表。

明崇禎七年（1634）甲戌　公五十二歲。

修繕南皮縣學宮文廟，縣衙驛館，政通人和，百姓安居樂業。

謝三賓撰《藍公實政序》。

明崇禎八年（1635）乙亥　公五十三歲。

公清廉爲民，實心爲政，不工於獻媚，竟觸時忌，遭奸紳誹謗，掛冠歸里。

三孫啓亮生，字純元。

明崇禎九年（1636）丙子　公五十四歲。

皇太極改女眞族名爲滿族，在瀋陽稱帝，建國號大清。爲清崇德元年。

明崇禎十年（1637）丁丑　公五十五歲。

公捐資重修即墨文廟及鰲山衛文廟，城之乾方，起建太白閣。於縣南二十里的鳳山捐建玉皇廟。

明崇禎十一年（1638）戊寅　公五十六歲。

修善侍郎公藍章奉勅所建之祠堂，高廊塋牆，而松楸改觀。東厓書院，嶗山華陽書院皆前人發跡勝地，公竭力整理，建設亭池樓臺，種竹植樹於其間。城中老宅，於世廌堂、世慶樓後又特建重樓，名爲「收遠」。高大其門，推之重修。

明崇禎十二年（1639）己卯　公五十七歲。

購周氏嶗山小蓬萊之「紫霞閣」，爲隱棲處。

明崇禎十三年（1640）庚辰　公五十八歲。

即墨大旱，公捐糧賑災。時積穀之家，悉成巨富，而公則施予一空。

明崇禎十四年（1641）辛巳　公五十九歲。

明崇禎十五年（1642）壬午　公六十歲。

公出資捐修損壞的東城，長九十尺。用銀五百餘兩，彌月告成，由熱河

等地流竄入山東境內的清軍隨至，圍攻即墨城，公偕子藍深、藍滋專守東城門，捐銀捐糧，身先士卒，督率城中軍民鼎力拒守，使清兵久攻不克，迫使清兵撤走，即墨城得以保全。

明崇禎十六年（1643）癸未　公六十一歲。

李自成在襄陽稱新順王。同年，在河南汝州（今臨汝）殲滅明陝西總督孫傳庭的主力，乘勝進佔西安。八月初九晚十時，清皇太極病逝於入關前夕，年五十二歲。後葬於瀋陽昭陵。清世祖福臨於八月二十六日於盛京即帝位。次年改元順治。

明崇禎十七年（1644）甲申　公六十二歲。

正月，李自成建立大順政權，年號永昌。三月十九日，李自成攻陷京都（今北京市）。崇禎皇帝朱由檢弔死在煤山（今北京市景山），明朝滅亡。即墨黃宗賢、郭爾標、周六等人，組織當地農民造反。是年仲秋，黃宗賢、郭爾標、周六等人率眾圍攻即墨城，即墨知縣早已潛逃，公與黃宗昌等人囤閉城門，糾合城中豪紳士民，守城抗拒，並向臨縣發信求援。起初，河北明軍前來增援，被殺得大敗而退。黃宗賢、郭爾標、周六等率眾圍城 30 餘天，攻城十幾次，均未成功。後來，楊遇吉於半夜時分潛出西城門，星夜兼程趕赴萊州。時萊州已歸清朝統治，膠州總鎮柯永盛委參將楊遇明、孔國治、守備韓朝相等領兵至即墨，黃宗賢、郭爾標、周六等四散敗亡，即墨圍解，公又出囤粟百石爲鰲山衛戰守資。

清順治二年（1645）乙酉　公六十三歲。

皇清定鼎，下詔求賢，公蒙薦舉起用，未幾以疾歸，遂決意不仕。清朝開科取士，公次子藍滋中舉人。

清順治三年（1646）丙戌　公六十四歲。

公次子藍滋中清朝首科進士（中式丙戌科三甲進士），選弘文院庶吉士，散館授檢討。

清順治四年（1647）丁亥　公六十五歲。

二月中浣，內翰林弘文院修撰傅以漸爲公撰《賀藍老年伯初度序》文。

清順治五年（1648）戊子　公六十六歲。

仲春，內翰林弘文院學士禮部尚書纂修實錄副總裁王鐸爲公撰《賀藍老年翁初度序》文。成克鞏、劉正宗、張端、王崇簡、白胤謙、魏天賞、梁清遠、石申、陳爌、艾元徵、沙澄、王舜年、法若眞等四十人寫有賀壽詩（詳

見《世廌堂集》）。

七月初六日，次子內翰林國史院檢討藍滋蒙欽賜畫十六軸，本月十五日蒙欽賜字四軸。

清順治六年（1649）己丑　公六十七歲。

清順治七年（1650）庚寅　公六十八歲。

二月，都察院右都御史管吏部右侍郎事兼內翰林秘書院侍讀學士高爾儼爲公撰《賀藍老父母初度序》文。

即墨大旱，饑民滿地，公出糧賑濟。

清順治八年（1651）辛卯　公六十九歲。

長子藍深成貢生。

公敕封文林郎內翰林國史院檢討加一級，母孫氏贈孺人，繼母沈氏封孺人，共敕命二軸。

清順治九年（1652）壬辰　公七十歲。

長孫啓先成拔貢生。

公遊嶗山，書「重遊舊地」石刻於華陽書院東。

清順治十年（1653）癸巳　公七十一歲。

四月十六日辰時，次子藍滋奉御筆改名潤，字海重。

內翰林國史院學士魏天賞爲公撰《賀藍老先生七十有一初度序》文。

南皮縣縣民爲公建生祠，崇祀名宦。弘文院侍講學士呂纘祖撰文，內翰林弘文院檢討左敬祖書丹，中書科中書舍人徐惺篆額的《敕封文林郎內翰林國史院檢討加一級邑侯名宦藍公生祠記》碑石立於南皮縣生祠前。

六月二十五日子時，孫啓冕生（長子深出），因公夢竹成林，寤而生冕，取名竹林，甚是珍愛。

清順治十一年（1654）甲午　公七十二歲。

五月二十七日，長孫啓先歿於京師，二十九日，孫媳呂氏自縊死，奉旨建坊旌表，祀節孝。

曾長孫重慶生。

清順治十二年（1655）乙未　公七十三歲。

即墨大旱，公捐糧賑濟災民。

二月二十七日，曾次孫重祜生。

七月十八日，繼母焦氏卒，享年78歲，葬北原賜兆。

次子潤以右參政督糧福建。

清順治十三年（1656）丙申　公七十四歲。

曾三孫重穀生。

閏五月二十六日午時，公卒於家，享年 74 歲。葬城東盟旺山元代祖林。

跋

清順治十四年（1657）十月二十六日，公之主位入鄉賢祠，即墨知縣張琛、萊陽宋澄嵐為公撰《皇清敕封文林郎內翰林國史院檢討加一級詔贈中大夫前南皮縣大尹青翁藍老先生崇祀鄉賢序》。十二月，太子太保內翰林國史院大學士傅以漸為公撰寫《墓誌銘》，黃宗臣書丹，紀中興篆額。詹事府少詹事兼內翰林弘文院侍講學士國子監祭酒侍講編修沙澄為公撰寫《墓表》，徐惺書丹，黃貞麟篆額。陳爌、左敬祖、朱紱、徐惺、孫晉、史允琦、胡順忠、嚴正矩、鮑開茂、週日燦、朱鼎鼐等四十人撰有挽詩（詳見《世鷹堂集》）。清康熙壬寅（1662）為公立「開天恩寵坊」於縣十字街西。清康熙丁巳（1677）為公立「松露琳宮坊」於盟旺山塋。公之傳略載清《南皮縣志》，清乾隆、同治《即墨縣志》。

癸巳年孟冬吉旦十一世孫信寧沐手敬撰

第四節　藍潤及其主要成就

藍潤，原名滋，字海重，號鳧渚，藍再茂次子，明末清初人。萬曆三十八年（1610）生，清順治二年（1645）舉人；三年（1646）進士；四年（1647）授內翰林國史院檢討；六年（1649）分校禮闈，得士二十人，皆名雋；八年（1651）世祖皇帝親政，覃恩加一級，封公父如其官；九年（1652）升右春坊右贊善；十年（1653）升弘文院侍讀，眷注日隆，奉命視江南上江學政。是年四月十六日，御筆改為今名；由於藍潤繼承了藍章藍田的優良仕宦傳統，故而深得順治帝倚重。清徐錫齡、錢泳所著《熙朝新語》稱：「即墨藍鳧渚潤，順治丙戌進士。官翰林。性廉介，不異儒素。故事，直隸、江南皆以臺員視學，世祖特簡詞臣，以潤為安徽學使，盡剔積弊。上謂廷臣曰：『居官如藍潤，可法也。』」順治十二年（1655），升為福建右參政，督管軍糧，督運有法，軍食無缺；順治十三年（1656），海寇猝攻榕城，藍潤時已丁外艱謝事，尚在圍城中，急率家僕守水部門，間出擊賊，海寇久攻不下，只得退

去。後藍潤補廣州左參政，平息蘆田、橫水各地暴亂，很快升任江右按察使。在按察使期間，清除積案，平反冤獄。又升任山西右布政使、湖廣左布政使。藍潤從政十四年，是即墨藍氏族人中官職最高，仕宦成就最為卓著的族人之一。後因遭誣陷被免職，返歸故里後，致力於家族發展。他在整理家族文獻，總結家族家規家訓，教育培養子弟等方面都做了大量工作，為家族發展作出了積極貢獻。清康熙五年（1665），藍潤病逝於即墨，享年 56 歲。死後被葬於縣東三里，並建有坊表「星岳鍾靈坊」。藍潤不僅仕宦成就突出，又以文學見長。其《聿修堂集》載入《四庫全書》集部存目叢書中。

　　由於藍潤所取得多方面的重要貢獻，他入祀即墨鄉賢，同時被藍氏家族後人視為最重要的代表人物之一，其傳見載於《萊州府志》、《即墨縣志》和《即墨藍氏族譜》等。

一、藍潤的生平事蹟

　　藍潤的一生可分為三個階段，即讀書科舉階段、從政為官階段和歸養田園階段。

（一）讀書科舉階段（1610～1646）

　　藍潤六歲喪母，在父親藍再茂的教導下成長。父親藍再茂並沒有因為他喪母而對他嬌慣縱容，而是更加嚴格要求，悉心教導。而藍潤自幼聰慧，為人至孝，對父親藍再茂尤其是敬畏有加。稍長，入官學，也是冠蓋群倫，深得業師器重。宋璉《方伯公傳》記載：「公（藍潤）生甫六歲而母先摧，南皮公教家嚴，有命無敢違，而怵惕日甚。公篤志於親者以孝聞，則敬事惟謹。德性與學問畢盡其才。初試即受知於熊邑侯，拔冠軍，為邑庠弟子員。」〔註 188〕由於藍潤聰慧好學，加之父親的嚴格教導，所以他的科途非常順暢。馮溥《方伯公墓表》稱藍潤：「乙酉科以春秋薦賢書，丙戌捷南宮，選庶吉士。」〔註 189〕也就是說，藍潤順治乙酉年（1645）中舉，丙戌年（1646）中進士，選庶吉士，年僅三十六歲。他是藍氏家族唯一一個，也是明清即墨為數不多被選為庶吉士的進士之一。

〔註 188〕〔清〕宋璉：《方伯公傳》，《藍氏族譜》不分卷，河北大學圖書館藏清鈔本，
　　　　　第 16～17 頁。
〔註 189〕〔清〕馮溥：《方伯公墓表》，《藍氏族譜》不分卷，河北大學圖書館藏清鈔本，
　　　　　第 2 頁。

　　藍潤生活在藍氏這樣一個擁有數百年歷史的科宦家族中，他受到家族文化的深刻薰陶和父親藍再茂的潛移默化的影響，自幼便能體恤百姓疾苦，富有擔當精神和魄力。宋璉《方伯公傳》稱藍潤：「故支持世道，賴有魄力耳。癸未甲申，土宇版章，孔亟且殆，是何如顛危哉！荒廢甚矣，徵輸何堪？下邑冀催科而憚申請，怠緩從事，如罔聽睹然。公念先世痛切民隱，能不景前烈而惜馳驅控聞乎？叩軍門而號泣請命。登郡防颺，則曾公棟也。情動於中，具題，得豁除荒蕪四十餘頃。公之勞心力不言德。曰：『吾第無忝祖宗家聲，足矣。』」〔註190〕從中可見，順治癸未甲申（1643～1644）年間，正處於明清易代之際，經過戰爭摧殘的即墨百姓已經流離失所，生活艱難，而此時軍隊仍要收繳糧餉，即墨地方官吏不敢上報請免，只能向百姓催要。此時，藍潤剛過而立之年，卻能為民請命，最終打動防守軍隊首領，而豁除荒蕪四十餘頃稅租，為百姓爭取了利益，表現出非凡的膽識和強烈的社會責任感。

（二）從政為官階段（1647～1661）

　　藍潤是即墨藍氏家族官職較高的官員之一。他自順治丁亥（1647）踏上仕途，至康熙辛丑（1661）去職，先後歷經十餘職位，仕途長達十四年。這十四年仕宦生涯，可以很清晰地分成兩個階段。第一階段，是順治丁亥至順治庚子年間，即1647～1660年間。這一階段，藍潤深受順治帝恩寵，仕途暢達。馮溥《方伯公墓表》記述了藍潤的仕途升遷：「丁亥授內翰林國史院檢討；己丑分校禮闈，得士二十人，皆名雋；辛卯世祖皇帝親政，覃恩加一級，封公父如其官；壬辰升右春坊右贊善；癸巳升弘文院侍讀，眷注日隆，奉命視江南上江學政。世祖皇帝嘉公文行，不復循臺差舊例。公大破積習，簡真才，崇實行，兢兢以文體為己任，故甲午之役，真才輩出焉。……乙未奉內外互轉之旨，公以參政督閩餉，錄其子啟亮入監。……丁酉襄封公大事，戊戌冬服闋，入都候補，己亥春計天下外吏殿最閩中，注公考皆上上。夏四月補廣東嶺南參政，條議八款……庚子攝驛巡篆務……是年（庚子）夏已升江南按察司按察使，仍留粵中，攝藩務。十月始抵江南，任江南臬，轄上下江南北，煩劇甲於諸省……」〔註191〕周清原《藍方伯傳》也稱藍潤：「官侍讀時，章皇

〔註190〕〔清〕宋璉：《方伯公傳》，《藍氏族譜》不分卷，河北大學圖書館藏清鈔本，第17頁。
〔註191〕〔清〕馮溥：《方伯公墓表》，《藍氏族譜》不分卷，河北大學圖書館藏清鈔本，

帝易今名賜之，當時以爲榮。潤自庶吉士歷春坊及國史弘文兩院，皆侍從清要，被恩眷尤渥。」〔註192〕由此可見，這一時期，藍潤因深受順治皇帝垂愛，仕途坦蕩，平步青雲。他幾度被破格提拔，屢次受到封賞，十餘年間，累官至江南按察使，可謂仕途坦蕩，春風得意。然而，順治庚子（1660），順治帝駕崩，藍潤仕途急轉而下。馮溥《方伯公墓表》記載：「辛丑（1661），今上御極，授公通議大夫，贈公大夫及封公如其官。公升山西右布政使，未及之任，即升湖廣左布政使，亦未任，旋以前司審案波累罷歸。」〔註193〕從中可見，順治帝駕崩之後，表面上藍潤被授予通議大夫，而又累遷山西右布政使、湖廣左布政使，但並未到任，卻很快被借故免職。藍潤無所留戀，去官歸里。馮溥《方伯公墓表》稱：「公坦然去官，無幾微見於詞色。」〔註194〕

（三）歸養田園階段（1661～1665）

藍潤去官返鄉後，整頓家務，教導子弟，敬養繼母，恭侍兄長，與家人一起過著閒適的家居生活。宋璉《方伯公傳》稱他：「乃作數椽茅屋於祖墓側，曰『農舍』，顏其門曰『知稼穡』，東作西成，與終身焉。曰『吾以示後人之知艱難也。』東建旺山亭，種花竹松柏，自號『農叟』。口不言官事，足不入公門，上官惠顧者，避不一面。與兄同居五十載，無幾微形骸之異。」〔註195〕馮溥《方伯公墓表》也稱他：「葺東郊別業，曰：『此先世菟裘也。況且祖宗松楸斯在，予小子拮据敢後。』築農舍，治場圃，建旺山亭，蒔植松竹。與素心人數，晨夕戶外。聞上官車騎，匿弗與見。課子侄輩，讀書談稼穡而已。其最著者：事繼母以孝稱；事兄以悌稱；撫育戚族孤子女，使之成立有家，以義稱。可不謂人之所難焉者乎。」〔註196〕可惜，藍潤年壽不永，不得中壽。五年後，因病去世，年僅五十六歲。

第 2～5 頁。

〔註192〕〔清〕周清原：《藍方伯傳》，《藍氏族譜》不分卷，河北大學圖書館藏清鈔本，第 11 頁。

〔註193〕〔清〕馮溥：《方伯公墓表》，《藍氏族譜》不分卷，河北大學圖書館藏清鈔本，第 7 頁。

〔註194〕〔清〕馮溥：《方伯公墓表》，《藍氏族譜》不分卷，河北大學圖書館藏清鈔本，第 7 頁。

〔註195〕〔清〕宋璉：《方伯公傳》，《藍氏族譜》不分卷，河北大學圖書館藏清鈔本，第 26 頁。

〔註196〕〔清〕馮溥：《方伯公墓表》，《藍氏族譜》不分卷，河北大學圖書館藏清鈔本，第 7 頁。

二、藍潤的主要仕宦成就

　　藍潤為官十四年，自庶吉士，升至從二品山西右布政使、湖廣左布政使，歷十餘崗位。所到之處，藍潤恪盡職守，勤於政事，革除弊政，廉潔愛民，仕宦成就卓著。馮溥、周清原等都對藍潤的仕宦成就給予高度評價。馮溥《方伯公墓表》盛讚曰：「余觀公之為人，自童年髫穎、歷官家食，淳謹淡泊。及後，轍跡舟行半天下，錢穀刑名簿書期會。其綜合剖決，事事擬於古經濟名臣矣。」〔註197〕周清原《藍方伯傳》也稱：「其為廉使，尤以除奸擊貪為安民肅吏之本，故寬猛相濟，政有成效。」〔註198〕總結起來，藍潤的主要仕宦成就有以下幾點：

　　第一，任學官期間，推行文教，選拔人才，尤其是在直隸、江南等地擔任學官期間，革除弊政，提拔寒俊，有力地推動了當地的文化教育事業。清徐錫齡、錢泳所著《熙朝新語》稱：「以潤為安徽學使。盡剔積弊。」周清原也在《藍方伯傳》中稱：「章皇帝特簡用詞臣，以潤為江南上江督學使者，潤至盡剔積弊頹靡，拔寒俊，世風文體為之一變。」〔註199〕

　　第二，順治十二年，藍潤升為福建右參政，督管軍糧，督運有法，軍食無缺。順治十三年，海寇猝攻榕城，藍潤時已丁外艱謝事，尚在圍城中，急率家僕守水部門，間出擊賊，海寇久攻不下，只得退去。

　　第三，後補廣州左參政，平息蘆田、橫水各地暴亂。周清原《藍方伯傳》記載：「服闋補廣東左參政，招降蘆田、橫水諸盜。」〔註200〕

　　第四，升任江右按察使，清除積案，平反冤獄，救人無數。周清原《藍方伯傳》稱藍潤：「擢江南按察使。江南素稱繁劇，且海寇蹂躪後，郡邑吹求株累案牘山集。潤處公研訊，多所平反。」又稱「潤治江南獄半歲中，報可者二百餘事，所全活無算。」〔註201〕

〔註197〕〔清〕馮溥：《方伯公墓表》，《藍氏族譜》不分卷，河北大學圖書館藏清鈔本，第8～9頁。

〔註198〕〔清〕周清原：《藍方伯傳》，《藍氏族譜》不分卷，河北大學圖書館藏清鈔本，第14頁。

〔註199〕〔清〕周清原：《藍方伯傳》，《藍氏族譜》不分卷，河北大學圖書館藏清鈔本，第11頁。

〔註200〕〔清〕周清原：《藍方伯傳》，《藍氏族譜》不分卷，河北大學圖書館藏清鈔本，第13頁。

〔註201〕〔清〕周清原：《藍方伯傳》，《藍氏族譜》不分卷，河北大學圖書館藏清鈔本，第13頁。

　　由於藍潤在仕宦方面取得的重要成就，順治皇帝對他恩寵尤渥，並屢加封賞。即墨藍氏族譜記載，順治五年七月初六日，內翰林國史院檢討藍滋蒙欽賜畫十六軸；十五日蒙欽賜字四軸；順治八年八月二十一日，內翰林國史院檢討加一級藍滋敕授文林郎，妻王氏封孺人。父藍再茂敕封文林郎內翰林國史院檢討加一級，母孫氏贈孺人，繼母沈氏封孺人，共敕命二軸；順治十年四月十六日，順治皇帝竟然下詔將藍滋改名藍潤。

三、藍潤的文學成就

　　藍潤以文學見長，一生吟詠不輟。即便是在繁忙的政務之餘，也一直堅持創作。周清原《藍方伯傳》記載藍潤刻苦著述的事蹟，稱：「顧性廉介樸直，嘗僦屋窮巷中闔戶著書，出則敝車羸馬，不異儒素。」〔註202〕因此，藍潤的作品非常豐富，他著有《臬政紀略》一卷、《餘澤錄》四卷、《聿修堂集》四卷、《督學實錄》一卷、《視閩紀略》一卷、《奏疏》一卷、《東郊吟》一卷、《玉署吟》一卷等。

（一）藍潤的詩文結集

　　藍潤的作品雖有散佚，但保存得還算比較完整。現存結集本五種，即《聿修堂集》、《餘澤錄》、《東莊遺跡詩》、《臬政紀略》、《入粵條議》。

　　1、《聿修堂集》。該集是藍潤的代表作，現存兩個版本，即四庫存目本和北京圖書館藏清鈔本。

　　四庫存目本。一卷，為藍氏子弟傳鈔，由山東巡撫採進，列入四庫存目叢書。《四庫全書・集部・別集類存目》著錄略云：「《聿修堂集》一卷（山東巡撫採進本），國朝藍潤撰。潤字海重，即墨人。順治丙戌進士，官至湖廣布政使。初名滋，故國學進士題名碑及館選錄舊本皆作藍滋。後官侍講時，乃賜今名。其為江南學政時，有《視學錄》；為福建參政時，有《視閩紀略》；為廣東參政時，有《入粵條議》；為江南按察使時，有《臬政紀略》，今皆未見。惟此集為其子孫鈔傳。詩、古文寥寥數首，皆應酬之作，殆非所長。」從中可知，存目收錄的藍潤作品非常有限，僅有數量不多的詩文。而藍潤在任江南學政、福建參政、廣東參政、江南按察使期間，所撰的紀實性作品或已散佚，不見載錄。

〔註202〕〔清〕周清原：《藍方伯傳》，《藍氏族譜》不分卷，河北大學圖書館藏清鈔本，第 11 頁。

北京圖書館藏清鈔本。不分卷，卷首有「貴陽趙氏壽華軒藏」等四方印鑒，卷末附《四庫全書總目‧聿修堂集一卷》提要。齊魯書社將其收錄到《四庫全書存目叢書》集部第 213 冊。

2、《餘澤錄》四卷，附錄一卷，清順治十六年（1659）刻本，現藏山東博物館。《續修四庫全書總目提要》著錄略云：「《餘澤集》（清康熙刊本），清藍潤編。是編乃就其父再茂所輯之家乘中，擇其先世之功業勳名昭著於世者錄出，刪其蕪詞，訂其異同，匯輯而成者。全書所錄，大半皆其高曾以下之事蹟。或錄家傳，或抄行狀，皆為注出。蓋其父再茂，曾因顯揚祖烈，於文獻故家，搜求遺跡，間得之市上，如獲拱璧而珍藏之。潤繼其志而成是書也。藍氏於明清兩代多顯宦，……至潤父再茂，則以選貢生官南皮。明末李自成之亂，曾守城有功，書中敘述又詳。書首有沙澄序，及潤自記……其所謂司寇公即藍章，侍御即藍田，至太史公則其父藍再茂也。沙澄序則謂讀是書者，悚然如見文繡北泉兩先生居官之大節……」。該書全面整理收錄了藍再茂及此前藍氏家族的相關史料，是藍氏家族最重要的文獻。

3、《東莊遺跡詩》一卷，清乾隆三十三年藍中璨鈔本，現藏山東博物館。

4、《臬政紀略》、《入粵條議》，清藍潤撰，順治十八年藍氏自刊本，頁八行，行十八字，遇抬頭十九字，白口，四周單邊。不分卷，舊裝各一冊全。開化榜紙初印，工麗可人。用明清之交習見之長方體字，開板頗類順治內府刊本。內容主要是，關於清初江南與廣東一帶政令頒行與律法實施方面的資料。今已散落，不復得見。

（二）藍潤的詩歌成就

1、藍潤詩歌的主要內容

藍潤現存詩歌分為兩部分：《玉署吟》收錄詩歌四十九首，《東郊吟》收錄五十首，共計九十九首。由於藍潤科宦成就大，社會閱歷豐富，權高位重，交遊廣泛，師友眾多，因此他的詩歌內容比較豐富，涉及到描寫家族名勝、親友交遊唱和、遊覽觀光、仕宦生活、田園閒居等諸多方面。

描寫家族名勝的詩歌。即墨藍氏家族歷史悠久，家族祠堂、書院、祖宅等建築恢宏，這些建築既是藍氏家族的祭祀、讀書、生活的場所，也是藍氏家族文化的重要載體。這些場所留下了藍潤成長的足跡和生活的記憶。故而，藍氏家族的這些名勝，也成為藍潤詩歌的重要內容。其中比較有代表性的有

《白齋二首》、《省克軒》、《華鳳樓》等。如《白齋》二首之一：

> 鷹堂西舍蔚文光，先業傳來八代芳。
>
> 當日圖書存萬卷，於今簡冊有餘香。
>
> 餘生碌碌成何事，祖德綿綿志未違。
>
> 兀坐幾竿修竹下，遺編鄭重奉圭璋。

白齋是藍氏子弟讀書的重要場所。詩歌以白齋為題，稱讚白齋與世廌堂是家族實施文教的重要場所，二者相映生輝，讚揚了藍氏家族光輝的業績，回顧了白齋的發展歷史及當年藏書萬卷的盛況，同時描述了白齋的現狀。回顧過去，詩人深感自己無所作為，讚歎祖德綿長，應該善加繼承。整首詩語言典雅，對仗工允，是一首出色的寫實詩歌。

另有《省克軒》詩，不僅是優秀的詩作，同時也是藍氏家族重要的文獻資料：

> 此平地也。余於崇禎癸酉之秋築臺造屋，名曰「省克軒」。甲戌就此肄業，致乙酉科，計十二年，寒窗之苦，不忍言矣。先後同社，則王提封、孫介庵、王鳴元、王仲玉、楊升之、楊葵卿、呂秋卿、胡二酉、宋惟恭、尹潛初、盧樹之、趙雲子、袁雪航、姜玉璿諸公也。若嚴訓督責，業師裁成，樸作教刑，更何忍述，賦以紀之，並示我後。
>
> 昔日讀書處，景行此二賢。風窗連雨榻，古冊印新編。
>
> 好友文壇聚，高軒爽氣偏。浮名何足論，庭訓永照宣。

詩歌及序言中，詩人不僅回顧了在省克軒讀書、生活的點點滴滴，而且詳細記述了當時一同在省克軒讀書的學友，以及當時在此讀書的時間、教學的方式與管理等重要信息，彌補了藍氏家族文獻在家族書院教育記載方面的空白，堪稱是彌足珍貴的家族史料。

親友交遊唱和的詩歌。作為文化世家，即墨藍氏家族文人數量眾多，交遊廣泛，親友唱和是藍氏家族詩歌的又一個重要內容。如《正月十一猶子啓晃速諸父昆弟有佳客在座賦此記之》便是記述家族盛宴、族人交遊唱和的詩歌：

> 喜得天倫樂，嘉賓竝儼臨。一堂循禮教，數代奉規箴。
>
> 簫鼓轉前奏，詩辭座上吟。永宵燈火璨，此會勝於今。

這首詩描繪了藍氏家族宴飲場面的詩歌。藍啓晃原為藍潤之子，後過繼

給藍深爲嗣。本次宴會爲藍啓晃宴請叔父及諸兄弟，另有佳客在座。詩歌前兩句，開門見山，點出這是一場有嘉賓參加的家宴，體現了家族的天倫之樂；三四句，讚美藍氏家族遵循祖訓，禮法嚴明，一門清肅；後四句描寫了宴會熱烈而祥和的場面：簫鼓齊奏，燈火通明，詩歌唱和，其樂融融。

記述仕宦生活詩歌。藍潤仕途較爲暢達，深受順治帝信賴。曾陪同順治帝祭祀先師孔子，故而有《陪祀先師禮成有述》：

> 至矣文宣天地並，昭哉禋祀古今同。
> 皇清啓運膺弘錄，聖治觀文重澤宮。
> 簪紱離離執爸際，儒紳郁郁薦香中。
> 漿傾玉斝傳精意，煙嫋金爐上碧空。
> 黍稷維馨俎並獻，燔柴未燎氣先通。
> 江漢秋陽欽至德，金聲玉振美豐功。
> 雞鳴音答九成韻，蠟炬光聯萬點紅。
> 祝版陳詞俏舞罷，歸來東望日方瞳。

詩歌詳細記載了祭聖大典時間、參加人員、祭祀物品，描述了祭聖大典莊嚴肅穆、盛大宏闊的場面。詩歌描寫細膩，語言簡潔，對仗工整，不僅是一篇優秀的文學作品，也是一篇記載祭聖大典的寶貴史料。

描寫田園生活的詩歌。藍潤被免職後，晚年閒居即墨故里，過著平靜的田園生活。他的詩歌中不少是描寫田園生活的，如《正月廿日試犁》、《草堂落成二首》等。

> 方留傳柑節，夾鍾律早逢。扶犁耕壟陌，酌酒奠先農。
> 鳳駕憂勤意，勝懷雨露中。有秋豐享祀，賦稅借斯供。
>
> ——《正月廿日試犁》

> 新闢茅堂桑拓村，二勞山色落柴門。
> 莓苔滿徑封塵跡，蘿薜緣牆補漏痕。
> 花底營巢來燕子，竹根解籜長龍孫。
> 三間屋外饒餘地，自織青蓑學種園。
>
> ——《草堂落成二首》其一

這兩首詩歌生動地描繪了詩人閒適的田園生活。第一首詩，描寫了詩人田間勞作的景象。農耕本是辛苦的差事，需要早出晚歸，辛勤勞作，尙且難保豐收。但是在詩人的筆下，農耕卻別有一番樂趣。「扶犁耕壟陌，酌酒奠先

農」，詩人躬耕田畝，不忘本初，酌酒祭奠先農；「夙駕憂勤意，勝懷雨露中」，雖然詩人筆下的農耕生活需要早出晚歸，辛勤勞作，但是只要風調雨順，一年的辛勤勞動總能換來秋天的豐收。這樣不僅能夠提供豐潔的祭品，還足夠上交賦稅。第二首詩歌，描繪了詩人新落成的草堂優雅的環境。詩歌前兩句，交代了茅屋的絕佳位置，在二崂山下，桑柘之村，可盡覽二崂山色；三至六句，描繪了茅屋周圍雅靜清幽的環境，青苔滿徑，蘿薜繞牆，燕子花下築巢，新竹破土而出，好一派生機盎然景象，猶如世外仙境一般雅致。詩歌最後兩句，茅屋周圍田畝，足以耕種自給，表達了詩人對自足自給田園生活的嚮往。這兩首詩歌，以農耕和茅屋為對象，描繪了詩人寧靜閒適的田園生活，表達了詩人經歷了宦海沉浮之後，厭倦了官場的鬥爭，滿足於平靜的生活。

哀悼亡故親友的詩歌。藍潤詩歌中有部分哀悼亡故親友的詩歌，其中以悼念父親藍再茂和長子藍啟先及其妻呂氏的詩歌為代表。藍潤為人至孝，其父藍再茂去世十餘年，他仍定期去墓地祭拜，哀傷之情不減。在《哭先太史公墓》中集中表現了對父親的哀悼之情：

> 松楸一望淚沾襟，況是清明鬱爸歆。
> 享禮九原雲慘澹，棄兒十載日浮沉。
> 旺山佳氣先靈妥，曲水清流奕代深。
> 吟罷蓼莪空涕泣，遵依庭訓永思箴。

藍潤長子藍啟先早卒，其妻呂氏以身殉夫。藍潤悲不自勝。在《哭長子啟先夫婦》中充分體現了喪子之痛：

> 弱冠誕汝喜麟祥，賦質岐嶷旭日長。
> 拔入辟雍方發軔，摧殘旅邸忽云亡。
> 乾坤正氣還貞烈，夫婦榮名允表揚。
> 哀我柔腸成寸斷，每逢節序哀情傷。

詩人弱冠得長子藍啟先，啟先天資聰慧，才入官學，美好人生剛剛開始，卻客死京都。繼而其妻呂氏身死隨夫，一時間失去了兒子和媳婦，藍潤回顧了藍啟先生前點點滴滴，哀傷之情無以言表。

描寫戰爭題材的詩歌。藍潤生活在明末清初，明清易代之際乃至清代初年，正是戰事頻仍的歷史時期。因此，藍潤的詩歌中多有描繪戰爭的詩歌，《王師西征凱旋歌四首》、《中秋出師二首》等都是代表作。如《王師西征凱

旋歌四首》之一：「傳聞塵滅似銷氛，復見班師詠烈勳。百日功成鍾鼎勒，願言持此報吾君。」詩歌描繪了王室西征勝利回歸的情景，表達了詩人心中的喜悅，以及對君王的耿耿忠心。

反映出世思想的詩歌。藍潤受到家族影響，其詩歌中帶有明顯的佛道思想印跡。這在《妄念》、《眞我》中表現最爲突出。如《妄念》：「物物皆爲幻，紛紜意奈何。平心觀理數，妄念自消磨。虛度風霜老，勤修日月過。本來無一事，空洞養元和。」整首詩歌，彌漫著佛道氣息，體現出清晰的佛道思想印跡。

2、藍潤詩歌的主要特點

首先，詩體多樣，內容豐富。從詩體上看，藍潤的詩歌涵蓋五言律詩、七言律詩、五言絕句、七言絕句等。從內容上看，涉及到藍潤生活的方方面面，包含著寫景抒情、詠史懷物，交遊唱和、遊覽觀光以及日常生活等，同時還涉及到藍氏家族文學極少涉及的戰爭題材。其次，寫實性強，堪稱史詩。藍潤的詩歌記述自己的生活，抒發自己的感受，具有強烈的現實性。尤其是上文提及的《白齋四首》、《省克軒》以及《農舍》、《亦園》、《華豐樓》、《環秀堂》等詩歌，從不同的角度生動地描繪了藍氏家族生活的方方面面，堪稱是不可多得的藍氏家族文獻資料。

（三）藍潤的文章成就

藍潤現存文章 140 篇，內容豐富，涵蓋了制草、奏疏、序言、引言、記、家言諸多文體。

制草：因爲藍潤深受順治皇帝器重，故而有機會參與草擬一些朝廷頒發的重要文件。這些文章是朝廷爲王室宗親、地方賢臣乃至誥命夫人撰寫的碑文和諭祭文。藍潤現存碑文 3 篇，諭祭文 34 篇。其中以《恭擬御製和碩鄭親王碑文》最具代表性。這篇文章是藍潤奉命爲和鄭親王撰寫的碑文，所以文章開始從以仁治國的高度，闡明明主需要賢臣輔助的道理，進而指出，爲表彰賢能，對待賢臣「生則有建土之封，沒則有貞瑉之賜」。接著，文章指出和鄭親王正是輔助君王的賢臣，記述其卓越功勳，稱讚他「賦性端耿，慷慨多大節，有古賢臣良將風，其智識膽略上合鷹揚，下符孫武。戰所謂當機能斷，好謀而成者。」整篇文章結構嚴謹，邏輯縝密層層遞進，語言典雅，言簡意賅，高度概括當事人的嘉言懿行，是一篇出色的文章。

奏疏：藍潤現有奏疏 3 篇，《選館奏疏》、《甲午督學江南恭報入境奏疏》、

《甲午督學江南恭報出境揭帖》。以《選館奏疏》爲代表。這是順治三年，藍潤上奏順治帝請求革除黨羽，杜絕賄賂的奏疏。文章開篇，指出自古以來治理國家，君王以剛方正大照臨百官，百官勤恤萬民，如此才能實現國泰民安。繼而以明末慘痛的史實說明，黨羽猖獗，賄賂亂行最終導致了天下動亂，明朝滅亡。接著文章進一步論述黨羽及賄賂對國家的危害，再次強調了剪除黨羽，杜絕賄賂的重要性。文章緊扣主題，結合史實，反覆論證了黨羽橫行、賄賂風行的危害，說明革除這些不良現象的重要性。整篇奏疏，結構嚴謹，論據確鑿，論證縝密。

序言：藍潤現存序言17篇，如《江南考卷清風序》、《江南大題文正序》、《餘澤錄序》、《易學集成序》等。其中《易學集序》是其中較爲特殊的一篇。即墨藍氏家族以文學見長，但是在學術研究方面幾乎是空白。數百年間，少有學術著作面世。藍潤的《易學集序》是其爲江寧彭某的《易學集》所作的序言。從中聊可窺見藍潤對易學的一些見解。

家言：藍潤現有家言22篇，主要是寫給弟弟、子侄輩的書信，以訓誡和教導爲主。內容關涉到讀書習文、科舉應考、爲官從政、處理家務、管理族人、修身自律等，以《己亥都門寄子啓亮》（8篇）爲代表。如第一篇中，藍潤開篇描述了自己宦居他鄉寂寥的處境和凄涼的心情。稱：「旅中無事猶得晤對古人，讀書錄文，藉以自適。然陰霧時多，每旬日不見晴明，兩眼無光則幾坐斗室，愁悶千萬，既不得侍先塋，又不見兒孫。」從中可見，藍潤宦居他鄉，氣候不適，遠離親人，思鄉心切，心情愁苦。繼而，藍潤又教導藍啓亮如何讀書做學問、處理家族關係、操辦家族事務等等。整篇書信，簡短直白，感情眞摯，體現出一位宦遊在外的父親對兒子諄諄教導和殷切希望。

此外，藍潤還有《福堆岸新建文昌塔記》、《馬鞍山建廟碑記》等文記，其中他撰寫的《馬鞍山建廟碑記》載入《馬山志》，對研究馬山道教景物具有較高的史料和參考價值。

2、藍潤文章的主要特色

首先，藍潤的文章數量多，題材豐富。藍潤現存文章140篇：制草39篇，疏3篇，序17篇，記10篇，檄文1篇，約1篇，墓誌3篇，傳1篇，銘10篇，祭文2篇，書啓27篇，家言22篇。其次，藍潤的文章具有很強的紀實性。藍潤的文章和詩歌一樣，同樣表現出強烈的紀實性。他的文章既是文學作品，同時又是重要文獻。以記爲例，藍潤現存記10篇，如《重修城隍廟記》、

《藍氏祠堂碑記》、《馬鞍山建廟碑記》、《東郊農舍記》等無不是城隍廟、藍氏祠堂等的修建方面的文獻記錄。而他的《房社約》同樣是記載藍氏家族祭祀等家族活動的重要文獻。

四、藍潤對家族建設的貢獻

（一）整理家族文獻

藍潤對家族重要貢獻，在於他整理編纂了《餘澤錄》。《餘澤錄》共四卷，是繼藍史孫《四世恩命錄》（未完成）之後，記錄藍潤之前的藍氏先人生平事蹟及家族豐功偉績的重要歷史文獻。該書共四卷，共收錄了近百篇重要家族文獻和數百首詩歌。這些史料多數是孤本資料，全面記載了即墨藍氏家族早期的輝煌成就，記載著藍福盛、藍銅、藍章、藍田、藍再茂等傑出族人的卓越業績。可以說，沒有《餘澤錄》，即墨藍氏家族的歷史幾乎是一片空白。藍潤對家族文獻的整理及《餘澤錄》的撰寫是藍潤對家族的最大貢獻。同時，他的《餘澤錄序》又是一篇重要的家族文獻，其文曰：「嗚呼，規模弘遠，先人之基業也。簡冊焜耀，先人之功德也。充棟連雲，先人之書香也。繼述守成，難言之矣。先司寇公起家縣令，蜚聲夐繡，歷太僕、廷尉而撫西秦，所在著有偉績。平寇漢南，功業爛焉。先侍御公頡異天授，十六齡登鄉薦。博洽群書，貯萬卷樓，名山大川之藏，故府典則之規，罔不備也。共推為山東小聖人。建言大禮，垂忠義於千秋。迨傳三四世，手澤鮮有存者。侵於鼠，沒於盜，此中亦曷忍言？某生也晚，不得睹當年之盛。……。」[註203]其中詳細記載了藍潤整理《餘澤錄》的原因、目的以及整理過程，概述了即墨藍氏家族輝煌的歷史以及取得的重大成就，堪稱是即墨藍氏家族的早期發展史。

（二）總結家規家訓

即墨藍氏家族能夠維繫數百年基業，使家族得以持續發展，這與藍氏家族在發展中形成的一些優良傳統密不可分。這些優良傳統，也就是我們所說的家風。而家規家訓既是家風的表現，又是家風的保障。據即墨藍氏文獻記載，藍深著有《家訓》一卷，藍重蕃著有《家訓》一卷，但均以散佚。目前我們能見到的藍氏家族家規、家訓主要來源於藍潤《家言》二十二篇。《家言》

[註203] 〔清〕藍潤：《聿修堂集》，北京圖書館藏清鈔本，第42頁。

是藍潤寫給子弟的書信，內容關涉到讀書習文、科舉應考、爲官從政、處理家務、管理族人、修身自律等多項內容，是全面地反映藍氏家族家規家訓的重要材料。

此外，順治戊戌年（1658），藍潤在藍章的遺書中發現朱熹的《政訓》一冊，便手抄摘錄並撰寫序文。序文和《政訓》摘錄都是我們研究藍氏家族仕宦傳統不可多得的重要史料。

綜上所述，藍潤在科舉、仕宦、文學及家族建設等方面都取得重要成就，對藍氏家族的發展作出了重要貢獻。

第五節　藍啓肅及其成就

藍啓肅（1653～1700），原名啓冕，後改啓肅。字恭元，號惕庵，又號竹林逸士。是藍再茂之孫，藍深之子，爲即墨藍氏家族第十一世。藍啓肅自幼聰慧過人，且勤奮好學，早年便能兼工眾藝，尤以善詩文著稱，有「倚馬萬言」之才。其子藍重蕃稱他：「文章詞賦援筆立就，下逮翰墨遊戲之藝，亦皆工絕，斯亦可謂淵源有素，不愧前人者矣。」〔註204〕邑人周毓正稱讚他：「引筆爲文，汪洋浩瀚，踔厲風發，雖宿儒皆驚歎，以爲不及。」〔註205〕邑人楊玠也盛讚他曰：「文采風流，照映鄉邦。」〔註206〕然而，藍啓肅科場不順，仕途黯淡。藍啓肅康熙甲子年（1684）考中舉人，時年三十二歲，乙亥年（1685）授中書舍人，丙子（1686）春銓部驗到，但並未委任實職。此後藍啓肅雖屢次參加進士考試，但終未及第。其子藍重蕃稱他：「乃六上春官，不得一第。」〔註207〕因此，藍啓肅一生大多時間賦閒家居，以讀書吟詠、交遊唱和爲事。藍啓肅生活的年代，正值「黃培詩案」發生前後。作爲事發地，即墨地區在較長時間裏，都籠罩在文字獄的高壓之下。文人閉口斂足，鮮有敢言詩歌者，一時間即墨詩壇一片沈寂。而藍啓肅勇擔時任，敢爲人先，他放情山水，寫

〔註204〕〔清〕藍重蕃：《皇清鄉貢進士欽授內閣中書舍人先府君藍公行述》，藍啓肅《清貽居集》，藍氏家印本，2012年，第26頁。

〔註205〕〔清〕周毓正：《中翰藍公傳》，藍啓肅《清貽居集》，藍氏家印本，2012年，第11頁。

〔註206〕〔清〕楊玠：《中翰藍公傳》，藍啓肅《清貽居集》，藍氏家印本，2012年，第7頁。

〔註207〕〔清〕藍重蕃：《皇清鄉貢進士欽授內閣中書舍人先府君藍公行述》，藍啓肅《清貽居集》，藍氏家印本，2012年，第23頁。

景書懷，兼師眾長，自成一家，創作了大量格調清雅、意境高遠的優秀詩篇，打破了即墨詩壇沈寂的局面，喚起時人詩歌創作的熱情，爲豐富清初即墨詩壇，打開即墨詩歌創作新局面作出了突出貢獻。其詩歌被載入《山左詩鈔》、《國朝詩餘別裁》。其詩集《清貽居集》爲《續修四庫全書》收錄。同時，藍啓肅在教育子弟、賑濟貧弱族人、維繫家族穩定等方面都作出了積極貢獻。因此，藍啓肅入祀即墨鄉賢，並被視爲藍氏家族發展史上最重要的代表人物之一。

一、藍啓肅的生平事蹟

藍啓肅是幸運的，因爲他出生在即墨藍氏這樣一個科宦、文化家族，並受到良好系統的家族教育；但他又是不幸的，他的一生坎坷多難：他自幼多病，身體羸弱；屢遭親喪，哀毀不勝；家道中衰，生活困頓；科場不順，屢試不中；晚得子嗣，備受煎熬，最終英年早逝，在貧病交加中結束了年僅四十八歲的生命。其子藍重蕃在《皇清鄉貢進士欽授內閣中書舍人先府君藍公行述》中備述其一生的艱辛與困頓，曰：「而乃早失怙恃，一世伶仃，民物不被其澤，設施未竟其用，淹蹇公車且未中壽而歿也。」〔註208〕從他的詩作中，我們可清晰地看到他的生活概況。詩人在《閒居》中寫到：「半世病貧成短鬢，一生潦倒惜羞顏。流陰寂寞休輕擲，幾拂青衫淚欲斑」；在《草堂宴集》中也表達了同樣的感歎：「半世貧愁成潦倒，一生歲月竟蹉跎。年華消盡英雄志，鏡裏竟看鬚欲皤。」這些詩歌，字裏行間被病、貧、愁、淚所充斥，彌漫著悲傷、哀愁的情感。總結起來看，藍啓肅的一生可謂短暫而又坎坷。

（一）多災多病

藍啓肅一生體弱多病，災禍連綿。藍啓肅在自撰《皇清鄉貢進士考授內閣中書舍人藍公年譜》及藍啓延續補中對此有著詳細的記載：

> 三歲，生疹痘；……七歲，臘月過湖，所乘馬失足落水，人以爲必沉，俄有大冰自上流急至，負之不動，乃得救免，若有默相之者；……十三歲，病胃濱死，父母驚懼無措，求神問卜，巫醫並治，幾碎心破膽，兩月方瘥；……十七歲，值秋試，擬赴棘闈，瘡癩大作，呻吟床褥者半載，有生之大厄也；……二十九歲，六月晃感冒

〔註208〕〔清〕藍重蕃：《皇清鄉貢進士欽授內閣中書舍人先府君藍公行述》，藍啓肅《清貽居集》，藍氏家印本，2012年，第26頁。

> 傷寒不入飲食者二十七日，元氣大憊，肢腹盡脫，延綿八十日，始
> 克行步，益自恨賦命之寒，謂功名一事終身無分也；……庚辰正月
> 抵都，不數日疾作，勉強三試畢。逾月歸里，遂病脾胃。子女婚嫁
> 等事集於一時，心力竭矣，百藥罔功。〔註209〕

從中可見，藍啓肅終身疾病纏身，長期忍受著病痛的煎熬。這對藍啓肅的人生觀、世界觀及詩歌創作都產生重要影響。

（二）生活困頓

藍啓肅生活的時代，藍氏家族已經開始走向衰落。藍氏家族本是農耕起家，至三世祖藍福盛時家道殷實；四世祖藍銅時，因善於營生而富甲一方。自五世祖藍章始，藍氏家族世代以讀書科舉爲業。藍氏家族雖在科舉方面科第蟬聯，成就卓越，但科舉中式的畢竟是少數。即是取得功名、走上仕途者，也多因剛直不阿、清正廉潔而升遷緩慢、官職較低，這勢必會影響家族仕宦收入。再加上藍氏家族一貫周貧濟困，樂善好施，至藍啓肅時，藍氏家族經濟漸趨衰退，常出現入不敷出、捉襟見肘現象。從藍啓肅自撰年譜中可以清楚地看到這一點：

> 十八歲，二月，父母以家口繁衍、日用之絀無於度也，爲分契
> 二紙，將清白所遺作兩份，平分與晃兄弟；……二十一歲，家道漸
> 索；……二十七歲，拮据畢喪，心血盡矣，財力竭矣，家道自是愈
> 窘矣；……二十八歲，營家治產，謹身節用，戚然惟恐隕越，日則
> 持籌，夜則咕嗶；……二十九歲，爲破釜沉舟之計，湊資赴北闈；……
> 三十二歲，二月，復整裝入都，爲背城借一之計。……篋囊羞澀，
> 並日而食，借貸無門，糊口維艱。〔註210〕

可見，藍啓肅時，藍氏家族的經濟狀況已是每況愈下，常常會入不敷出。雖得夫人周氏多方籌措，最終還是到了「並日而食，借貸無門，糊口維艱」的地步。

（三）科場不順

藍啓肅雖然自幼聰慧勤奮，早年便嶄露頭角，但卻科場不順。康熙甲子

〔註209〕〔清〕藍啓肅：《皇清鄉貢進士考授內閣中書舍人藍公年譜》，選自藍信寧編：《清貽居集》，藍氏家印本，2012年，第14～20頁。

〔註210〕〔清〕藍啓肅：《皇清鄉貢進士考授內閣中書舍人藍公年譜》及藍啓延續補，藍信寧編《清貽居集》，藍氏家印本，2012年，第15頁。

（1684 年），32 歲時才考中順天舉人，此後「六上春官不得一第」，直到去世的當年仍帶病參加考試。藍啓肅自撰年譜和藍啓延續譜都有記載：

> 十七歲，值秋試，擬赴棘闈，瘡癩大作，呻吟床褥者半載，有生之大厄也；……二十九歲，爲破釜沉舟之計，湊資赴北闈；……三十二歲（1684 年），二十四日至涿州，日暮報至，僥倖三十九名；……三十三歲（1685 年），會試禮闈不第，鬱鬱歸里；……戊辰（1688）同上公車不第，歸益憤發；……甲戌（1694）四上春官，仍不弟；……庚辰（1700）正月抵都，不數日疾作，勉強三試畢。逾月歸里，遂病脾胃。〔註211〕

屢次科考失敗，讓藍啓肅自覺有負父祖厚望，難以實現光大門庭的抱負，以至於終身遺憾，至死不休。這種感情深刻影響著他的生活和詩歌創作。

（四）子嗣問題

「不孝有三，無後爲大」，《孟子・離婁上》的這句話將子嗣問題提升到家族傳承的高度，列爲孝行之首。藍啓肅在二十歲時生有一子，可惜因出痘夭折。此後，分別於二十二歲、三十歲、三十一歲，連生三女。功名未就，加上子嗣未立，這讓藍啓肅失望情緒達到極端。他發出絕望的歎息，說：「功名子息俱成死灰矣。」〔註212〕因此，子嗣問題猶如一塊巨石，長期折磨著已經疲憊不堪的藍啓肅。直到他三十四歲（1686 年）兒子藍重蕃的出生，才解決了這個問題。當時藍啓肅喜不自勝，感慨地說：「今有子，萬事足矣。」至此，藍啓肅方才擺脫子嗣問題的困擾。

（五）科舉教育

藍啓肅出生時，其父藍深已四十八歲，祖父藍再茂已七十一歲。晚來得孫、得子，祖、父對他儘管倍加珍愛，但絲毫沒有放鬆對他的要求，而是爲他提供了更加嚴格而系統的教育。從藍啓肅自撰年譜中我們可以清楚地看到這一點：

> 大父以父之得晃最晚，故珍愛倍常。三歲，生疹痘，學識字。
> 四歲，能記誦《三字經》及唐詩。五歲，就外傳讀四書，父教之習

〔註211〕〔清〕藍啓肅：《皇清鄉貢進士考授內閣中書舍人藍公年譜》，藍信寧編：《清貽居集》，藍氏家印本，2012 年，第 15～19 頁。

〔註212〕〔清〕藍啓肅自撰、藍啓延續補：《皇清鄉貢進士考授內閣中書舍人藍公年譜》，藍啓肅《清貽居集》，藍氏家印本，2012 年，第 17 頁。

威儀閑禮數。……八歲，讀書署中，父以難對試之，輒應聲而對，父稱愛之。九歲，仲父太史公以蔭子例送覍名，入監讀書，字之曰恭元。十一歲，學文章。十二歲，奉制改策論，一見曉大意，時論古有識。……十四歲，文頗進。十五歲，父不願覍以蔭結局，改名啓升，命應童子試，郡縣皆拔前矛。……十六歲，制復八股，如行道失路，極爲研慮揣摩，乃稍稍就繩墨。……二十一歲，家道漸索。復從前岳江玉璣讀書世澤樓。……二十四歲，復從江岳讀書華陽山房，人事日多，心血日耗，誦讀之樂非復疇昔。然猶勉強從事，秋冬間，晨夕弗輟。二十五歲，春間復入華陽。〔註213〕

從中可見，在父祖的嚴格要求下，藍啓肅自幼勤奮好學，早期受到良好的家族蒙教，稍長又長期在家族書院跟隨塾師堅持讀書備考，其所受得教育嚴格而系統，這爲其科舉應考及詩歌創作打下堅實的基礎。

（六）社會交往

藍啓肅性格豁達，慷慨好客，社會交際廣泛。其家常是賓客盈門，友朋彙集。他們飲酒賦詩，相互唱和。其子藍重蕃稱他：「尤好賓客，每當花晨月夕，詩酒流連，戶外之屨常滿也。」〔註214〕邑人周毓正也稱：「竹庵（藍啓肅的號）先生少以文名，喜交遊，然善病嘗養疴華陽書院，距城五十餘里，經月不歸，賓客從之者屨滿戶外。」〔註215〕此外，康熙甲子（1684年），藍啓肅應順天鄉舉，得以結交京師文化名流，與師友切磋學問，探討文學創作。邑人楊玠在《中翰藍公傳》記述稱：「（藍啓肅）甲子文益就，乃易今名，以資入太學，應順天鄉舉。遂得雋文章之譽，翕然居京師。所交率四方名宿，相與議論，上下弘敏，快辯所學，日以開朗，切聲律爲詩歌，抒寫性靈。」〔註216〕

廣泛的社會交往，對藍啓肅開闊眼界，學習借鑒師友經驗，提高詩歌創

〔註213〕〔清〕藍啓肅自撰、藍啓延續補：《皇清鄉貢進士考授內閣中書舍人藍公年譜》，藍啓肅《清貽居集》，藍氏家印本，2012年，第14～15頁。

〔註214〕〔清〕藍重蕃：《皇清鄉貢進士欽授內閣中書舍人先府君藍公行述》，藍啓肅《清貽居集》，藍氏家印本，2012年，第24～25頁。

〔註215〕〔清〕周毓正：《藍母周孺人傳》，藍啓肅《清貽居集》，藍氏家印本，2012年，第28頁。

〔註216〕〔清〕楊玠：《中翰藍公傳》，藍啓肅《清貽居集》，藍氏家印本，2012年，第7頁。

作水平，起到重要作用。同時，師友交遊唱和也豐富了藍啓肅的詩歌內容。

由上可見，藍啓肅的一生是坎坷、困頓的一生，他在各種重壓之下，拖著貧病交加的身體，艱難地生活著。但正是這苦難的生活給了他創作的靈感和對生活的深切體驗，使得詩人在如此短暫並困頓的生活中卻創造出數量之多的高質量的詩篇。他的詩歌獨抒性靈，不拘格套，一洗清初詩壇風氣，無意求工，而秀逸高標，卓然不群。

二、藍啓肅的文學成就

藍啓肅現存的文學作品主要是詩歌，數量較多，成就也最大；其次是文章，數量不多，以記載家族歷史、先人事蹟爲主，既是文學作品，也是重要家族文獻；再次是詞，僅有 5 首，成就不高。

（一）藍啟肅的詩歌成就

藍啓肅的詩歌結集爲《清貽居集》，《續修四庫全書總目提要》中對《清貽居集》作了簡要描述，稱：「是集共詩三百餘首，分體編次。」但日久散佚，至今已是篇章殘缺。2012 年，即墨藍氏家族第二十世藍信寧整理印發了藍啓肅《清貽居集》。新版的《清貽居集》所輯錄目前所能見到的藍啓肅所有詩歌，收五言古篇、七言古篇、五言律篇、七言律篇、五言排律、七言絕篇六大類，共計九十八首，在詩集的編排、分類上一仍舊本。雖收錄詩歌尚不及原書的三分之一，但由此略可窺見藍啓肅詩歌創作的概貌。

1、藍啟肅詩歌的主要內容

藍啓肅一生多數時間賦閑家居，以讀書、交遊、觀光、吟詠爲事。所以從內容上來看，藍啓肅的詩歌主要有閒適詩、遊覽詩、思舊詩、唱和詩、應酬詩等。

（1）閒適詩

藍啓肅終生未仕，且多病纏身，故而長時間賦閑在家。這使得他有更多時間領略即墨城邑間的優美景色，感受安逸的賦閑生活，參悟人生百味，進而以一種平和的心態，用詩歌的形式，把這些景物描繪出來，將情感表達出來，營造出一個個超然、脫俗、閒適和寧靜的意境，創作出了大量優美的閒適詩。藍啓肅的閒適詩雖然數量不多，但其思想性和藝術性都很高。它最能真實描述詩人的生活狀態，抒發詩人的思想情感，反映詩人的人生體驗。如《新築草堂》、《過素軒叔園林二首》、《雨後東園小酌》、《閒居草堂燕集》、《對

鏡》等都是優秀的代表作。

描寫閒居生活的安適與愜意。這些詩歌通過對優美的景物、寧靜環境的描寫，體現出詩人閒居生活的舒適與愜意。如《新築草堂》、《過素軒叔園林二首》和《雨後東園小酌》等。在《雨後東園小酌》中，詩人描繪了雨後東園優美的景色及詩人自酌自娛的閒適生活：

> 茅屋繩床午夢餘，半簾疏雨洗芙蕖。
> 花階苔綠添幽徑，竹榻風涼滿散籤。
> 南畝載歌欣渥足，西成有望疾耕鋤。
> 青樽幾欲開懷飲，無那憑欄祗自嘘。

——《雨後東園小酌》

詩歌前四句描寫了雨後東園幽雅寧靜的環境：園內茅屋一所，樹下繩床懸掛；細雨沖洗過的芙蕖青蔥可人，雨後花階青苔泛綠，更增添了小道的幽靜陰涼之感；微風吹來，竹席、竹榻涼爽舒適；後四句描寫了超然世外的無拘無束的隱士般的生活：詩人耕耘南畝，完全沒有勞作的辛苦，時而放歌高唱，時而戲水濯足。勞作歸來，還可開懷暢飲，生活舒適自在，沒有俗世煩憂。整首詩清新自然、平和恬淡，頗具陶淵明田園詩歌的韻味。顯示出藍啟肅詩歌明快圓熟，平易淺切的風格特色。

描寫閒居生活的淒涼與苦悶。鄉邑田園並非世外桃源，閒居生活遠不像想像中那樣美好，那樣安適恬淡。透過閒居生活舒適、安逸的表象，我們看到更多是詩人閒居生活的淒涼與苦悶。如《閒居》和《草堂燕集》等。

> 屏慮忘機獨閉關，花階疏影自斒斕。
> 綠樽每向愁中酌，白日空教夢裏閒。
> 半世病貧成短鬢，一生潦倒惜羞顏。
> 流陰寂寞休輕擲，幾拂青衫淚欲斑。

——《閒居》

> 茅屋幽亭意自邁，日斜良友忽相遇。
> 傾樽漸愧無佳酒，披膽殷勤祗浩歌。
> 半世貧愁成潦倒，一生歲月竟蹉跎。
> 年華消盡英雄志，鏡裏竟看鬚欲皤。

——《草堂燕集》

在這些兩首詩中，舒適、寧靜的閒居生活景象已不復存在，生活空虛、

疾病纏身、窮困潦倒、壯志難酬等字樣充斥在詩文的字裏行間。兩首詩中我們看到最頻繁的是貧、病、愁、酒。儒家講求「達則兼濟天下，窮則獨善其身」。藍啓肅出身名門，才華橫溢，大有兼濟天下之志，但科場不順，無緣仕宦。不得已而「需次家居」，「獨善其身」。閒居生活絕非所願。然而，親人喪亡、生活貧困、疾病纏身等原因最終剝奪了詩人「獨善其身」的權利，生活留給詩人更多的是哀愁、空虛、失落和懷才不遇，這使得詩人只有借酒消愁，悲歌長歎。

（2）遊覽詩

古代文人喜好遊覽，「臨水必歌，登高必賦」。藍啓肅作為才華橫溢的文人，又因長期閒居得以廣泛遊覽即墨及周邊名勝，故而，其詩歌中的遊覽詩歌數量較多。這些詩歌描寫了即墨及其周邊地區豐富的人文景觀和優美的自然景色。如《登州蓬萊閣望海》、《秋日同李湘若昆季登嶗城北山觀海》、《再遊華樓遍歷松風口金液泉王喬崛玉女盆南天門諸勝概二首》、《鶴山道上望小蓬萊》等都是優美的遊覽詩。在《登州蓬萊閣望海》中，詩人臨閣觀海，因景生情：

> 海上風生五月秋，憑欄幾欲泛仙舟。
> 眼前碧落浮三島，腳底青溟接十洲。
> 抗志雲霄原落落，遙懷今古自悠悠。
> 閣中已是蓬萊勝，何事虛空十二樓？

詩歌前四句記事寫景：海上風起，原本比較炎熱的五月變如同秋天一樣涼爽，詩人站在閣中，憑欄遠眺，眼睛看到的是海中小島在碧波蕩漾之中時隱時現，腳下的青溟一直延伸，連接著其他海域。詩人不免產生一種泛舟暢遊的衝動。第五六句，詩人讚美大海志向高遠，心胸博大，經歷古今變遷仍能悠然淡定。最後兩句，詩人用反問語氣提出質疑，蓬萊高閣是名勝之地，為何閣樓空閒，無人使用，無人賞識呢？後四句，詩人借景抒情，通過對大海的讚美表明自己的志向和心態；借感歎蓬萊閣不為人識，表達了自己懷才不遇，不為世用的無奈與惆悵。整首詩寓情於景，情景交融。

（3）抒懷詩

這類詩歌通過寫景、詠物、記事委婉地表達了詩人的思想情感，反映了詩人的生活境遇及人生態度。其中《東歸淮河阻渡》、《病秋》、《病中生日》、《庚辰東歸二首》、《醉翁亭古梅》都是代表作。在《東歸淮河阻渡》中，詩

人借渡河受阻抒發自己人生感慨：

> 此身原未濟，到處是淹留。逝矣悲流水，歸分逐白鷗。
>
> 回瀾應有志，擊楫徒存憂。我欲乘風去，何須問渡舟。

詩人早有盛名，身負父祖厚望，懷著振興家族的雄偉抱負。但他卻一生坎坷，在科舉、仕途、子嗣等諸多方面屢遭挫傷。其族弟藍啓延稱：「（藍啓肅）嘗厚自期許以數奇不遇。」〔註217〕這讓詩人大有時運不濟，懷才不遇之感。在《東歸淮河受阻》中，詩人借渡河受阻一事委婉地表達了自己懷才不遇、壯志難酬的失望情緒，同時流露出詩人對現實的失望和無奈，而嚮往自由，追求超脫的思想傾向。

藍啓肅一生坎坷，命運多舛，但最讓他苦悶的不是生活困頓，疾病纏身，而是科舉不順，無緣仕途。這使藍啓肅悲觀失望，終身鬱鬱。直到臨終，仍伏枕歎息曰：「功名到此心方歇，慷慨猶存志未休。」〔註218〕一方面，屢試不中讓詩人悲觀失望，對科舉產生厭倦情緒；另一方面，強烈的家族使命意識又讓詩人不能放棄，繼續堅持應考，直到生命的終結。這種矛盾的心情在《庚辰東歸》之二中表現的最為真切：

> 蕭蕭易水古今情，鼓歇漁陽恨未平。
>
> 華髮悲歌還自笑，丹心落柘為誰傾。
>
> 喜從屠狗人千載，羞向雕蟲負此生。
>
> 中夜劉琨渾不寐，幾回起舞聽雞聲。

庚辰年為1700年，也就是藍啓肅去世的這一年。這一年已是藍啓肅第六次參加進士考試，最終仍以失敗告終。詩歌前四句，描寫了詩人再次遭遇科舉失敗，想到自己中年蹉跎，頭髮花白仍然為功名奔勞，自感悲哀、可笑；而自己執著參加科考，最終難以如願，內心憤懣和失望之情無處訴說。詩歌後四句，寫到詩人雖屢遭失敗，但仍認為科舉是人生正途，不願選擇其他營生而放棄科舉。詩人以劉琨聞雞起舞的典故來激勵自己，大有重振旗鼓，再接再厲，繼續參加科考的意思。然命運不濟，在這一年詩人懷著巨大的遺憾因病辭世。

藍啓肅雖然一生坎坷，不為世用，卻始終保持獨特的個性和高潔的品

〔註217〕〔清〕藍啓肅自撰、藍啓延續補：《皇清鄉貢進士考授內閣中書舍人藍公年譜》，藍啓肅《清貽居集》，藍氏家印本，2012 年，第 19 頁。

〔註218〕〔清〕楊玠：《中翰藍公傳》，藍啓肅《清貽居集》，藍氏家印本，2012 年，第 8 頁。

格。他常以竹自況，嘗言：「吾之生也，徵於竹，夫竹雖清標，非梁棟材，其不爲世用明矣。」〔註219〕可見，詩人明知不爲世所用，仍然潔身自好，氣節凜然。《醉翁亭古梅》正是詩人這種思想和品格的集中表現：

> 從來不受雪霜欺，勁節扶疏老更宜。
>
> 一種孤芳原自許，此心寧冀歲寒知。

全詩以古梅爲描寫對象。前兩句寫古梅不懼嚴寒雪霜，始終在艱苦的環境中倔強地生長。即便到了樹老枝疏的時節，依然堅挺勁拔，傲然挺立。這不正是詩人自己的寫照嗎？詩人一生飽受磨難，卻不屈不撓。人到老年，卻氣節凌然。後兩句詩人指出，古梅志向高潔，常是不爲世人理解，被認爲是孤芳自賞。但嚴寒雪霜是古梅的知己，它目睹了古梅所受的磨練，瞭解它的高潔品質。借古梅感歎自己不爲世用，表達了自己即便不爲世人認同，仍然要堅守操守和品格的決心。

（4）悼亡詩

悼亡詩是藍啓肅悼念亡故的親友，表達自己失去親人無限哀傷的詩歌。這類詩歌多情眞意切，哀婉悲涼。藍啓肅在自撰年譜中記述，從二十歲始，短短十餘年之內，他先後失去了數位親人：他的父親、母親、嫡母、繼祖母相繼離世，這給他帶來了一個又一個沉重的打擊，使他長時間沉浸於悲傷之中。邑人周毓正在《中翰藍公傳》中稱藍啓肅：「而連遭大喪，衰毀逾常。」〔註220〕而在他的詩歌中，有《哭第五殤兒兼慰室人二首》，從中可知他有五個年幼的孩子先後夭折。面對至親的接連離世，詩人長歌當哭，他用樸實的語言，表達了喪失親友的悲痛和對亡故親友的無限思念，留下了一首首情眞意切的悼亡詩。如《過臨淮感懷》：

> 府君遺愛地，回首四旬餘。宦橐原無硯，家藏尚有書。
>
> 學文名未就，謀食計全疏，一領青衫舊，空敎歲月虛。

詩歌的前四句寫詩人來到父親曾經做官故地臨淮，感慨歲月流逝，轉眼之間四十餘年過去了，父親已經去世了，可是他的藏書猶在，讓詩人睹物思人。後四句筆鋒一轉，詩人由父親想到自己，深感有負父親厚望。認爲自己

〔註219〕〔清〕周毓正：《中翰藍公傳》，藍啓肅《清貽居集》，藍氏家印本，2012年，第13頁。

〔註220〕〔清〕周毓正：《中翰藍公傳》，藍啓肅《清貽居集》，藍氏家印本，2012年，第11頁。

讀書沒能成名，生活一度困頓，科舉方面屢試不中，深感自己虛度時光，一事無成。

而在《哭第五殤兒兼慰室人二首》中，詩人肝腸寸斷的喪子之痛躍然紙上：

> 十年幾度傷心事，獨坐挑燈淚欲枯。
>
> 雛去巢空風雨夜，五更腸斷老慈鳥。（其一）
>
> 珠沉碧海玉無光，一度傷心淚萬行。
>
> 應是前生多夙孽，故將愛刃割柔腸。（其二）

第一首詩前兩句集中描寫了十年間詩人連遭喪失親人的痛苦，這種痛徹心扉的情感使得詩人徹夜難眠，欲哭無淚；後兩句用比喻的手法層層深入的表達了這種傷感。詩人將自己比作「雛去巢空」的老雌鳥，喪失子女本已是肝腸寸斷。而詩人又用了「五更」和「風雨夜」這種特定的時間和環境，無疑進一步增添了悲傷的氣氛。將詩人那種悲痛欲絕，無以言表的情感推到了極致。第二首詩前兩句詩人以「珠沉碧海」來喻指幼兒夭折，「一度傷心淚萬行」寫盡了連喪幼子的極度悲傷，這與上一首「淚欲枯」相呼應。詩歌第三句詩人無奈地將接連的幼兒夭折歸罪於前世的宿怨；第四句詩人以「愛刃割柔腸」來表達自己無以復加的悲痛之情。兩首詩血淚交加，哀婉淒絕，讀來使人潸然淚下。

（5）唱和詩

唱和詩是指藍啓肅與親友相互唱和的詩歌，主要分爲兩類。一類是與族人之間的分韻賦詩，二類是與友人之間的同韻和詩。

分韻賦詩。分韻賦詩是古人聚會娛樂經常採用的一種方式。常是數人相約賦詩，選擇若干字爲韻，各人分拈，依拈得之韻作詩，謂之分韻。藍氏家族是文化世家，家族成員之間吟詠唱和是其生活的重要組成部分。在藍啓肅詩歌中，分韻賦詩多爲其家族成員之間的唱和，主要描寫家族生活和親人之間的深厚情感。如《九日東園同弟姪分韻得陽字》：

> 載酒尋幽勝，秋光到草堂。高歌白雪調，共佩紫萸囊。
>
> 瓔珞垂寒砌，芙蓉試曉妝。東籬初放蕊，蛺蝶不須忙。

整首詩描寫了草堂附近優美的景色及恬淡舒適的田園生活，表現了詩人與弟姪之間的眞摯感情。

同韻和詩。和詩多用於古代文人相互之間的酬答，是傳統詩歌中一種依

照他人詩詞的韻腳而寫詩的創作方法，因其形式像唱歌中的應和而得名。藍啓肅喜好交遊，友朋眾多，故而之間的酬答應和詩歌爲數不少。如《秋夜不寐和呂西來韻》：

> 萬緣消盡一身閒，漸欲逃形學閉關。
> 松徑綠苔常滑滑，竹籬新月尚彎彎。
> 道書讀罷爐煙細，險韻詩成茗碗斑。
> 頓覺此中空色相，愚公何事苦移山。

詩歌第一二句，表達了詩人在經歷了各種過挫折之後，意欲學道參佛，解脫塵世煩惱。第三四五六句，詩人描寫了詩人理想的修行生活：松柏掩映，青苔小徑，讀書修行，焚香參道，飲茶賦詩。這是一種超脫塵俗的神仙般的生活。最後兩句，詩人自稱頓悟「空色相」，認爲愚公移山是徒勞無功的舉動。但是透過詩人佛道出世表象，我們看到的是詩人絕非是參透了人生的眞諦，眞正超脫塵世，而是對人生困頓和挫傷的無奈和惆悵的一種表現。這首與呂西來的唱和詩歌，一洗詩人其他詩歌描寫閒適生活、反映生活困頓和抒發憤懣之情的特點，整首詩彌漫著出世的佛道氣息。

另如《和呂西來華陽春曉韻》、《九日東園雅集步和孫淮浦韻》、《和呂西來荒寺讀遺碑原韻》、《華陽山房次張二酉先生韻》等也是出色的唱和詩。

（6）贈別詩

贈別詩也是藍啓肅詩歌的重要內容，多是送別親友或者是寄給親友的贈詩。如《送王子輿歸淮陰》、《送汪韋齋郡丞歸長洲》、《秋日送友之太原幕》、《都門送友人西歸》、《陳意白訓導旋里賦此志別》、《送友人之夢》、《送黃健伯赴京鄉試》、《送郭華野中丞總制湖廣》、《送范文茂赴荊襄總制幕府》、《寄謝王仲尚孝廉》、《寄懷魏縣王三芝先生》、《都門遇李朋實賦贈》、《贈臨淮令孫淇園表兄二首》、《寄贈李諫臣太史督學順天》、《贈膠州吳少府攝篆即墨》等都是代表作。這些詩歌多是表達了詩人與朋友的深厚情誼及友人分別的依依不捨之情。如《送王子輿歸淮陰》：

> 萬里秋風一雁飛，驪歌三疊促微騑。
> 孤城木落催寒笛，驛路霜清背夕暉。
> 古調知音人自少，青山著作世相違。
> 客窗今夜應勞夢，好逐淮陰載月歸。

詩歌前四句，詩人通過「秋風」「一雁」、「驪歌」、「三疊」、「孤城」、「寒

笛」、「霜清」、「夕暉」等字眼極力渲染了友人離別的淒涼場景和對友人依依不捨的心情，表達了與友人的深厚友誼。詩歌的五六句，詩人感歎知音難求，爲友人懷才不遇表示惋惜。最後兩句，詩人筆鋒一轉，語調變的輕鬆歡快。離別固然傷感，但不可避免。詩人希望友人放下牽掛，早日回到自己的家鄉。整首詩歌反覆渲染，情眞意切。

（7）應酬詩

藍啓肅喜交遊，好賓客，交際廣泛。故而，也有相當數量的日常交際應酬詩歌。主要有賀詩和挽詩。

賀詩。祝賀友人家逢喜事而寫的詩歌。主要有賀新婚詩，如《賀汪天修新娶》；賀中式詩，如《賀張易庵拔貢第一》；賀提拔詩，《賀登州楊師捴總戎》；祝壽詩，如《祝登州總戎楊母段太夫人壽二首》等。以《賀汪天修新娶》、《賀張易庵拔貢第一》爲例：

> 錦堂笙歌動韶華，孔雀屏開煥彩霞。
>
> 富貴天成秦晉第，風流人羨謝王家。
>
> 多君瓊蕊瑤宮樹，宜爾天香月殿花。
>
> 自是鳳凰臺畔客，吹簫雙引紫鸞車。
>
> ——《賀汪天修新娶》

> 兩京彩筆動相聞，屈指中原誰似君。
>
> 月入千江同浩潔，雲揮五色自繽紛。
>
> 斗南高倚應無敵，冀北橫馳定不群。
>
> 品藻詞華今第一，對人那弗醉南薰。
>
> ——《賀張易庵拔貢第一》

第一首詩以極盡渲染的手法描繪了婚禮現場，對友人的婚配給予高度讚美。第二首詩，祝賀友人拔貢第一，讚揚友人卓然不群，才華橫溢。這兩首詩鋪張揚厲，氣勢恢宏；語言華美，格律嚴正；長於用典，工於對仗。

（8）挽詩

指爲亡故友人及其家人撰寫的哀歌。這些詩歌一方面充滿著失去親友的悲傷情感；另一方面，回顧死者的一生，彰顯死者的功績，爲死者唱讚歌。如《挽傅文友進士尊君》：

> 君是耆英會裏賢，翩翩繞膝鳳毛鮮。

　　　　　　那堪天上追鸞馭，好向人間望鶴還。

　　　　　　教子已登王佐榜，傳家剩有鄩侯編。

　　　　　　傷心實下西州淚，一曲招魂起暮煙。

　　詩歌前四句，詩人對死者本人給予高度評價，稱讚死者賢德，是出類拔萃的人才。而將死者的離世比作是駕鶴西遊；詩歌後四句，讚揚了死者詩書傳家，教子有方。在讚美死者的同時，也表彰了死者的兒子是國家棟樑之才。結尾處表達了淡淡的悲傷之情。整首詩淡化了傷感情緒，而將對死者的讚美作為主調。哀而不傷，婉轉輕快。

2、藍啟肅詩歌的藝術特色

　　藍啟肅的詩歌特色鮮明，藝術成就斐然。雍正元年（1723 年），也就是在藍啟肅去世二十餘年後，其同鄉後學馮文炌才通過藍啟肅之子藍重蕃得以拜讀藍啟肅《清貽居集》，並為之作序。他在序言中對藍啟肅的詩歌成就給予高度評價，對其詩歌的藝術特色作了精到的概括。馮氏序文稱：

　　　　先生之詩，不規規於一格，而秀逸淡宕，矢口成吟，期於發抒
　　性靈而止，蓋體近於香山，而風雅過之；沐浴於少陵，而天才踔屬，
　　絕塵而馳，則尤不受其籠絡者也。其文質實疏暢，……實根株而發
　　菁華，無今非古。先生純孝之性，禮法楗躬，造次弗離，故其發為
　　文詞，無意求工，而忠孝油然，百世感之。

　　馮文炌因父親關係得以與藍啟肅交遊，早年曾拜望過藍啟肅，後又與藍啟肅之子藍重蕃相友善，故而對藍啟肅的家族身世、生活閱歷、詩歌創作等情況瞭解的十分周詳。因此，他知人論詩，對藍啟肅詩歌作出了客觀、公允的評價。

　　《續修四庫全書總目提要》亦盛讚藍啟肅：「孝友足以維風，文章足以模世。其為詩素主杜工部，而出入於白樂天。」〔註 221〕歸納起來，藍啟肅詩歌的藝術特色主要有以下幾個方面：

（1）獨闢蹊徑，抒發性靈

　　藍啟肅生活的順治和康熙年間，正值清代立朝之初。當時，社會矛盾激化，學術文化思潮激蕩。從文壇來看，清初詩壇尊唐、宗宋，模擬之風盛行，名家輩出，流派紛呈。一方面湧現出錢謙益、吳偉業、屈大均、宋琬、施閏

―――――――――――――――――――

〔註221〕藍信寧：《清貽居集序》，藍啟肅《清貽居集》，藍氏家印本，2012 年，第 1頁引《續修四庫全書總目提要》。

章、王士禛等一大批著名詩人；另一方面，形成了「遺民詩派」、「梅村體」、「神韻詩派」等一批特色鮮明的詩歌流派。尤其是遺民詩歌彌漫朝野，主導詩壇。《中國文學史》指出遺民詩歌：「給文學注入了新的生命。富有民族精神和忠君思想的遺民詩人的沉痛作品，體現了那個時代的主旋律，即便曾一度仕清的詩壇名流，也在詩歌裏抒發家國之痛，映照興亡，寄寓失節的懺悔。」〔註222〕但藍啓肅不隨成俗，不染時風，在文字獄盛行的時代，他的詩歌中既沒有遺民詩人的亡國之痛，黍離之悲，也沒有經世致用的救世拯民、關心國家和民族前途和命運的詩篇。他在詩歌創作上獨闢蹊徑，多是描寫山光水色，記述自身遭遇，抒發情感體驗。所以，他的詩歌含蓄雋永，雍容不迫，平靜恬淡，耐人尋味。邑人馮文炌稱讚曰：「先生之詩，不規規於一格，而秀逸淡宕，矢口成吟，期於發抒性靈而止。」〔註223〕

（2）精於描述，長於造境

藍啓肅的詩歌善於通過細緻的描述來營造幽靜、恬然、平和的意境。詩人運用多樣化的生活題材，以他高超的能力，圓熟的表現技巧，做到隨意而寫，徑直表達，「意到筆隨，景到筆隨」，營造了一個個清幽寧靜、平和恬淡的意境。周毓正盛讚藍啓肅稱：「晚好吟詠，天籟自鳴，飄然塵埃之外。」〔註224〕

（3）兼師眾長，獨具特色

藍啓肅詩歌能師眾長而不泥成規，做到不隨風，不模擬，形成自己獨特的風格。在詩歌創作方面對他影響最大的當數唐代著名詩人杜甫和白居易。杜甫的詩歌被稱為詩史，其詩歌除了高度現實主義之外，便是格律嚴謹，語言錘鍊。他在《江上值水如海勢聊短述》自稱：「為人性僻耽佳句，語不驚人死不休。」藍啓肅學習杜甫注重格律和錘鍊語言之長，但他的詩歌沒有杜詩現實主義的沉鬱，沒有刻意追求「語不驚人死不休」，更多的是個人情感的自然流露。故其詩歌注重格律而不拘泥，語言錘鍊而不失清新。白居易詩歌語言淺顯易懂，多能做到「言淺而思深，意微而詞顯」（薛雪《一瓢詩話》），擅

〔註222〕袁行霈主編：《中國文學史》第四卷，高等教育出版社，1999年，第210頁。
〔註223〕〔清〕馮文炌：《清貽居集序》，藍啓肅《清貽居集》，藍氏家印本，2012年，第4頁。
〔註224〕〔清〕周毓正：《中翰藍公傳》，藍啓肅《清貽居集》，藍氏家印本，2012年，第12頁。

長在平易、切近的形式裏蘊含深遠的思想情趣。袁行霈認爲：「白居易的閒適詩在後代有很大影響，其淺切平易的語言風格，淡泊悠閒的意緒情調，都曾屢屢爲人稱道，但相比之下，這些詩中所表現的那種退避政治，知足保和的閒適思想，以及歸趨佛老，效法陶淵明的生活態度，因與後世文人的心理較爲吻合，所以影響更爲深遠。」藍啓肅一方面師法白詩平易、切近的特點，做到平而不淡，淺而不俗，追求詩風雅正。另一方面，吸收白居易閒適詩歌優長，善於通過描物造境，來挖掘並抒發自己內心眞實感受。

（4）格律嚴謹，詩風雅正

藍啓肅詩歌雖兼工諸體，但以律詩見長。他的律詩嚴守格律，尤工對仗。在現存的 98 首詩歌中，五言律詩 30 首，七言律詩 40 首，約占總數的 70%，這部分律詩藝術成就也最高。同時，藍啓肅爲人嚴謹、平和，而又忠孝仁厚。其子藍重蕃稱其「稟性明敏而靜雅、平和，與物無忤」〔註225〕，周毓正稱其「孺慕性成，老而彌篤」〔註226〕。這些思想發自於心而成詩文，故而藍啓肅詩歌語言清新，感情眞摯，格律嚴整，詩風雅正。馮文炌稱讚曰：「先生純孝之性，禮法是躬，造次弗離，故其發爲文詞，無意求工，而忠孝油然，百世感之。」〔註227〕

（二）藍啓肅的文章成就

藍啓肅不僅以善詩著稱，其文章也稱譽於世。《續修四庫全書總目提要》稱：「啓肅幼入太學，適取士易策論，千言立就，秉家法，聯族屬，孝友足以維風，文章足以模世。」〔註228〕周毓正《中翰藍公傳》稱他：「引筆爲文，汪洋浩瀚，踔厲風發，雖宿儒皆驚歎，以爲不及。」〔註229〕馮文炌《清貽居集序》也稱：「其文質實疏暢，……而氣味神脈逼眞古人，蓋襲糟粕而遺精神，

〔註225〕 〔清〕藍重蕃：《皇清鄉貢進士欽授內閣中書舍人先府君藍公行述》，藍啓肅《清貽居集》，藍氏家印本，2012 年，第 24 頁。

〔註226〕 〔清〕周毓正：《中翰藍公傳》，藍啓肅《清貽居集》，藍氏家印本，2012 年，第 12 頁。

〔註227〕 〔清〕馮文炌：《清貽居集序》，藍啓肅《清貽居集》，藍氏家印本，2012 年，第 4 頁。

〔註228〕 藍信寧：《清貽居集序》，藍啓肅《清貽居集》，藍氏家印本，2012 年，第 1 頁。

〔註229〕 〔清〕周毓正：《中翰藍公傳》，藍啓肅《清貽居集》，藍氏家印本，2012 年，第 4 頁。

無古非今，實根株而發菁華，無今非古。先生純孝之性，禮法提躬，造次弗離，故其發爲文詞，無意求工，而忠孝油然，百世感之。」〔註230〕據家族文獻記載，藍啓肅有文章二十一篇：其中十四篇，僅存其目，即《壽李懿公司訓七袤序》（代序）、《壽鄒晉公邑侯序》（代作）、《重刻警士鐸募刻資引》、《爲雪航袁公營葬募化引》、《通州福德庵建大士殿募緣引》、《瘦樽銘》、《賀尤生入泮文》、《祭廣文耿又柴太翁百泉先生文》（代作）、《祭邑侯龔碧莊夫人文》、《祭嶽母黃孺人文》（代作）、《祭郭石城夫人文》、《封翰林檢討南皮令藍公事略》、《先君子臨淮令事略》、《書甲子祭義後》。另七篇文章：《三世祭田約言》、《祭歷代鄉賢暨崇祀先侍郎先御史先贈按察公文》、《先司寇公事略》、《明少司寇兼任御史中丞大勞山翁藍公年譜》、《書先侍御公文集後》、《書錄先京兆公試卷後》及《皇清鄉貢進士考授內閣中書舍人藍公年譜》。這七篇文章不僅記述了藍章及藍啓肅本人的生平事蹟，還對家族祭田、先人入祀鄉賢、整理印刻先人著述等作了記載，均是藍氏重要的家族文獻。從中可以窺見藍啓肅文章的特點和成就。

三、藍啓肅對家族建設貢獻

藍啓肅除了在文學方面取得重要成就之外，在整理先人著作、教育訓導子弟、維繫家族敦睦等方面也作出了重要貢獻。

（一）整理先人著作

藍啓肅在家族文獻整理方面最大的貢獻是整理刻印了藍章、藍田兩世遺著。藍章、藍田父子均以文學見長，其著述豐富，文學成就高。但經歷藍氏家族中衰之後，其作品散佚嚴重。雖萬曆年間藍思紹曾整理刻印，但訛誤錯亂情況仍非常嚴重，且有不少作品沒能收錄。藍啓肅有感於先人著作散佚嚴重，開始著手整理。他廣搜博採，勘誤補缺，整理刻印了藍章、藍田的作品，使得兩世文學成果得到最大程度的完善和保存。周毓眞在《中翰藍公傳》中稱：「蓋先是司寇公雖爲名臣，載國史，家乘不備。侍御公有《北泉集》，散軼多錯簡。先生廣搜輯，著《司寇公年譜》，序其詩文，刻之爲《嶗山遺稿》；校正《侍御集》，補忘訂訛，兩世之澤以完。」〔註231〕楊玠也在《中

〔註230〕〔清〕馮文炌：《清貽居集序》，藍啓肅《清貽居集》，藍氏家印本，2012 年，第 4 頁。

〔註231〕〔清〕周毓正：《中翰藍公傳》，藍啓肅《清貽居集》，藍氏家印本，2012 年，

翰藍公傳》中稱：「司寇八陣圖說彪炳藝林，而餘製不槪見。侍御刊有專集，多闕略，間訛竄。公極力捃摭，集司寇文爲一編，刻之；得余家所藏棄侍御詩文數百首，晨昏排纘，於是先人百年遺稿燦然具備。」〔註232〕藍啓肅整理本藍章、藍田作品成爲目前最完善的版本，他爲藍章、藍田的作品的保存作出突出貢獻。

（二）教育子弟

藍啓肅持身嚴正，對子弟要求也極爲嚴格。一方面，藍啓肅以祖訓嚴格教導子弟。周毓正《中翰藍公傳》記載：「（藍啓肅）朔望，率諸子姓謁少司寇廟，拜跪畢稱述祖訓，勉之德業。」〔註233〕同時，藍啓肅嚴守禮法，以自己的實際行動影響子弟。周毓正《中翰藍公傳》中記述了藍啓肅於重病之際，仍不敢因病廢禮，扶病參加父親藍深入祀先賢儀式。其文稱：「先生（藍啓肅）孺慕性成，老而彌篤。庚辰，臨淮公以邑紳士請祀鄉賢，先生病不出戶數月矣。櫬下，例當捧主入廟。弟侄輩請代，弗許。因強起，理巾幘，扶掖成禮，遍拜諸客，皆感歎，有泣下者。歸臥床上，顧諸弟侄，恬然曰：「吾瞑目矣。」〔註234〕在藍啓肅的言傳身教之下，藍氏子弟皆循循而知禮法。周毓正《中翰藍公傳》又盛讚曰：「凡能任衣冠者，皆拱立悚聽，不敢有惰容。行於途，恂謹而有儀，不問而知其爲藍氏子弟也。」〔註235〕另一方面，藍啓肅教導子弟自強不息，光大門庭。他曾教導子弟稱：「但門第可畏不可恃，願交相勉勵，善承祖德，勿自菲薄，以玷家聲耳。」〔註236〕

（三）敦睦家族

藍啓肅爲人至孝，敬愛兄姊，善待子侄，置辦義田，接濟貧弱族人，熱心家族事務，爲家族敦睦作出積極貢獻。周毓正《中翰藍公傳》稱他：「孝友，

第 4 頁。

〔註232〕〔清〕楊玠：《中翰藍公傳》，藍啓肅《清貽居集》，藍氏家印本，2012 年，第 8 頁。

〔註233〕〔清〕周毓正：《中翰藍公傳》，藍啓肅《清貽居集》，藍氏家印本，2012 年，第 4 頁。

〔註234〕〔清〕周毓正：《中翰藍公傳》，藍啓肅《清貽居集》，藍氏家印本，2012 年，第 12 頁。

〔註235〕〔清〕周毓正：《中翰藍公傳》，藍啓肅《清貽居集》，藍氏家印本，2012 年，第 4 頁。

〔註236〕〔清〕藍啓肅自撰、藍啓延續補：《皇清鄉貢進士考授內閣中書舍人藍公年譜》，藍啓肅《清貽居集》，藍氏家印本，2012 年，第 19 頁。

尤謹於禮。約族人爲房會，置義田供祀事，以其餘資婚喪之不及者。」〔註237〕
楊玠《中翰藍公傳》也稱藍啓肅：「約族人置祭田，供蒸嘗，著有成效，皆可
法則。事兄如嚴父，居喪，期年不見齒。猶子四人，各贍以己產，計八九
處，割契讓之。篤愛其姊，歿齒不衰。姊喪，衣衾棺槨不以關所出。其姊有
女夫，傭書學官，偶案牘舛誤，或挾之罪，且不測。公恐傷姊心，捐石銀河
林木一區，爲其人壽，遂得寢。已而，事良已，即以斯產爲姊男膏火資。姊
男轉售，得直弗問，其厚德如此。」〔註238〕

　　由此可見，藍啓肅雖然命運坎坷，科途不順，一生閒居田園，但他在詩
歌創作方面的卓越成就，以及對家族建設的突出貢獻，奠定了他在藍氏家族
發展中的崇高地位。

附：藍啓肅年譜

弁言

　　藍啓肅原名啓冕，字恭元，號惕庵。性喜竹，嘗讀書於東厓書院之西舍，
前後皆植竹。又以其生時大父封太史公夢竹成林，寤而生冕，名曰「竹林」，
故自號曰「竹庵」，又嘗自稱爲「竹林逸士」云。

年譜

清順治十年（1653）癸巳　公一歲

六月二十五日子時生。父諱深，爲臨淮令。父爲大父封太史公長子，生
冕時年已四十八歲矣。冕將生之夕，雷電交作，大雨如注。既生，雨止雲霽，
天朗星輝，人以爲瑞。大父以父之得冕最晚，故珍愛倍常。

順治十一年（1654）甲午　公二歲

順治十二年（1655）乙未　公三歲

生疹痘，學識字。

順治十三年（1656）丙申　公四歲

能記誦《三字經》及唐詩。

〔註237〕　〔清〕周毓正：《中翰藍公傳》，藍啓肅《清貽居集》，藍氏家印本，2012 年，
　　　　　第 4 頁。
〔註238〕　〔清〕楊玠：《中翰藍公傳》，藍啓肅《清貽居集》，藍氏家印本，2012 年，
　　　　　第 8 頁。

順治十四年（1657）丁酉　公五歲

順治十五年（1658）戊戌　公六歲

就外傳讀四書，父教之習威儀，嫻禮數。

順治十六年（1659）己亥　公七歲

從父官臨淮，值海寇，從母歸里，寇退復至淮。

臘月過湖，所乘馬失足落水，人以為必沉，俄有大冰自上流急至，負之不動，乃得救免，若有默相之者。

順治十七年（1660）庚子　公八歲

讀書署中，父以難對試之，輒應聲而對，父稱愛之。

順治十八年（1661）辛丑　公九歲

仲父太史公以蔭子例送冕名，入監讀書，字之曰「恭元」。

康熙元年（1662）壬寅　公十歲

康熙二年（1663）癸卯　公十一歲

學文章。

康熙三年（1664）甲辰　公十二歲

奉制改策論，一見曉大意，時論古有識。

康熙四年（1665）乙巳　公十三歲

病危瀕死，父母驚懼無措，求神問卜，巫醫並治，幾碎心破膽，兩月方痊。

康熙五年（1666）丙午　公十四歲

文頗進。

康熙六年（1667）丁未　公十五歲

父不願冕以蔭結局，改名啟升，命應童子試，郡縣皆拔前矛。堂叔某謂：「蔭侄乃仲父厚誼，且屬朝廷隆恩，不可負也。」力阻父意，父勉從之，且命冕曰：「由蔭出身，非所望也，自成均發跡，在昔而有然矣，汝其勉之。」然太學終非吾志也，自是不復應督學試。肆力於舉子業。父為籌燈朝夕不輟。

康熙七年（1668）戊申　公十六歲

制復八股，如行道失路，極為研慮揣摩，乃稍稍就繩墨。

康熙八年（1669）己酉　公十七歲

值秋試，擬赴棘闈，瘡癩大作，呻吟床褥者半載，有生之大厄也。（冬）

至月二日，父爲完婚，心力枯竭，精神頓憊。

康熙九年（1670）庚戌　公十八歲

二月，父母以家口繁衍、日用之絀無於度也，爲分契二紙，將清白所遺作兩份，平分與冕兄弟，冕方在書房中一白面，世事人情毫釐不識，日用周旋，祭祀諸大事費用不資，拮据維艱。父母雖愛之而莫能助，痛之而徒自悲矣。

康熙十年（1671）辛亥　公十九歲

生一子，父喜加額曰：「晚生子今見孫矣。」名之曰「登」，親愛倍於冕。

康熙十一年（1672）壬子　公二十歲

值壬子秋試之期，立志北闈。父命大兄同冕四月赴都，六月考到，父以年高多病，不欲冕久離膝下，手字屢催歸里。冕亦以自幼未離父母，六月言旋，而功名付之東流矣。

十月，登子痘殤，父母哭泣幾殆，無一善狀。

康熙十二年（1673）癸丑　公二十一歲

家道漸索。復從前岳江玉璣讀書「世澤樓」。

康熙十三年（1674）甲寅　公二十二歲

秋八月，父感胃病，冕日侍湯藥。冕又生一女，大負父望，心益怏怏，逾月稍痊。爲大兄歲薦祭祖。九月天寒，必親詣祖林，且悲且喜，病因勞劇矣。十月朔又必躬親祭墓，至大父墓號泣悲哀，歸而病大作，不可復救，逾月見背，冕自此苦不勝書矣。內瞰恒於斯，外侮恒於斯，鮮民之生，幾不自保矣。猶幸嫡母慈恩，撫如己出，爲冕禦災捍患。不啻羽倏口毒。冕斤斤持守不敢少。即匪彝一以退讓爲主，任人侵凌，任人霸佔，付之不論也。惟有孤檠自照，抱書而泣已耳。

康熙十四年（1675）乙卯　公二十三歲

完父帙事。

康熙十五年（1676）丙辰　公二十四歲

復從江岳讀書華陽山房，人事日多，心血日耗，誦讀之樂非復疇昔。然猶勉強從事，秋冬間，晨夕弗輟。

康熙十六年（1677）丁巳　公二十五歲

春間，復入華陽。

三月二十日歸省兩母，遇母氏感病，延醫調治，百藥罔功，六月十日又復棄世，無怙無恃，子道全虧矣。因避嫡母，不忍合葬，權厝南厓，八月二十八日也。

康熙十七年（1678）戊午　公二十六歲

嫡母年高，不敢暫離。忽於六月朔日染病不痊。七月晦，以七十四歲終。冤罪，伊何連遭閔凶，至此極也。

康熙十八年（1679）己未　公二十七歲

拮据畢喪，心血盡矣，財力竭矣，家道自是愈窘矣。

康熙十九年（1680）庚申　公二十八歲

營家治產，謹身節用，戚然惟恐隕越，日則持籌，夜則呫嗶。

康熙二十年（1681）辛酉　公二十九歲

爲破釜沉舟之計，湊資赴北闈。五月繼祖母以疾卒。六月冕感冒傷寒不入飲食者二十七日，元氣大憊，肢腹盡脫，延綿八十日，始克行步，益自恨賦命之蹇，謂功名一事終身無分也。

康熙二十一年（1682）壬戌　公三十歲

生一女。

康熙二十二年（1683）癸亥　公三十一歲

又生一女。功名子息俱成死灰矣。

康熙二十三年（1684）甲子　公三十二歲

二月，復整裝入都，爲背城借一之計。三月抵都門，五月援例入成均，易名啓肅。考到列前茅，邸中益私自奮勵，絕不向人前賣弄才華，默習暗誦中更坎坷，爲成均主者所厄，科試不錄。然雅自負，四方友生貸幣貝於兩司成，始得入闈。三試畢，即南旋。時與掖水呂子渭東同行，相與語曰：「老大矣！一戰而勝，方洗從前醜態，否則或隱於農或隱於商，安能復事筆硯與童子輩爭於青燈、黃卷、紅塵中，誤我千秋耶。」

二十四日，至涿州。日暮報至，僥倖三十九名，是祖父之陰德，一生之孤苦，伏念疇昔，悲喜交並，不知涕泗之何從也。

二十六日，復入京。投親供見房師。未幾闈中騰謗忽興，聖上大怒，命閣部九卿入朝會，同磨勘。

九月二十日，大案方結。幸藉先靈免於吏議。第篋囊羞澀，並日而食，借貸無門，糊口維艱。十月策蹇歸里。又值荊人大病幾殆。

康熙二十四年（1685）乙丑　公三十三歲

會試禮闈不第，鬱鬱歸里。

又生一女。

康熙二十五年（1686）丙寅　公三十四歲

秋九月，伯兄生子重蕃，喜不自勝，曰：「今有子，萬事足矣。」

仲春自記：「功名雖少有寸進，子息尚無一人。予固薄德，不敢妄異天麻，然先人之明德遠矣，積功累仁，豈至予身而不祀耶？此先人絕緒之關，撫膺病哭，益又悲矣。」（先伯兄恭元於丙寅歲讀書華陽山房，因追往事，自著年譜，此後不復續筆。）

康熙二十六年（1687）丁卯　公三十五歲

肄業東厓書院，刻意攻苦。

越秋闈，延（啓延）與昌後侄同舉於鄉。伯兄喜甚，相謂曰：「吾家三年內登科者三人，真祖宗積累之所貽也。但門第可畏不可恃，願交相勉勵，善承祖德，勿自菲薄，以玷家聲耳。」

康熙二十七年（1688）戊辰　公三十六歲

同上公車不第，歸益憤發。

康熙二十八年（1689）己巳　公三十七歲

聯族伯叔兄弟輩重整本家房，會置祖林祭田。又約同堂兄弟子侄，出公田百畝為祖父祭祀之用，十數年來漸有成效。

康熙二十九年（1690）庚午　公三十八歲

余兄弟共事筆硯，朝夕訓勉，以祖父世德為兢兢，念上世家法，則恐隕越貽羞。於先人手澤尤加意珍藏。搜先司寇公詩文數首，抄錄成帙，剞劂以永其傳，為今《勞山遺稿》。

先侍御公集舊刻本，年遠殘缺，且字句多訛，重加校正，又於邑之文獻故家得文數十篇，詩百餘首，分類成集，比舊加增。

伯兄生平慷慨意氣，遇邑中利弊，反覆開陳，求便於民，邑人賴之。即後先邑侯亦敬服之。

康熙三十年（1691）辛未　公三十九歲

康熙三十一年（1692）壬申　公四十歲

康熙三十二年（1693）癸酉　公四十一歲

康熙三十三年（1694）甲戌　公四十二歲

四上春官，仍不弟。

康熙三十四年（1695）乙亥　公四十三歲

秋，奉部文就中書。

康熙三十五年（1696）丙子　公四十四歲

春，伯兄偕延赴都。

三月銓部驗到，邸舍中語延日：「吾輩此行爲門戶計耳，究不願以此終也。」

伯兄自幼工書法，善詩文，嘗厚自期許，以數奇不遇。

康熙三十六年（1697）丁丑　公四十五歲

康熙三十七年（1698）戊寅　公四十六歲

康熙三十八年（1699）己卯　公四十七歲

南遊，過臨淮，爲先伯父治邑，生祠在焉。贍拜祭奠，不免有今昔之感，邑之人士猶感頌不衰。伯兄歸里，語及此事，潸然淚下矣。臘月即北上。

康熙三十九年（1700）庚辰　公四十八歲

正月抵都，不數日疾作，勉強三試畢。延時濫竽禮闈。伯兄不以己之落第爲憾，諸凡照拂，且云：「吾兄弟但有發者，即可喜耳。」

逾月歸里，遂病脾胃。子女婚嫁等事集於一時，心力竭矣，百藥罔功。適同邑士庶以伯父公舉鄉祀。

十月，蒙學憲詳大中丞批允行縣。

十一月望日，邑侯請主入祠。時伯兄病甚，令人扶掖，力疾成禮，親知勸止，之日：「一息尚存，不容少懈，敢以病廢禮乎？」月終以城居窄狹，移居東厓書院靜養調攝，而豈意漸不可支耶。病革時執延手語云：「祖宗積德累仁，門戶大事，所關匪輕，吾今已矣，是在吾弟，尚其勉之。」又自吟日：「功名到此心方歇，慷慨猶存志未休。」最傷心者，伯兄、生母權厝多年，未及合葬；遺子重蕃尚未成立，爲之悲咽不已。嗚呼！伯兄固信余哉，余用是益痛心矣。

十二月二十三日，以疾終於家，享年四十八歲。

越二年壬午（1702），葬華樓西山之原。

跋

甲申（1704）秋七月，其子重蕃捧年譜一冊求續其後，將爲之志墓中銘，以垂不朽。余惟伯兄之行誼、文章昭人耳目，今即世已四年矣。四年中，家

門不幸，骨肉迭摧，執筆傷心，何能有所記述？爰就十餘年來所目睹者約略記之，以備當代仁人君子之採擇焉。

康熙四十四年（1705 年）歲次乙酉　從弟啓延謹誌

結　語

　　回顧即墨藍氏家族的發展歷程，總結藍氏家族的文化成果：一方面，我們深切感到，藍氏家族發展與維繫的艱辛，讚歎藍氏族人的聰明才智及其在科舉、仕宦、文學、家族建設諸多方面取得的豐碩成果；另一方面，我們感到，藍氏家族在家族系統教育、家族管理維繫、家族文化建設等方面探索出科學合理的途徑，總結出一系列的成功經驗，這將爲我們當前開展道德文化教育、深化社會管理、推進社會主義文化建設都提供了有益的借鑒。對於藍氏家族的文化成果，上文已經作了專門論述，於此僅簡要總結藍氏家族發展的成功經驗和對當前社會的啓迪。

　　首先，在教育工作方面：百年大計，教育爲本，藍氏家族之所以能夠持續發展並取得豐碩成果，這與其家族探索出的一套科學有效的教育體系是分不開的。概括起來，藍氏家族的教育的主要特點是「德才兼備，言傳身教，嚴格系統」。也就是說，從內容上講，藍氏家族秉承文化科舉教育與倫理道德教育並重原則，堅持德才兼備；從模式上講，藍氏家族教育不僅系統，而且嚴格，主要包含三個層面，家族蒙教、書院教育、官學教育。這三種教育相互配合，確保了家族子弟在不同年齡階段都能接受到高質量的教育，爲子弟讀書進學，進而取得功名踏上仕途鋪就了道路。從方法上講，藍氏家族教育注重言傳身教。在對子弟嚴格要求的同時，以自己的實際行動來影響和教化子弟，在潛移默化中達到潤物無聲的效果。從教育要求上講，藍氏家族在教育子弟時，倡導要博學廣涉，注重實學，不要追隨時風等等。從藍氏家族興衰來看，藍氏家族興盛時期，也就是藍氏家族嚴格進行家族教育的時期，藍氏家族取得重要成就的代表人物，均是在嚴格的教育培養下成長起來的。

　　藍氏家族的教育經驗告訴我們：一是要重視教育，教育是一個家族乃至一個國家長期興旺發展的基礎和重要保障；二是教育是個系統工程。要將教育內容、教育方法、教育模式等因素有機結合，確保教育科學有效。

　　其次，在管理維繫方面：作為一個延續八百餘年的家族，必然會有一套科學合理的管理和維繫體系。藍氏家族在管理維繫方面的經驗可以總結為「選擇正確的家族發展模式，運用科學的家族管理方法」。家族發展模式，通俗地說就是家族發展道路。家族發展道路多種多樣，如農耕道路、商業道路、科宦道路等。藍氏家族在發展過程中，逐步探索並選擇一條適應自身發展的道路。對於明清世家大族的發展模式，韓梅在《明清山左即墨地區望族文化與詩歌研究》中總結為：「望族一般是以儒家起家，大都從讀書入學，經科舉考試進入政界，結束政治生涯後，回鄉成為鄉紳繼續經營產業，再以積蓄資助其子弟沿著父兄的足跡，成就為下一代的『士大夫』保持家族長盛不衰。」〔註1〕但藍氏家族又有所不同，藍氏家族以農耕起家，經過數代人的創業，實現科舉突破，逐步走向仕途，通過以農養學、耕讀結合等方式持家，並且借助與其他仕宦大家族之間的聯姻，進而形成龐大的家族，在地方上已形成較大的勢力。藍氏家族的發展模式中，農耕、科舉、仕宦、婚姻等因素相互作用，共同推動藍氏家族穩步發展。

　　同時，藍氏家族人口眾多，支系繁多，為實現家族穩定與和睦，藍氏家族採取了撰修族譜、家族祭祀、置辦公產等一系列的措施和方法用來維繫家族穩定和睦，為家族發展打下堅實基礎。

　　藍氏家族管理維繫經驗顯示，不論是一個家族還是每個人，一是要選擇適合自身發展的道路；二是要有合理科學的管理維繫方法，道路和方法同樣重要。

　　再次，在文化建設方面：明清以來，藍氏家族幾乎在零基礎上，建立創造了成果豐碩的家族文化。其主要經驗在於「注重積累，重視文獻」。應該說，自五世祖藍章始，藍氏家族開始著手建設積累家族文化，藍章不僅自己為祖父藍福盛撰寫行狀，而且邀請師友為祖父、父親撰寫墓誌、行狀等，追述家族發展，彰顯先人德行，同時注重對相關文獻的整理保存。其後人延續這種傳統，不斷豐富家族史料，編纂了《四朝恩命錄》、《餘澤錄》，八次修撰

〔註1〕　韓梅：《明清山左即墨地區望族文化與詩歌研究》，山大博士論文，2013年，第14頁。

《即墨藍氏族譜》，並多次刻印藍氏家族文獻及先人遺著，使得藍氏家族文化得以延續和保存。但是，由於藍氏家族文獻不輕易示人，從而影響了家族文化成果的流傳，加之後期對文獻的保存重視不夠，從而導致了家族文獻和族人著述的大量散失，極大地損害了藍氏家族文化的完整性和豐富性。

藍氏家族文化建設經驗讓我們看到：一是加強文化建設意義重大；二是在文化建設中，要注重文化積累，重視文獻整理與保存。

由此可見，多角度多層面地挖掘藍氏家族的優良傳統和文化內涵，對我們今天開展教育、實施管理、加強文化建設等都有著多方面的重要啓迪。

參考文獻

一、學術專著

1. 〔明〕楊愼著：王仲鏞箋證《升菴詩話箋證》，上海古籍出版社，1987年版。
2. 〔清〕錢大昕：《巨野姚氏宗譜序》，《潛研堂文集》，清嘉慶十一年（1806）刻本。
3. 〔清〕曾國藩：《曾國藩家訓》，重慶出版社，2006年版。
4. 〔清〕伍涵芬：《讀書樂趣》卷六，康熙刊本。
5. 〔清〕黃生：《詩主》卷二，《皖人詩話八種》，黃山書社，1995年版。
6. 〔清〕王士禛：《古夫于亭雜錄》，中華書局，2007年版。
7. 黃濟顯：《鰲山衛古城》，中國文史出版社，2007年版。
8. 高明見：《道教海上名山──東海嶗山》，宗教文化出版社，2007年版。
9. 徐揚傑：《中國家族制度史》，人民出版社，1992年版。
10. 費成康：《中國的家法族規》，上海社會科學院出版社，2003年版。
11. 王蕊：《齊魯家族聚落與文化變遷》，齊魯書社，2008年版。
12. 朱麗霞：《清代松江府望族與文學研究》，上海古籍出版社，2006年版。
13. 曹道衡：《蘭陵蕭氏與南朝文學》，中華書局，2004年版。
14. 王樹春：《家族文化補遺》，中國社會科學出版社，2007年版。
15. 朱亞非：《明清山東仕宦家族與家族文化》，山東人民出版社，2009年。
16. 張劍、呂肖奐、周揚波：《宋代家族與文學研究》，中國社會科學出版社，2009年版。
17. 陳海波：《書畫鑒賞錄》，中國戲劇出版社，2008年版。

二、學術、學位論文

1. 高玉山：《漢代育犁故城考辨》，《魯東大學學報》，2010 年第四期，第二十七卷。

2. 翟廣順：《從華陽書院看即墨藍氏家族文化的代際傳承》，《東方論壇》，2012 年第 03 期。

3. 韓梅：《明清時期山左望族文化與文學研究》，2013 年山東大學博士論文。

4. 許智銀：《唐代臨淄段世家族文化與文學研究》，2012 年山東師範大學博士論文。

5. 李啓謙：《齊魯文化之異同論綱》，《學術月刊》，1987 年第 10 期。

三、藍氏族譜家乘

1. 〔元〕邢世英：《盟旺山祖林碑記》，藍氏家刻本。

2. 〔明〕藍史孫：《上報即墨縣衙印帖》，藍氏家鈔本。

3. 〔明〕藍章：《先大父贈侍郎公家傳》，藍氏家鈔本。

4. 〔明〕藍章：《恭題敕命碑陰》藍氏家鈔本。

5. 〔明〕藍田：《宣義郎藍公墓誌銘》，民國二十七年藍氏家印本。

6. 〔明〕藍思紹：《書先侍御集後》，藍氏家鈔本。

7. 〔明〕藍思繼：《書〈四朝恩命錄〉後》，藍氏家鈔本。

8. 〔明〕藍思繼等：明萬曆甲寅《藍氏族譜》。

9. 〔明〕王鴻儒：《大明贈通議大夫南京刑部右侍郎藍公神道碑》，藍氏家刻本。

10. 〔明〕汪舜民：《送藍處士還即墨序》，藍氏家鈔本。

11. 〔明〕婺源縣紳民：《婺源縣紳民共祭贈侍郎文》，藍氏家鈔本。

12. 〔明〕官賢：《明故義授七品散官累贈通議大夫南京刑部右侍郎藍公行狀》，藍氏家刻本。

13. 〔明〕劉健：《明故義官藍君墓誌銘》，藍氏家刻本。

14. 〔明〕周經：《明贈文林郎貴州道監察御史藍君墓表》，藍氏家刻本。

15. 〔明〕毛紀：《東村翁挽詩序》，藍氏家鈔本。

16. 〔明〕汪舜民：《瑞桂詩序》，藍氏家鈔本。

17. 〔明〕錢福：《東厓書屋記》，藍氏家鈔本。

18. 〔明〕楊循吉：《東厓書屋詩序》，藍氏家鈔本。

19. 〔明〕朱應登：《北泉草堂記》，藍氏家鈔本。

20. 〔明〕康海：《巡撫都御史藍公漢中生祠記》，藍氏家刻本。

21. 〔明〕王九思：《都御史藍公生祠記》，藍氏家刻本。

22. 〔明〕段炅：《巡撫藍公平利縣生祠記》，藍氏家鈔本。

23. 〔明〕楊一清：《跋都御史藍公生祠記樂歌去思碑卷》，藍氏家刻本。

24. 〔明〕康海：《奉贈刑部侍郎藍公往南京序》，藍氏家刻本。

25. 〔明〕張嘉謨：《少司寇藍公漢中去思碑》，藍氏家鈔本。

26. 〔明〕聞人賢：《少司寇藍老先生勞山記》，藍氏家鈔本。

27. 〔明〕楊慎：《壽少司寇兼御史中丞藍公七十一序》，藍氏家鈔本。

28. 〔明〕楊武：《送東厓藍玉夫北上序》，藍氏家鈔本。

29. 〔明〕張鳳翔：《送即墨鄉進士藍玉甫氏下第東歸序》，藍氏家鈔本。

30. 〔明〕潘允端：《藍侍御集序》，藍氏家鈔本。

31. 〔明〕李開先：《文林郎河南道監察御史北泉藍公墓誌銘》，民國二十七年本。

32. 〔明〕張獻翼：《藍侍御集序》，藍氏家鈔本。

33. 〔明〕梁招孟：《東歸唱和序》，藍氏家鈔本。

34. 〔明〕周如砥：《七世貞節樂孺人八世孝行公合傳》，藍氏家鈔本。

35. 〔明〕楊鹽：《八世贈按察公孝行公指揮公合傳》，藍氏家鈔本。

36. 〔明〕周如砥：《祭藍述泉太學文》，藍氏家鈔本。

37. 〔明〕孟兆祥：《賀藍老父母榮薦神明序》，藍氏家鈔本。

38. 〔清〕藍溥等：康熙壬戌增修《藍氏族譜》。

39. 〔清〕藍啓莘等：康熙癸酉增修《藍氏族譜》。

40. 〔清〕藍重蕃等：乾隆辛巳增修《藍氏族譜》。

41. 〔清〕嘉慶甲子闔族增修重刊《藍氏族譜》。

42. 〔清〕藍用鑒等：光緒丙戌增修《藍氏族譜》。

43. 〔清〕藍潤：《餘澤錄》，藍氏家刻本，順治十六年（1659）。

44. 〔清〕周如錦：《祭藍述泉太學文》，藍氏家藏清鈔本。

45. 〔清〕藍啓晃：《義莊記》，藍氏家藏清鈔本。

46. 〔清〕周毓正：《藍母周孺人傳》，藍氏家藏清鈔本。

47. 〔清〕黃植：《十三世祖母孺人周氏傳》，藍氏家藏清鈔本。

48. 〔清〕張大有：《賀藍母張太孺人貞壽序》，藍氏家藏清鈔本。

49. 〔清〕黃植：《十三世太學公家傳》，藍氏家藏清鈔本。

50. 〔清〕藍奎：《重訂祀產條規》序，許槤《重訂祀產條規》，道光二十一年本。

51. 〔清〕藍深、藍潤：《房社約》，藍啓延康熙壬午鈔本。

52. 〔清〕宋璉：《臨淮令藍公傳》，藍氏家藏清鈔本。

53. 〔清〕馮文炌：《貞壽藍母周孺人八十壽序》，藍氏家藏鈔本。

54. 〔清〕楊玠：《藍母張太孺人貞壽徵詩啓》，藍氏家藏清鈔本。

55. 〔清〕《縣親友祭張太孺人文》，藍氏家藏清鈔本。

56. 〔清〕藍啓延：《家母張太孺人貞節紀略》，藍氏家藏清鈔本。

57. 〔清〕藍溥：《重建家廟記事》，康熙壬午藍啓延手鈔本。

58. 〔清〕藍啓肅：《明少司寇兼御史中丞大勞山翁藍公年譜》，藍氏家印本。

59. 〔清〕藍啓肅：《先司寇公事略》，藍氏家印本。

60. 〔清〕藍啓肅：《跋先侍御集後》，藍氏家印本。

61. 〔清〕藍啓晃：《義莊記》，藍氏家鈔本。

62. 〔清〕藍啓肅自撰、藍啓延續補：《皇清鄉貢進士考授內閣中書舍人藍公年譜》，藍氏家鈔本。

63. 〔清〕藍重蕃：《皇清鄉貢進士欽授內閣中書舍人先府君藍公行述》，藍氏家鈔本。

65. 〔清〕藍潤：《藍氏祠堂碑記》，藍氏家鈔本。

66. 〔清〕藍溥：《重建家廟記事》，藍氏家鈔本。

67. 〔清〕藍恒矩等：《塋域志》，藍氏家鈔本。

68. 〔清〕張師度：《賀藍老年臺績滿序》，藍氏家鈔本。

69. 〔清〕趙京仕：《重修撫秦都憲藍公祠碑記》，藍氏家鈔本。

70. 〔清〕張弘美：《重修名宦藍公生祠碑記》，藍氏家鈔本。

71. 〔清〕鄭遹玄：《重建藍公祠序》，藍氏家鈔本。

72. 〔清〕鄭遹玄：《重建藍公祠堂碑文》，藍氏家鈔本。

73. 〔清〕宋璉：《明南京刑部侍郎大嶗山翁藍章傳》，河北大學圖書館藏本。

74. 〔清〕黃宗昌：《大勞山翁藍公傳》，藍氏家鈔本。

75. 〔清〕馮文炌：《藍司寇公傳》，藍氏家印本。

76. 〔清〕馮文炌：《清貽居集序》，藍氏家印本。

77. 〔清〕張謙宜：《勞山遺稿序》。

78. 〔清〕楊還吉：《〈勞山遺稿〉序》，藍氏家印本。

79. 〔清〕王士禛：《古夫于亭雜錄》，中華書局，2007 年。

80. 〔清〕馮銓：《海重字說》，藍氏家鈔本。

81. 〔清〕楊還吉:《重校北泉先生詩集序》,藍氏家鈔本。

82. 〔清〕張謙宜:《藍北泉先生集序》,藍氏家鈔本。

83. 〔清〕張謙宜:《藍氏先集合鈔引》,藍氏家鈔本。

84. 〔清〕楊中淇:《藍侍御集序》,藍氏家鈔本。

85. 〔清〕傅以漸:《賀藍老年伯初度序》,藍氏家刻本。

86. 〔清〕王鐸:《賀藍老年翁初度序》,藍氏家刻本。

87. 〔清〕高爾儼:《賀藍老父母初度序》,藍氏家刻本。

88. 〔清〕魏天賞:《賀藍老先生七十有一初度序》,藍氏家鈔本。

89. 〔清〕謝三賓:《藍公實政序》,藍氏家鈔本。

90. 〔清〕呂纘祖:《敕封文林郎內翰林國史院檢討加一級邑侯名宦藍公生祠記》,藍氏家刻本。

91. 〔清〕宋澄嵐:《皇清敕封文林郎內翰林國史院檢討加一級詔贈中大夫前南皮縣大尹青翁藍老先生崇祀鄉賢序》,藍氏家刻本。

92. 〔清〕張琛:《皇清敕封文林郎內翰林國史院檢討加一級詔贈中大夫前南皮縣大青翁藍老先生崇祀鄉賢序》,藍氏家刻本。

93. 〔清〕傅以漸:《皇清敕封文林郎內翰林國史院檢討加一級詔贈中大夫前南皮令青初藍公暨元配孫氏繼配崔氏墓誌銘》,藍氏家刻本。

94. 〔清〕沙澄:《皇清敕封文林郎內翰林國史院檢討加一級詔贈中大夫前南皮令藍公墓表》,藍氏家刻本。

95. 〔清〕陶元淳:《臨淮令藍公傳》,河北大學圖書館藏本。

96. 〔清〕宋璉:《臨淮令藍公傳》,河北大學圖書館藏本。

97. 〔清〕馮文炌:《貞壽藍母周孺人八十壽序》,藍氏家鈔本。

98. 〔清〕周清原:《清湖廣布政使藍潤傳》,河北大學圖書館藏本。

99. 〔清〕謝永貞:《司訓藍公傳》,河北大學圖書館藏本。

100. 〔清〕楊玠:《中翰藍公傳》,藍氏家鈔本。

101. 〔清〕周毓正:《中翰藍公傳》,河北大學圖書館藏本。

102. 〔清〕周毓正:《藍母周孺人傳》河北大學圖書館藏本。

103. 〔清〕朱紘:《祭藍世兄長元文》,藍氏家鈔本。

104. 〔清〕宋璉:《陰君藍公啓亮暨配楊孺人合傳》,藍氏家鈔本。

105. 〔清〕錢陳群:《西和知縣藍公啓延傳》,藍氏家鈔本。

106. 〔清〕周祚顯:《藍母呂孺人八十壽序》,藍氏家鈔本。

107. 〔清〕黃植:《十三世太學公家傳》,藍氏家鈔本。

108. 〔清〕黃植:《十三世祖母孺人周氏傳》,藍氏家鈔本。

109. 藍水：《先御史公年譜》，藍氏家印本。

110. 藍水：《先御史公傳》，藍氏家印本。

111. 藍水：《先侍郎公年譜》，藍氏家印本。

112. 藍水：《先侍郎公傳》，藍氏家印本。

113. 藍水：《大嶗山人遺稿》，家印本，1996 年。

四、史書縣志

1. 〔清〕張廷玉：《明史》，中華書局，2012 年版。

2. 趙爾巽等撰：《清史稿》，中華書局，1977 年版。

3. 〔清〕岳睿、法敏修、杜詔等纂：《山東通志》，清乾隆丙辰（1736）刻本。

4. 〔清〕嚴有禧：《萊州府志》，乾隆五年（1740）刻本。

5. 〔明〕許鋌修：《即墨縣志》，萬曆癸未（1584）版。

6. 〔清〕尤淑孝：《即墨縣志》，乾隆甲申（1764）版。

7. 〔清〕林溥：《即墨縣志》，同治壬申（1872）版。

8. 王丕煦主纂：《萊陽縣志》，民國二十四年版。

後　記

　　《明清即墨藍氏家族文化研究》，從定題到殺青，歷時六年，其間數易其稿，頗費周折。幸賴諸師友多方相助，書稿才得以完成。

　　在本書的撰寫過程中，從題目確定、結構設計，到文字斟酌、文獻校勘諸多方面，我的博士生導師、山東師範大學教授程奇立先生都給予了多方面的細緻指導。山東大學張可禮教授、王洲明教授、杜澤遜教授、李劍鋒教授及山東師範大學的王志民教授、石玲教授、魏建教授等都在本書的結構布局、文字修訂、文獻校正等方面也給予了指導和幫助，在此一併表示謝意。

　　開展家族文化研究，離不開家族文獻。即墨藍氏家族自南宋末年遷入即墨，歷元明清三朝，至清末，已有近七百年的發展歷史。其間，家族文獻不斷充實，尤其是明清兩朝，藍氏家族文獻積累更爲豐富。時至今日，藍氏家族文獻雖屢遭破壞，但仍具有相當數量的文獻存世。這些文獻除去圖書館、博物館等機構收藏外，大部分家族文獻在藍氏族人手中收藏。且部分藍氏族人對家族文獻十分珍視，不輕易示人，這給本書的史料搜集帶來了很大的難度。所幸，藍氏家族第二十世藍信寧兄，多方籌措，鼎力相助，文獻搜集問題才得以解決。藍信寧爲藍章十五世嫡孫，性情溫雅，博學好古，長期致力於家族文獻的保護與整理工作，不僅籌資編印了藍章《八陣合變圖說》、藍再茂《世鷹堂遺稿》、藍湄《素軒詩集》、藍啓肅《清貽居集》、藍啓華《學步吟》、藍啓蕊《逸筠軒詩集》、藍中高的《海莊詩集》、藍中珪《紫雲閣詩》、藍用和《梅園遺詩》、藍澄《醉夢吟小草》、藍恒矩《下車錄》等先人著述，還將藍氏家族的部分文獻打成電子稿發布於個人博客上，使深藏於族人手中的藍氏家族史料和著作得以面世，爲人們學習、瞭解和研究藍氏家族文化提供便利，

也為藍氏家族文獻的保存和發掘作出貢獻。在本書的寫作過程中，藍兄也在修改原文、查找引文、校對文獻等方面給予真誠的幫助。從兄張峰，同事高瑞彤、張偉（女）、侯小麗、張競羽等，也在搜集相關文獻、校訂文字等方面提供了諸多幫助。此外，即墨市史志辦公室，於 2017 年出版了《即墨藍氏》一書，其中雖較多地採用了本書的研究成果，但是書中所引部分我所未見的史料文獻，我在本書中也有所採擷。於此也一併向他們表示感謝。

臺灣花木蘭文化事業有限公司的楊嘉樂先生為本書的出版做了大量的工作，出版社相關人員也付出了辛勤的勞動。在此也表示感謝。

此外，在本書的寫作過程中，妻子劉桂萍大力支持，主動承攬處理家務與教導孩子的重任；小女靖婕聰明懂事，乖巧可人，她們使我在幸福愉悅的環境中完成了本書的撰寫任務。在此感謝她們的辛勤付出。

拙著即將出版，我在感到釋然的同時也很是忐忑。即墨藍氏家族，歷史悠久，文化成果豐富，我這一本書不足以涵蓋其全部精華，也只是拋磚引玉之作。同時，因所見史料所限，研究成果或多或少存在著局限性和片面性。再加之本人水平所限，書中訛誤不確之處，恐在所難免，敬請方家和讀者批評指正。

張華清

2017 年 9 月 5 日